Britta Karres

Komm raus, ich seh dich!

Von Glück, Selbstwirksamkeit und Wachsen hochsensibler und hochbegabter Kinder

2. Auflage, 2017

Umschlaggestaltung und Satz: Thomas Schwendemann, Wien
Umschlagfoto: Erwin Feierfeil, www.fotofeierfeil.at
Gedruckt und gebunden in Ungarn, Interpress

ISBN 978-3-9504121-1-6

Wichtiger Hinweis

Die in diesem Buch vorgestellten Informationen sind sorgfältig recherchiert und wurden nach bestem Wissen und Gewissen weitergegeben. Dennoch übernehmen Autor und Verlag keinerlei Haftung für Schäden irgendeiner Art, die direkt oder indirekt aus der Anwendung oder Verwertung der Angaben in diesem Buch entstehen. Insbesondere kann das Lesen dieses Buches weder Arztbesuch noch Psychotherapie ersetzen.

Inhalt

III
HOCHSENSIBEL STARK UND ERFOLGREICH IN DER SCHULE

EINFÜHRUNG

Hochsensibilität – schon der Begriff als solcher löst Vorurteile aus. Wir denken an Mimosen, ein ausgeprägtes Schutzbedürfnis oder Schwäche, was wiederum die unterschiedlichsten, durchaus auch negativen Gefühle hervorrufen kann. Und hören wir nicht von allen Seiten hochbegabt, hochleistungsfähig, hocheffizient ... und nun also auch noch hochsensibel?

Geht es darum, eine weitere Schublade für schwierige Kinder einzuführen? Soll eine Entschuldigung für unerwünschtes Benehmen, für Erziehungsfehler oder Verhaltensauffälligkeiten geliefert werden? Um es gleich vorwegzunehmen: All das ist nicht gemeint!

Seit Längerem schon, wenn auch mit anderen Bezeichnungen und aus anderen Blickwinkeln, haben renommierte Wissenschaftler wie Iwan Pawlow, die britischen Psychologen Hans Eysenck oder Jeffrey Alan Gray sowie der Entwicklungspsychologe Jerome Kagan naturwissenschaftliche Forschungen zum Thema angestellt. Die dabei grundlegendste Erkenntnis ist, »*dass es sich bei der Hochempfindlichkeit nicht um eine subjektive Befindlichkeit handelt, sondern um eine nachweisbare Veranlagung, und zwar eine sinnvolle und nützliche*«.[1]

Das Konzept der Hochsensibilität sowie der Begriff selbst gehen auf die amerikanische Psychologin **Elaine Aron** zurück, die alle bis dahin gewonnenen Forschungsergebnisse bündelte und 1997 in ein eigenes Konzept überführte.

1 Parlow, 2003, S. 50

Ihre wichtigsten Erkenntnisse dabei waren:

1. Hochsensibilität ist genetisch bedingt, teils neurobiologisch nachweisbar und betrifft etwa 15–20 % der Menschen – oft ohne, dass diese davon wissen.
2. Die Triebfeder des hochsensiblen Verhaltens ist Vorsicht, nicht Schüchternheit.
3. Den hochsensiblen Menschen gibt es nicht, ebenso wenig wie ein einheitliches Verhalten. Dem Verhalten liegt vielmehr ein innerer Antrieb zugrunde, der sich nach außen unterschiedlich zeigen kann: So können ein sehr zurückhaltend wirkendes genauso wie ein quirliges, überschwängliches Kind das gleiche Innere zum Ausdruck bringen. Diese Kinder gehen einfach unterschiedlich mit ihrem außergewöhnlichen Gefühls- und Gedankenreichtum um.

Die im I. Teil, »*Wann ist ein Kind wirklich hochsensibel?*«, beschriebenen Verhaltensweisen sind häufige Varianten und typische Reaktionen, um mit diesem Inneren umzugehen, sollen aber dennoch keine Checklisten sein. Es ist eher das Muster hinter dem Verhalten des Kindes, das Hochsensibilität einfach zu einer Möglichkeit werden lässt, um das Kind gerechter wahrzunehmen und manches vielleicht besser einzuordnen.

In den »*Streit- und Standpunkten*« des 1. Kapitels geht es darum, inwieweit Hochbegabung und Hochsensibilität überhaupt zusammengehören. Viele Erfahrungen sprechen dafür, dass hier ein enger Zusammenhang besteht. Dass Gefühle vernetztes Denken beschleunigen, scheint einleuchtend – aber sind sie Voraussetzung für Intelligenz? Das wird sehr kontrovers diskutiert. Auch über Hochbegabung und Intelligenz bestehen Vorurteile und Mythen, wobei selten nach der psychischen Komponente gefragt wird: Wie denken und fühlen sich diese Kinder, und was bedeutet es für sie, ein kleines bisschen anders zu sein? Auch hier steht das Verständnis für das innere Erleben dieser Kinder im Vordergrund und weniger das Aufspüren oder Benennen eines typischen Verhaltens.

Das große Interesse, auf das Elaine Aron mit ihren Veröffentlichungen stieß, zeigte einerseits den Bedarf und andererseits ein Klima, in dem man offener an die Erforschung der Persönlichkeit heranging. Persönlichkeit wurde nun zur dynamischen Größe erklärt, die ein Leben lang im Zusammenspiel mit der Umwelt wächst und sich verändert. Gleichzeitig kam mit der Resilienzforschung[2] der Wunsch auf, die seelische Widerstandskraft des Einzelnen erklärbar zu machen und damit psychischer Gesundheit vorzusorgen. Dabei wurden Erlebtes aus der Vergangenheit, die genetische Anlage und das Zusammenspiel mit der Umwelt in einen dynamischen Zusammenhang gebracht und nach Mustern untersucht. Schon lange bestanden keine Zweifel mehr daran, dass die Persönlichkeit ihre prägenden Grundlagen in der frühen Kindheit erfährt. Diese Tatsache ließ es sinnvoll erscheinen, das Verhalten der frühen Bindungspersonen zu hinterfragen und ihren Einfluss auf die Persönlichkeit des Kindes zu verstehen bzw. diesen positiv nutzbar zu machen.

Glücklicherweise begann sich gleichzeitig das Bild vom Kind grundlegend zu verändern: Die Vorstellung, Kinder seien »falsch« und einfach nur auf den rechten Pfad zu bringen, wich der Überzeugung, dass natürlich auch unsere Kinder Menschen mit Geist und Seele sind und unterschiedliche Persönlichkeiten besitzen. Hatte der bedingungslose Gehorsam einst doch auch den Typus seiner Zeit hervorgebracht, so werden in der heutigen Welt und Wirtschaft nun ganz andere Fähigkeiten gewünscht. Die vielzitierten Soft Skills verlangen heute allerorten Persönlichkeit, Durchsetzungskraft, Belastbarkeit, Selbstbewusstsein und einen guten Umgang mit Stress.

---

2 Das ist die Wissenschaft, die aus dem Konzept der Salutogenese von Antonovsky hervorging und die Faktoren psychischer Gesundheit zu ergründen sucht.

Gerade für Menschen, die von vornherein viel mehr Reize verarbeiten müssen, ist es enorm wichtig, diese selbst dosieren und so auf sich selbst Einfluss nehmen zu können – eben selbstwirksam zu sein. Dies ist eine Erkenntnis des Psychoanalytikers C.G. Jung, ebenso wie die Schlussfolgerung, dass diese Fähigkeit ihre entscheidende Prägung in der Kindheit erfährt. Selbstwirksamkeit setzt Resilienz – also seelische Widerstandskraft – voraus, die teils angeboren, teils auch trainierbar ist.

All diese Gedanken sind heute im Konzept der Hochsensibilität enthalten, und C. G. Jungs emotionaler Fokus »*Vorsorge durch ein gutes Umfeld und eine liebevolle Erziehung*« zieht sich ebenso durch dieses Buch wie die feste Überzeugung, dass hochsensible Menschen eine starke Konstitution und eine hohe Anpassungsfähigkeit besitzen (Resilienz), die eine vermeintlich höhere Vulnerabilität ausgleichen können. Hochsensible sind Stehaufmännchen und wahre Meister der Anpassung. Wenn nun ihr angeborener Charakter in Betracht gezogen und mit den allgemeinen Bedingungen für eine gesunde, stimmige Persönlichkeitsentwicklung verknüpft wird, können Eltern Schritt für Schritt die Resilienz ihrer Kinder regelrecht trainieren und Selbstwirksamkeit zum Vorschein bringen.

In diesem Prozess kommen unterschiedliche Persönlichkeitsmerkmale zum Vorschein, die der Neurobiologe Gerhard Roth[3] als aufeinander aufbauende Fähigkeiten beschreibt. Auch wenn die Grundlagen im Kindesalter gelegt werden, bleibt dieser Prozess ein lebenslanges Projekt. Jeder Erwachsene, egal welchen Alters, kann ihn jederzeit nachholen und für sich und seine Kinder anstreben.

3 Roth, 2011

- **Selbstbild und Selbstwertgefühl:**
  Sie entwickeln sich mit den Erfahrungen, die wir im Umgang mit anderen machen. Wir lernen, uns selbst, vor allem durch den Spiegel von anderen, realistisch wahrzunehmen und uns mit unseren Stärken und Schwächen zu akzeptieren.

- **Beziehungsfähigkeit und Empathie:**
  Wertschätzende Beziehungen, Empathie und Ermutigung, die von Anfang an erfahren werden, bauen das Selbstwertgefühl weiter auf.

- **Selbstbestimmtheit und Ausbildung des Realitätssinns:**
  Wenn wir die eigenen Fähigkeiten ausprobieren und weiterentwickeln, bekommen wir mit der Zeit eine Idee davon, welche von unseren Ressourcen wir für welches Ziel einsetzen müssen. Dazu braucht es die Freiheit, experimentieren und auch Fehler machen zu dürfen.

- **Umgang mit Gefühlen und Impulskontrolle:**
  Diese Fähigkeit können wir besonders gut herausbilden, wenn uns starke Menschen zur Seite stehen, die die Kraft haben, Gefühlsexperimente auszuhalten, ohne sie auf sich selbst zu beziehen. Kinder brauchen konkrete Anleitung und Vorschläge, um diese Fähigkeit gut auszubilden.

- **Selbstwirksamkeit** beinhaltet das Vertrauen in die eigenen Kompetenzen und schlägt sich in den Fähigkeiten der Stressverarbeitung und Selbstberuhigung nieder. Wir können uns nun selbst helfen, fühlen uns seltener ausgeliefert, weil wir wissen, wie wir Einflüsse von außen verarbeiten und einordnen können. Diese Gabe scheint in der heutigen Welt immer mehr an Bedeutung zu gewinnen.

All das entsteht im Zusammenleben mit den Eltern automatisch.[4] Reife Eltern interpretieren das Verhalten ihres Kindes vor dem Hintergrund seiner Erfahrungen, seines Charakters, seiner normalen Entwicklungsphasen und – ganz wichtig – auch ihres eigenen Verhaltens. Deswegen brauchen wir Erwachsenen eine stabile Persönlichkeit – für uns und unsere Kinder. Wenn das nicht der Fall ist, werden wir wahllos, vielleicht orientierungslos oder weniger erfolgreich. Wir werden uns unter Umständen neidisch mit anderen vergleichen oder anderer Leute Wertvorstellungen verfolgen, uns irgendwie ausgeliefert fühlen, erschöpft und hilflos sein und anderen insgeheim oder offen Vorwürfe machen. Eltern können jedoch Haltungen der Stärke – sogenannte selbstwirksame Haltungen – für sich selbst entwickeln und immer wieder Lösungen finden.

Der II. Teil dieses Buches, »*Hochsensibel stark werden mit den Eltern*«, richtet sich besonders an diese. Der Druck und auch die Erwartungen an die Eltern werden ständig größer, und wie leicht sind sie in Gefahr, dies an die Heranwachsenden weiterzugeben. Außerdem muss heute vieles schnell gehen – so auch die psychische Entwicklung, und oft ergibt sich dadurch weniger Zeit und auch weniger Toleranz gegenüber Fehlern und gegenüber denjenigen, die ausscheren oder langsam sind. Im Sinne eines reibungslosen Ablaufs des Alltags wird eine Therapie oder Nachhilfe nicht selten der zeitaufwändigen und mühsamen Ursachenforschung vorgezogen. Deswegen soll das zweite Kapitel Eltern vor allem Mut machen: Mut zum Nicht-perfekt-Sein; Mut, zu sich selbst zu stehen; Mut, sich nicht zu sehr an anderen zu orientieren; Mut, auch auf

4 Aus der Selbstverständlichkeit heraus, dass männliche und weibliche Bezeichnungen als gleichrangig angesehen werden, verwende ich der guten Lesbarkeit halber nur die männliche Form, meine aber ausdrücklich beide. Aus dem gleichen Grund schließe ich bei der Verwendung der Begriffe Eltern/Elternhaus alle anderen primären Bezugspersonen aus allen erdenklichen Lebensmodellen ausdrücklich und wertfrei mit ein, wie Alleinerziehende, Stiefväter/-mütter, Personen aus Patchwork- oder Regenbogenfamilien, sowie Großeltern.

die natürlichen Impulse des Kindes zu seiner Weiterentwicklung zu vertrauen. Alles in allem soll es eine Ermutigung dazu sein, in Vielfalt und Individualität einen Sinn und Wert für alle zu erkennen.

In der heutigen Familientherapie ist der systemische Blick die Grundlage, um positive Veränderungen einzuleiten. Denn Familie funktioniert wie ein organisches System, in dem jedes Mitglied seine Stellung und Wirkung hat. Damit kann jeder auch jeden beeinflussen. Der statische Blick hingegen, der sich in der Beobachtung »*Das Kind verhält sich komisch!*« entlarvt, ohne zu fragen, warum, hält auch den Erwachsenen in Hilflosigkeit. Anhand vieler Praxisbeispiele aus der Beratung und von Interviews möchte ich anregen, gemeinsam die Stufen zur Selbstwirksamkeit zu erklimmen und dabei selbst zu erfahren, an welchen Stellen Hochsensible ein bisschen Nachhilfe brauchen und wo sie von Natur aus schon ganz viel mitbringen. Hochsensible und/oder hochbegabte Kinder haben sehr oft eine starke naturgegebene Resilienz und können außerdem in ganz bemerkenswerter Weise über sich selbst hinauswachsen.

Dieser Reifeprozess wird idealerweise in der Schule mit den Lehrkräften fortgesetzt und in eine »Erziehungspartnerschaft« überführt: Laut wissenschaftlicher Erkenntnisse können sich geistige Potenziale bei Kindern erst zusammen mit ihrer Persönlichkeitsentwicklung richtig enfalten. Der III. Teil, »*Hochsensibel stark und erfolgreich in der Schule*«, befasst sich daher weniger mit Wissensvermittlung als vor allem mit der Persönlichkeitsentwicklung in der Schule. Was den Schulerfolg vor allen Dingen bestimmt, ist die Qualität der Beziehung der am Lernprozess beteiligten Menschen. Wie das tägliche Miteinander in der Schule gelingt, hängt dabei zu großen Teilen von den einzelnen Lehrern ab. Das bringt große Verantwortung mit sich.

Da Schülergruppen heute sehr heterogen sind, muss zunächst viel Zeit und Kraft darauf verwandt werden, einigermaßen einheitliche Bedingungen zu schaffen, um überhaupt lehren zu können.

Lehrer kommen vielfach an die Grenzen ihrer Belastbarkeit, was sich in allen Interviews bestätigte. Daher kommt die Förderung von Individualität im Schulbetrieb leider oft zu kurz. Dies kann insbesondere hochsensiblen und/oder hochbegabten Schülern den Schulalltag erschweren, ja sogar unmöglich machen. Es kann passieren, dass sie einfach übersehen werden. Dabei wäre ihnen gar nicht nur mit der Verfeinerung des Unterrichtsstoffs oder Extraarbeitsblättern gedient, sondern zunächst und vor allem mit dem Signal: *Ich sehe und verstehe dich!*

Für diese Kinder besteht die tägliche Gratwanderung darin, sich einerseits der Mehrheit anpassen und sich andererseits selbst treu bleiben zu müssen. Jeder Mensch kann nämlich nur bis zu einem gewissen Grad Selbstanteile unterdrücken, weil er irgendwann zu viel seiner Identität verleugnen müsste. Hochsensibilität oder auch Hochbegabung kann man nicht einfach abstellen oder wegtherapieren.

Die Qualität der Beziehungen in der Schule mehr in den Vordergrund zu stellen, fordern Praktiker, Reformpädagogen, Neurobiologen und Psychologen schon lange. Alleine die Umsetzung gestaltet sich schwerfällig. Irgendwie kommen Schüler schon mit der Situation klar, irgendwie kommen auch Lehrer mit ihr klar – selbst wenn die Zahl der Erschöpfungsdepressionen (Burnout) und die Anträge auf ein Sabbatjahr steigen. Schüler, die depressiv werden, verstärktes Mobbing, Schulverweigerungen, Schulausfälle aufgrund psychosomatischer Beschwerden – auch sie nehmen ständig zu, doch noch geht es ja. Irgendwie. Hochsensible oder hochbegabte Kinder nehmen die Gegebenheiten in der Schule sehr intensiv auf, spüren Spannungen genau und weisen oft mit ihren Reaktionen auf Missstände hin.

Deshalb ist die kindliche Identitätsentwicklung gewissermaßen eine Vorsorge. Jeder Ort, wo sie stattfinden kann, macht sie stärker und toleranter gegenüber Situationen, in denen sie einfach nicht berücksichtigt werden kann. Wird zu viel Anpassung verlangt, ohne dass dem Kind in seinen Bedürfnissen auch ein wenig entgegen gekommen wird, so kann die Situation kippen, und das Kind verweigert den Schulbesuch. Auch solch ein seltenes Worst-Case-Szenario wird beschrieben.

Zum Abschluss werden Perspektiven und Schulformen für hochsensible oder hochbegabte Schüler vorgestellt. Dabei bietet sich ein Blick auf Elemente einer Lernkultur, die dazu beitragen können, dass Ihr Kind seinen Weg durch die Schulzeit gut bewältigen kann. Dabei ist es Ziel und Anspruch, Schule ebenso wie Erziehung als gemeinsamen Erfahrungsschatz persönlicher Entwicklung für Kinder, Eltern und Lehrer zu begreifen.

I

WAS HEISST EIGENTLICH HOCHSENSIBEL?

DIE SICHT AUFS KIND ODER: WIE PACKEN WIR ES AN?

Die moderne Persönlichkeitspsychologie fragt, warum sich ein Mensch so und nicht anders verhält, wie er sich in seinen psychischen Eigenschaften von anderen unterscheidet, welche dieser Eigenschaften angeboren sind und was durch Erfahrungen verstärkt bzw. erlernt wurde. Diese Herangehensweise können wir uns auch als Eltern zu eigen machen. An den Anfang stellen wir dabei das Verstehen: Wer ist mein Kind eigentlich?

Diese Frage mag auf den ersten Blick leicht zu beantworten sein, schließlich kennt man sein Kind doch, oder? Sie führt uns aber leicht in eine Falle, denn die Antwort wird neben allem, was wir beobachten, auch Zuschreibungen enthalten: Eigenschaften, die wir gerne hätten oder die wir fürchten und von denen wir glauben, das Kind hätte sie von uns geerbt.

Unsere Antwort auf die Frage: Wer ist mein Kind? ist von unserer Erwartung, unserem Charakter, den Vorstellungen und Haltungen in der Familie und dem Umfeld mitgeprägt. Nur: Wie können Bezugspersonen überhaupt objektiv bleiben in einer Beziehung, die subjektiver und emotionaler nicht sein könnte?

Hilfreich dabei ist ein offenes Familienklima, in dem Angebote gemacht werden, die aber auch hinterfragt oder sogar abgelehnt werden dürfen; in dem sich jeder eine eigene Meinung bilden und eigene Vorlieben haben darf, ohne die Liebe der anderen zu verlieren, und in dem Ehrlichkeit und Authentizität geschätzt werden. Eltern können ihrem Kind auch dann objektiver und gerechter begegnen, wenn sie wissen, wann es Entwicklungsschritte zu meistern hat, die es aus dem Gleichgewicht bringen können – und meistens die Familie gleich mit. Dann werden kindliche Verhaltensweisen als Ausdruck einer Persönlichkeit im Werden begriffen und nicht als unveränderlicher Charakterzug. In so einem Klima hat der heranwachsende Mensch die Möglichkeit, sich unter vielen Vorbildern und Möglichkeiten das jeweils Passende herauszusuchen – und dabei er selbst zu werden.

Beim Betrachten unseres Kindes tauchen immer wieder die folgenden drei Fragen auf:

- die nach seiner inneren Logik: Wie nimmt es Dinge auf, wie kommen sie bei ihm an, welche Erfahrungen hinterlassen wie und wo ihre Spuren?
- die nach seiner Persönlichkeit: Welche Eigenschaften hat mein Kind, wer ist es (wirklich)?
- die nach der Interpretation und nach Reaktionen von außerhalb der Familie: Welches Feedback erhält mein Kind, wie entwickelt sich seine Persönlichkeit außerhalb der Familie?

Normalerweise stellen wir Eltern diese Überlegungen ja ständig und ganz intuitiv an, auch wenn wir unseren Alltag meistern und dabei an unsere Grenzen kommen können. Auch wir haben manchmal keine Lust, brauchen Ruhe oder sind überfordert. Die Frage, was mein Kind wirklich braucht und wie ich es richtig wahrnehme, geht häufig im normalen Alltagsgeschehen unter oder ist durch den subjektiven Blick gefärbt. Wie lassen sich Empathie und Objektivität einerseits und der ganz normale »Alltagswahnsinn« andererseits realisieren? Wenn wir verstehen wollen, was unser Kind wirklich braucht, müssen wir erst unsere eigene Persönlichkeit kennen und sie klar von der des Kindes unterscheiden. Auf diese Art kann jeder für sich –

gemessen an den eigenen Stärken und Schwächen – wachsen, ohne die Charaktere in ungesunder Weise miteinander zu verstricken.

Sie haben dieses Buch in dem Wissen oder der Ahnung gekauft, Ihr Kind könnte hochsensibel sein. Das Konzept der Hochsensibilität kann Ihnen eine kleine Hilfe sein, um das Innere des Kindes und seine Reaktionen besser zu verstehen und gerechter einzuordnen. Als Etikett soll es nicht dienen, denn gerade Hochsensible brauchen Raum für selbstständige Weiterentwicklung – wie Sie wahrscheinlich schon festgestellt haben.

DIE INNERE LOGIK VERSTEHEN

Jenseits aller Checklisten ist es vor allem die Art zu funktionieren, die hochsensible Kinder gemeinsam haben. An erster Stelle sind das die Sensibilität und Gründlichkeit, mit der Informationen aufgenommen und intern verarbeitet werden. Auch die Art und Weise, wie sie mit ihrer Umwelt in Verbindung stehen, weist gewisse Ähnlichkeiten auf. Hochsensible Kinder entwickeln jedoch kein typisches Verhalten, an dem sie zu erkennen sind. Wie sie sich nach außen geben, ist Resultat einer Mischung aus Temperament, vererbten Wesenszügen, der Erziehung und diversen Umwelteinflüssen.

Ihr Innenleben ist häufig sehr fantasievoll und intensiv. Viele haben eine für ihr Alter hohe geistige Reife, hinterfragen alles, sind sehr neugierig und geben sich nicht mit einfachen Antworten zufrieden. Manchmal neigen sie zum Grübeln. Oft nehmen sie die Stimmung anderer überdeutlich wahr und fühlen sich sehr stark in andere Personen ein. Sie haben häufig einen (zu) hohen Anspruch an sich selbst und neigen zum Perfektionismus. Hochsensible Kinder und hochsensible Erwachsene haben eine starke Wahrnehmungskraft. Diese kann auf unterschiedlichen Gebieten ihren Schwerpunkt haben: Im sensorischen Bereich – so hören, riechen oder sehen sie besonders gut und viel, was zu Ablenkbarkeit und einer größeren Störanfälligkeit führt, im taktilen Bereich – in diesem Fall sind sie besonders empfänglich für Berührungen bis hin zum berühmten störenden Etikett im Pullover und schließlich im zwischenmenschlichen Bereich, wo sie Stimmungen und Befindlichkeiten von anderen Menschen ebenso intensiv wahrnehmen wie ihre eigenen. Alle Eindrücke werden sehr intensiv und gründlich aufgenommen und gedanklich vernetzt und abgewogen.

Dieser innere, nicht sichtbare Prozess kann nach außen hin in Grübeln oder Träumen sichtbar werden. Nicht selten erleben hochsensible Kinder, dass sie zwar intellektuell oft unterfordert, durch äußere Reize jedoch überfordert und überflutet sind. Als Schutz ziehen sie sich dann in ihr Inneres zurück und wirken dadurch manchmal abwesend. Auf der Gefühlsebene spüren sie schnell und intensiv Spannungen, leiden darunter oder werden verunsichert.

TYPISCHE PERSÖNLICHKEITSEIGENSCHAFTEN

Neigung zu Reizüberflutung und intensiven Emotionen

Frau H., Mutter eines 8-jährigen Jungen:
»Ich kam einmal zufällig zur Pausenzeit in die Grundschule meines Sohnes und erlebte eine kleine Szene mit, die mein Sohn aus einer Entfernung ebenfalls mitbekam. Es ging um seinen Mitschüler Max, 8 Jahre alt, etwas übergewichtig und immer wieder Gegenstand von Hänseleien in den Pausen. Max wandte sich gerade etwas schwerfällig zur Tür, als zwei Jungen kamen und ihn mit den Worten ›Fettsack‹ ins Gebüsch schubsten. Daraufhin rappelte sich Max langsam auf, klopfte sich den Dreck von der Jacke, seine Wangen hatten sich gerötet. Ich näherte mich der Szene und half dem Jungen auf. Auch mein Sohn kam langsam näher, in seinen Augen standen Tränen, die er nach einem kurzen Blick, in dem sein Schmerz zu sehen war, eifrig herunterdrückte. Später, als die Schule vorbei war, erzählte er mir, dass ihm Max wahnsinnig leidgetan hätte, dass er sich nicht getraut hätte, ihm zu helfen und sich auch dafür geschämt hätte, dass er ›feige‹ war. Wir redeten einige Zeit darüber, und ich machte ihm klar, dass es ganz viele, auch unauffällige Hilfen in der Situation geben kann, wie zum Beispiel zunicken, kurz am Arm fassen oder anlächeln. Und dass es nicht schlimm ist, sich nicht zu trauen, dass er nicht zu viel von sich erwarten darf. Mein Sohn war in der Zeit nach dieser Pause gedanklich und emotional damit beschäftigt, sein Mitgefühl für Max und die Enttäuschung über sich selbst zu verarbeiten.«

Solche Situationen erleben hochsensible Kinder immer und immer wieder. Mit großem Feingefühl entschlüsseln sie sehr schnell zwischenmenschliche Botschaften, Gestik und Mimik oder Gefühle anderer. Es hilft ihnen daher sehr, wenn man ihre Gedanken und Gefühle anspricht und dadurch für sie begreifbar macht, mit ihnen nach Lösungen sucht und sie damit entlastet. Frau H. etwa berichtete der Lehrerin vom inneren Erleben ihres Sohnes, und diese konnte die geistige Abwesenheit des Kindes verstehen und musste sie nicht auf sich oder ein vermeintliches Desinteresse am Unterricht beziehen. Trotzdem entließ sie ihren Schüler nicht aus seiner Pflicht und hielt ihn zur Aufmerksamkeit an, wenn auch mit einem verständnisvollen Blick.

Wenn zu viele Reize auf einmal aufgenommen werden müssen, greifen hochsensible Kinder im Sinne einer gesunden Selbstregulation ganz instinktiv auf verschiedene Strategien zurück: Sie ziehen sich kurzzeitig aus dem Geschehen zurück, halten sich die Ohren zu, stehen allein in einer Ecke oder gehen ganz für sich über den Pausenhof, um nachzudenken. Wenn sie die Reizüberflutung über einen längeren Zeitraum hinweg nicht wirkungsvoll eindämmen können, so werden sie oft nervös oder aggressiv, entwickeln Ticks oder andere Beschwerden.

Frau V., Mutter einer 7-jährigen Tochter, schickte mir folgende Begebenheit:

»Als neulich wieder ein Anruf aus dem Hort kam, ich solle doch bitte mein Kind abholen, weil die Kleine mal wieder mit Bauchschmerzen auf dem Sofa lag und die anderen Kinder lärmend drumherum tobten, habe ich zum ersten Mal versucht, eine Lösung zu finden. ›Natürlich haben Sie die Aufsichtspflicht‹, schränkte ich meine Bitte gleich ein, ›aber die Kleine kommt nicht so gut mit dem Lärm klar; wenn Sie sie einfach mal 10 Minuten in einen ruhigen Raum schicken könnten, dann wäre danach alles wieder in Ordnung. Sie ist nicht krank, sondern einfach nur besonders sensibel.‹

Gestern kam sie ausgeglichen und zufrieden zu Hause rein und berichtete gleich: ›Frau H. hat mir erlaubt, kurz im Medienraum Pause zu machen, da war der Tag auch gar nicht so anstrengend.‹«

Erleben hochsensible Kinder Überraschungen, reagieren sie häufig verunsichert. Sie brauchen Zeit, um sich auf neue Situationen einzustellen und sie in Gedanken zu planen. Denken ist für sie nicht selten ein Handeln auf Probe, was Zeit kostet. Der Grund mancher Verzögerung ist also nicht Langsamkeit, vielmehr läuft im Inneren des Kindes in diesen Momenten vieles schnell und gleichzeitig ab. Möglicherweise beflügeln Emotionen zwar einerseits die Gedanken und beschleunigen das Denken. Aber andererseits wirken sie auch wie Sand im Getriebe, wenn schnelle Handlungen erwartet werden.

Sich von der Macht der Emotion nicht übermannen zu lassen, mit vielen und starken Gefühlen klarzukommen, die Reaktionen nach außen zu drosseln und nach innen auszuhalten, all das sind Herausforderungen, bei denen hochsensible Kinder Beistand, Anleitung, ja ein regelrechtes Coaching benötigen.

Vernetzter räumlicher Denkstil

Ob nun ein vernetzter Denkstil hochsensiblen Kindern durchgängig zu eigen ist, darüber lässt sich streiten.[5] Diese Fähigkeit wird häufig beobachtet, tritt aber nicht immer auf. Dieser Wahrnehmungsstil wurde von den Forschern Richard E. Nisbett und Yuri Miyamoto im

5 Die Diskussion ›Gehören Hochbegabung und Hochsensibilität zusammen?‹ findet sich im folgenden Abschnitt in den ›Streit- und Standpunkten‹.

Rahmen einer kulturvergleichenden Forschung näher untersucht.[6] Menschen mit dieser Art zu denken wollen die Gesamtsituation sowie die Beziehung und Dynamik zwischen den Objekten erfassen, den Sinn einer Situation begreifen, fragen nach dem Wieso und Warum. Das erinnert an C. G. Jungs Introvertierte und an das Hochsensibilitätskonzept von Elaine Aron.

Es scheint, als verarbeiteten hochsensible Kinder manche Informationen rein intuitiv. Sie erspüren z.B. blitzschnell, wenn etwas an einer Situation nicht stimmt. Sehr viele Eltern, die ich interviewt oder in der Beratung erlebt habe, gaben an, dass die Beobachtungsgabe und das Urteilsvermögen ihrer Kinder schon von klein auf sehr weit entwickelt waren. Außerdem könnten die Kinder einmal begonnene Gedankengänge nur schwer stoppen, und das umso weniger, je mehr Emotionen im Spiel seien. Hier brauchen sie ein wenig Entlastung, auch von der Verantwortung, die sie sich oft selbst aufladen.

Beispiel:

Johanna (10) nimmt wahr, dass es ihrem Mitschüler Paul gar nicht gut geht. Diese Information übermittelt sich ihr durch feinste Kanäle, wie zum Beispiel ein leicht anderer Gesichtsausdruck als am Tag zuvor, eine kaum merklich andere Stimmlage, die Körpersprache weicht vom Gewöhnlichen ab … Johanna fragt sich nicht nur: Was hat er?, sondern auch: Warum geht es ihm nicht gut? und setzt damit eine ganze Kette von Gedanken in sich in Gang: Warum verbirgt Paul eigentlich seine Gefühle, sie sind doch so offensichtlich? Oder für die anderen nicht? Warum eigentlich nicht? Ich bilde mir das doch nicht ein, oder? Was mag passiert sein? Hat es etwas mit mir zu tun? Hat es etwas mit Pauls großem Bruder zu tun? Ja, der war das letzte Mal auch komisch zu mir, usw.

---

6 Nisbett, R.; Miyamoto, Y., 2005

Früh ausgebildetes Wertesystem

Ein häufig beobachtetes Phänomen ist das ausgeprägte moralische Empfinden hochsensibler Kinder, meist schon von klein auf. Sehr früh entwickeln sie eine Vorstellung davon, was richtig und was falsch ist, wobei sie sich dabei an ihrer eigenen Empathiefähigkeit orientieren und sich selbst strenge Maßstäbe setzen, um beispielsweise andere nicht zu verletzen und sich als guter Freund zu erweisen. Diese Erwartungen haben sie nicht nur an sich selbst, sondern auch an ihre Umwelt. Man kann sich vorstellen, dass das zu vielen Enttäuschungen und großen Irritationen führen kann.

Ein Beispiel aus dem Kindergarten:

Da der 5-Jährige Philipp nun zu den Größeren gehört, darf er im Stehen schaukeln, eine Art Ritterschlag auf dem Weg zum Schulkind. Jeder soll das sehen, schließlich hatte er den Sommer zuvor die Großen für dieses Privileg beneidet. Mit diesem Selbstverständnis, einer Mischung aus Stolz und dem Wissen, es geschafft zu haben, schaukelt er wild hin und her. Da kommt ein Kleiner (4) vorbei und wirft ihm eine Ladung Sand ins Gesicht! Wie reagiert Philipp? Er steigt nicht herunter von der Schaukel und verfolgt das lachend davonlaufende Kind, er schimpft auch nicht oder weint. Er ist starr vor Schreck, vollkommen fassungslos und in dem Moment handlungsunfähig, weil seine Emotionen ihn übermannen. »Aber er ist doch ein Vorschulkind! Das hätte er n-i-e-m-a-l-s gewagt! Das macht man doch nicht. Wie kann sich dieses Kind bloß so etwas trauen?« Als Philipp am Abend von seiner Mutter ins Bett gebracht wird, erzählt er ihr unter Tränen von dem Ereignis, dass es ihm so peinlich war, nichts tun zu können, denn mit dieser Wut im Bauch hätte er den anderen richtig verletzt.

In diesem Beispiel zeigt sich gut das reiche Innenleben Hochsensibler, von dem immer wieder die Rede ist. Intern hat Philipp eine ganze Menge zu verarbeiten: die Fassungslosigkeit, die Enttäuschung, dass andere einfach die Regeln missachten, an die er selbst sich so genau hält, die Respektlosigkeit ihm gegenüber, natürlich auch das Brennen in den Augen vom Sand. Was hinzukommt, ist die Wucht der inneren Gefühle, die er aushalten muss, ohne zu weinen oder laut zu werden. Sich also zusammenzunehmen, um das Gesicht nicht zu verlieren und dabei noch zu überlegen, dass ein Älterer einen Jüngeren ja nicht schlägt, das ist eine reife, anzuerkennende Leistung und zudem eine enorme Kraftanstrengung für das Kind.

Leider wird seine Beanspruchung oft gar nicht gesehen. Hier sind die Eltern gefragt, ihrem Kind zu vermitteln, dass sie seine Bemühungen wahrnehmen, sowie ihm das Verhalten anderer Kinder am besten ohne Bewertungen zu erklären, z.B. so: »*Du siehst die Welt schon richtig, das andere Kind hatte aber einfach Lust, dich zu ärgern und war gespannt auf deine Reaktion. Zeig doch ruhig, dass du wütend bist!*« Philipps Mutter berichtete später, dass sie ihren Sohn für seine Rücksicht gelobt, ihn aber gleichzeitig in seiner Wut bestärkt und dazu ermutigt hätte, seine Gefühle herauszulassen. Auch hätte sie ihm vor Augen gehalten, dass nicht er die Verantwortung in der Situation hatte, sondern das andere Kind. Die Erzieherin im Kindergarten hingegen wird auf die Schnelle nicht überblicken, was sich im Inneren von Philipp abspielt, sondern Anweisungen geben wie »*Ihr sollt euch doch nicht mit Sand bewerfen!*« oder »*Sag dem Finn, er soll damit aufhören!*«. Der hochsensible Philipp bleibt dann mit dem Gefühl zurück, dass das wirklich Wichtige nicht gesagt wird. Das wäre in dieser Situation nämlich: »*Hör mal, Finn, sei froh, dass Philipp dich nicht haut, er ist viel größer als du, und mit einem Vorschulkind solltest du dich besser nicht anlegen!*«

Wenn das Kind sich seinen Eltern anvertrauen kann und von so einem Vorfall erzählt, kann all das Ungesagte, das ja im Kind nachwirkt und weiter arbeitet, später zu Hause doch noch ausgesprochen, verarbeitet und eingeordnet werden, hier etwa: »*Der Finn muss echt noch lernen, wie man Vorschulkinder behandelt. Das nächste Mal sagst du ihm das selbst, o.k.?«*

Viele hochsensible Kinder wehren sich, wenn überhaupt, dann lieber mit Worten statt körperlich. Sie verlangen oft schon sehr früh Loyalität – am meisten von sich selbst, aber auch von ihren Freunden. Diese Erwartungen werden naturgemäß oft enttäuscht. Während die anderen nämlich nach Interessenslage miteinander spielen, sich auch körperlich messen, handelt das hochsensible Kind bereits nach freundschaftlicher Verbundenheit. Haut ihn nun sein Kindergartenkumpel, den er als Freund auserkoren hat, versteht das hochsensible Kind die Welt nicht mehr. *»Aber er ist doch mein Freund?!«*

Wenn ein hochsensibles Kind versucht, über gemeinsame Interessen Kontakt aufzunehmen, kann das ins Leere gehen, weil die Interessen sehr voneinander abweichen können. Vor allem hat es keinen Spiegel bei den Gleichaltrigen; eine sehr frustrierende Erfahrung. Auch das hochsensible Kind will und muss sich messen, braucht ein angemessenes Feedback von außen, das seine Entwicklung steuert.

Die Enttäuschung darüber, dass andere Freundschaften für weniger verbindlich halten oder einfach anders definieren, sorgt bei hochsensiblen Kindern jeden Alters immer wieder für Frustration. Hinzu kommt, dass sie dann glauben, anscheinend als Einzige auf der Welt solche Ansprüche und Maßstäbe zu haben.

Diese Kinder geraten in einen Zwiespalt: Sie selbst wollen, ja müssen ein wahrer Freund sein, sind zuverlässig, hilfsbereit und äußerst loyal; andererseits erleben sie immer wieder, wie andere mit einer lockereren Einstellung ihre Freundschaften unbeschwerter angehen, weniger kränkbar sind und in den Augen des hochsensiblen

Kindes kräftig austeilen. Zu ihrer Verletzlichkeit kommen dann auch noch Gefühle des Andersseins hinzu, eine Problematik, die sich durch alle Altersgruppen und durch beide Geschlechter zieht. Es geht los bei den Frotzeleien unter Jungs, den Rangkämpfen und gegenseitigen Provokationen, die dem hochsensiblen Kind auch in späteren Jahren zuwider sind.

Der Umgang damit will gelernt sein. Im Laufe der Zeit und mit verständnisvoller Begleitung kann sich das Blatt wenden, und die Gewissheit, sich wehren oder abgrenzen zu können, verdrängt das Gefühl des hilflosen Ausgeliefertseins. Der Ton unter Gleichaltrigen in den Schulen ist tatsächlich oft sehr rau. Kinder sind häufig schlimmen Hänseleien ausgesetzt, und es gibt immer Schüler, die sich auf Kosten anderer profilieren, die wenig Empathie besitzen, andere herabsetzen, lächerlich machen und verbal oder sogar körperlich attackieren. Für hochsensible Kinder ist das verheerend, denn sie sind angreifbarer und in der Regel schneller verletzt als nicht hochsensible Gleichaltrige.

Hochsensible Kinder haben ihre Fehler, aber die meisten von ihnen wollen andere nicht mit Absicht kränken, weil ihnen dies ihr angeborenes Wertesystem und ihr ausgeprägtes Mitgefühl verbieten. Werden sie attackiert, reagieren sie oft vollkommen perplex und überrascht, denn das kommt in ihrer Welt nicht vor. Sie fühlen sich tief gedemütigt und oft unfähig, ein Wort herauszubringen. Diese Sprachlosigkeit können sie mit unserer Hilfe überwinden. Dazu kommt im nächsten Kapitel ein Praxisvorschlag.

Bei Mädchen geht es um subtilere Streitigkeiten, die die Hochsensiblen unter ihnen häufig verletzen und verunsichern. Sind sie nicht unmittelbar involviert, folgen sie oft ihrem Harmoniebedürfnis und bieten sich als Streitschlichterinnen an. Dabei verfügen sie schon sehr früh über reife Strategien. Hochbegabte, sozioemotional reife Mädchen halten sich gerne aus solchen Debatten heraus. Sie sind oft sehr unabhängige, autonome Geister.

STREITPUNKTE

Gehören Hochsensibilität und ADHS zusammen?

Oft geschieht es, dass die Merkmale hochsensiblen Verhaltens bzw. die durch Hochbegabung ausgelösten Verhaltensweisen Lehrer oder Erzieher das Aufmerksamkeitsdefizitsyndrom (ADHS) bzw. seine stille Variante, das »Träumerchen« (ADS), beim Kind vermuten lassen und sie Eltern eine entsprechende Abklärung und Therapie empfehlen. Gemäß der Definition ICD-10[7] ist ADHS eine Beeinträchtigung der Konzentrationsfähigkeit, Störung der Impulskontrolle und der emotionalen Regulation sowie fakultativ motorische Hyperaktivität, die vor dem 7. Lebensjahr auftritt. Dazu gehören auch starke emotionale Schwankungen, eine gereizte Grundstimmung und mangelndes Anpassungsverhalten.[8] Diese Merkmale verstärken sich im Laufe eines Schultages und treten unabhängig von bestimmten Situationen auf. Die stille Variante ADS bezeichnet eine vermehrte Aktivität der Aufmerksamkeit, die zahlreichen Reizen folgt und so zu leichter Ablenkbarkeit führt.

---

7 Das von der Weltgesundheitsorganisation WHO herausgegebene ICD-10 (International Statistical Classification of Diseases and Related Health Problems) nimmt eine weltweit anerkannte statistische Klassifikation aller Krankheiten und verwandten Gesundheitsprobleme vor.

8 Döpfner et al., 2000

Der entscheidende Unterschied zwischen Hochsensibilität und ADHS ist der, dass die Aufmerksamkeit bei AD(H)S immer leidet, bei Hochsensibilität ist sie abhängig von den äußeren Umständen. Konzentration hat mit Motivation zu tun, die wiederum sehr eng an Emotionen gekoppelt ist. Hochsensible oder hochbegabte Kinder haben eine sehr tiefe, oft beobachtete Konzentrationsfähigkeit bei Themen, die sie interessieren und entwickeln einen enormen Lernimpetus und Durchhaltevermögen – alles Ausschlusskriterien für ADHS.

Gehören Hochsensibilität und Hochbegabung zusammen?

Dieser Zusammenhang wird in der Wissenschaft kontrovers diskutiert: Inwieweit sind hochsensible Kinder auch (kognitiv) hochbegabt bzw. sind hochbegabte Kinder auch überdurchschnittlich sensibel?

Bevor es an die Gemeinsamkeiten geht, muss man zunächst feststellen, dass die Begriffe oft unterschiedlich verstanden werden. Lässt man sich zu einer Bezeichnung hinreißen, kann man nicht davon ausgehen, dass der Gesprächspartner das Gleiche darunter versteht, was es schwermacht, sich dem Thema neutral zu nähern. Es klang schon an, dass möglicherweise auch der räumliche Denkstil zum Konzept der Hochsensibilität gehört. Da aber die einzelnen Teilbereiche der verstärkten Wahrnehmung ganz unterschiedlich gewichtet sein können, muss nicht jeder Hochsensible räumlich stark vernetzt denken können – genauso wenig wie jeder kognitiv Begabte gleich viel und intensiv zwischenmenschlich wahrnimmt. Die Beantwortung obiger Frage hängt entscheidend davon ab, wie

Hochbegabung und Intelligenz definiert werden. Ob man Persönlichkeitsmerkmale in das Intelligenzkonzept miteinbezieht wie Kurt Heller (2000) oder Howard Gardner mit seinem Konzept der multiplen Intelligenzen (1991)[9], ist für die Diskussion ebenfalls relevant. Es spricht einiges dafür, Intelligenz auch mit einer bestimmten Persönlichkeit zu verbinden, Hochbegabung also nicht nur am IQ-Wert festzumachen, sondern in ein psychologisches Konzept einzubetten.

Es gibt viele Mythen über Intelligenz, z.B., dass sie sich einfach so Bahn bricht, was die Psychologen Aljoscha Neubauer und Elsbeth Stern in einem Interview in der Zeit (N°13 vom 21.3.2013) nach den neuesten wissenschaftlichen Erkenntnissen widerlegen. Sie kommen zu dem Schluss, dass Intelligenz brach liegt, wenn sie nicht gefördert werde.

Die Förderung von hoher Begabung bleibt oft auf den Intellekt reduziert – ohne die gesamte Persönlichkeit zu berücksichtigen. Viele Wissenschaftler betonen, dass erst die Entfaltung der Persönlichkeit das geistige Potenzial zur vollen Entfaltung bringt. Diese Erkenntnis ist nicht neu und gilt grundsätzlich für alle Kinder. Beratungsstellen für Hochbegabte bzw. Hochsensible bestätigen immer wieder, dass Schulprobleme, Verhaltensauffälligkeiten oder psychosomatische Beschwerden oft von der Tatsache herrühren, dass der betreffende Schüler im Schulalltag seine Identität zu sehr verleugnen muss. Vielen dieser Kinder kann durch ein ganzheitliches Hochbegabtenkonzept geholfen werden. Im Auftrag des Bundesministeriums für Bildung und Forschung hat sich die Ärztin für Psychosomatische Medizin und Psychotherapie, Barbara Schlichte-Hiersemenzel, genau dieses Themas angenom-

9 Dabei unterscheidet er linguistische, musikalische, logisch-mathematische, räumliche, körperlich-kinästhetische sowie intrapersonale und soziale Intelligenz, wobei die beiden letzten dem Typus hochsensibel zugeordnet werden könnten.

men. Sie beleuchtet die Entwicklungsschwierigkeiten für hochbegabte Kinder in der Schule (2006) und macht sehr anschaulich, was es für diese Kinder im Alltag bedeutet, ein kleines bisschen anders zu sein. Sie belegt in ihrer Studie, dass hochbegabte Kinder häufig sogenannte emotionale Passungsprobleme hätten, die durch ihre hohe Kognition hervorgerufen und darüber hinaus im Phänomen der Hochbegabung selbst begründet seien. Würden diese Passungsprobleme ignoriert, könne das zu teils schwerwiegenden Entwicklungsproblemen führen.

Es bleibt strittig, welcher Anteil dabei der stärkere ist: Emotionalität und Verletzlichkeit aufgrund der durch die hohe Intelligenz ausgelösten sozialen Situation oder eine Sensibilität, die erst durch eine hohe Intelligenz möglich gemacht wird. Zudem bleiben Gefühle und Befindlichkeiten schwer messbar und wenig greifbar, wenngleich sie nicht weg zu argumentieren sind. Da es noch nicht endgültig wissenschaftlich bewiesen ist, wie bestimmte Persönlichkeitsmerkmale und Hochbegabung zusammenhängen, kann es eine Herausforderung bedeuten, die emotionalen Bedürfnisse des Kindes zu erkennen, und selbst wenn man sie erkennt, jemand anderem plausibel zu machen.[10]

Dass beim Heranwachsen hochbegabter Kinder emotionale Fehlentwicklungen auftreten können, die Hilfe von außen nötig machen, wird auch von dem Psychologen Detlef Rost und seinem Marburger Hochbegabtenprojekt[11] nicht bestritten. Er führt auftretende Schwierigkeiten jedoch ausschließlich auf ihre hohe Intelligenz zurück. Dieser These wird insbesondere von zahlreichen

10 Auch wenn Wissenschaftler immer wieder Ergebnisse dazu vorlegen, vgl. Margit Stamm (2005): Sie beleuchtet die emotionalen Risiken der Hochsensibilität und versucht einen Nachweis des Zusammenhangs von Hochbegabung und Schulabsentismus. Julius Kuhl erforscht u.a. die Verbindung zwischen Kognition und Emotionen (PSI-Theorie, EOS-Potenzial-Analyse).

11 Rost, 2009

Hilfsinstitutionen und Beratungsstellen für gescheiterte Hochbegabte (z. B. Anne Eckerle, Institut für Leistungsentwicklung) heftig widersprochen. So bleibt der Zusammenhang zwischen Hochbegabung und Hochsensibilität in der Wissenschaft bis heute umstritten. Die Diskussion wird meist entweder stark ideologisiert oder durch Vorurteile eingeschränkt geführt. »*Im gesellschaftlichen Selbstverständnis wird Hochbegabung mit einer Bevorzugung durch das Schicksal gleichgesetzt*«,[12] so dass sich Hochbegabte bei der Artikulation von emotionalen Bedürfnissen rasch dem Verdacht der Maßlosigkeit aussetzen.

Hochbegabung und die Umwelt

Die Hochbegabung eines Kindes zu bewerten, macht wenig Sinn: Sie ist weder »Freifahrtschein« für ein erfolgreiches Leben noch begründet sie irgendeine Überlegenheit. Sie ist – wenn sie zweifellos festgestellt wird – einfach da.

> Die Betroffenen berichten immer wieder, dass sie den Umgang mit diesem Merkmal erlernen müssten, was zu Fragen führt wie: Was bedeutet es persönlich für das Kind, hochbegabt zu sein? Was haben wir als Eltern zu beachten? Und wo können wir aktiv Unterstützung bieten? Welche Schwierigkeiten können auftreten: mit dem Kind, der Umwelt, den Freunden?

Oft müssen Eltern mit einigen Vorurteilen umgehen. Nicht nur, dass man glauben könnte, die Hochbegabung sei aus einem besonderen Geltungsbedürfnis oder eigenem Minderwertigkeitskomplex

12 Schlichte-Hiersemenzel, 2006, S. 5; J. Webb, E. Meckstroth und S. Tolan

heraus eingebildet, sie können sich ebenso mit verstärkter Konkurrenz, unrealistischen Erwartungen oder Argwohn von anderen konfrontiert sehen.

Und das ist verständlich: Es gibt viel Leistungsdruck und damit auch immer mehr Ehrgeiz auf Seiten der Eltern. Viele haben das Gefühl, ihr Kind pushen zu müssen, damit es einen ordentlichen Start ins Leben hat und alle schulischen Herausforderungen meistert.[13] Tatsächlich möchten heute 60 % der Eltern ihr Kind auf ein Gymnasium schicken, während aber nur 30 % der Kinder das tatsächlich schaffen. Gleichzeitig gibt es immer weniger Orientierung für Eltern: Was ist richtig? Was muss man tun, um mithalten zu können? Immer weniger wird nach dem Individuellen gefragt: Was braucht unsere Familie, was braucht unser Kind, um in einer Welt bestehen zu können, die immer schneller wird?

In diesem Klima der Leistungsorientierung und bei den vorherrschenden Meinungen, die es über Hochbegabung gibt, wie »vom Schicksal bevorzugt«, »Überflieger« oder »gedrillte Wunderkinder«, scheint der Gedanke an ein hochbegabtes Kind vielleicht verlockend. Für Außenstehende. Denn die Realität ist oft ganz anders!

Da heute viele Kinder frühzeitig gefördert werden und dies in den ersten Lebensjahren mit einer unbändigen Neugier auf das Leben einhergeht, gibt es tatsächlich sehr fähige Kleinkinder, die allen Anlass zum Staunen geben. Doch ein empathischer Blick auf die Seele des Kindes ist dabei um einiges aussagekräftiger als der Blick auf seine Fertigkeiten. Werden seine Fähigkeiten zu sehr betont, tritt Folgendes ein: Alle sind nun hellhörig, denn es gibt kaum einen Erzieher oder Lehrer, der nicht entnervt von Eltern berichten könnte, die ihn – seiner Meinung nach natürlich völlig

---

13 Vortrag von Prof. Dr. Klaus Hurrelmann: »Machen moderne Gesellschaften krank?« auf der 8. GAIMH-Jahrestagung, 26.9.2013 in Oberursel mit dem Thema »Frühe Kindheit unter Optimierungsdruck – und nie mehr Zeit für Bullerbü?«

zu Unrecht – mit dem Verdacht der Hochbegabung ihres Kindes konfrontieren und ihn zu einem bestimmten Verhalten aufgerufen hätten. Es wird pauschal »mehr geistiges Futter« fürs Kind gefordert, was natürlich nicht falsch ist. Doch was dahinter steht, wäre noch wichtiger: Wie ist die Entwicklung des Kindes bis hierhin verändert worden? Wie geht es ihm eigentlich? Wie komme ich darauf, dass es hochbegabt ist? Welcher inneren Logik folgt es? Ist es unglücklich? Was ist zu tun – mal ganz abgesehen davon, dass es mehr »geistiges Futter« braucht? Das möglicherweise jahrelange Ignorieren seiner Bedürfnisse hat ja etwas mit ihm gemacht. Vielleicht nimmt es Zusatzangebote schon nicht mehr an. Ist es dann also doch nicht hochbegabt? Und es gibt die Lehrer, die das Thema abwehren und sich mit der »neuen Welle«, wie Hochbegabung dann abschätzig genannt wird, nicht mehr auseinandersetzen wollen. Diese Entwicklungen sind menschlich leicht nachvollziehbar, haben aber einen sehr bedauerlichen Effekt: Tatsächlich hochbegabte Kinder samt ihrer Eltern werden gleich mit in diese Schublade gesteckt.

Aber ist es denn überhaupt so wichtig zu wissen, ob eine Hochbegabung oder Hochsensibilität vorliegt oder nicht? Das wissen zu wollen, ist legitim. Der übliche IQ-Test ist aber dann erst sinnvoll, wenn aus dem Ergebnis Konsequenzen für den Umgang mit dem Kind gezogen werden sollen. Pauschale Positionen sind wenig zielführend: Während es unmöglich ist, alle Hochbegabten stereotyp an einem einheitlichen Verhalten zu erkennen, können ganz unterschiedliche Verhaltensweisen doch einem inneren Beweggrund folgen. Diesen gilt es zu verstehen.

Eltern hochsensibler und hochbegabter Kinder haben wenig Gelegenheit, sich über ihre Probleme auszutauschen. Und wenn es doch zu Begegnungen mit anderen Betroffenen kommt, erleben viele das Verständnis und die Verbundenheit als wohltuend. Leider führen die gleichen Schwierigkeiten und das gleiche Unverständnis von Seiten der Umwelt manchmal dazu, sich kollektiv als Opfer der Verhältnisse zu fühlen. Auch bei einigen Beratern steht die Wut auf das System im Vordergrund, was nachvollziehbar ist, sieht man sich die Biografien und Leidensgeschichten mancher hochbegabter Kinder an. Aber dieser Unmut hilft nicht weiter. Denn die Ratsuchenden werden sich nur immer mehr darin bestätigt fühlen, unverstanden zu sein. Sich zu identifizieren tut gut für den Moment, doch langfristig entsteht eine Entfremdung von der Außenwelt. Die psychologischen Berater, die diese Wut aufs System zu sehr betonen, erweisen ihren Klienten einen schlechten Dienst. Denn sie können ihnen keine Parallelwelt bieten, in der alles perfekt ist. Im Gegenteil: Die Ratsuchenden bleiben zurück mit einem Gefühl der Einsamkeit, denn sie müssen ja ihren Alltag meistern. Ich habe erlebt, dass hochbegabte Kinder – und immer wieder bin ich erstaunt über ihren Weitblick – eben dieses Urteil, dass keiner sie verstehen würde, ganz instinktiv ablehnten.

Die andere Extremposition ist ebenso gefährlich. Zu behaupten, hochbegabte Kinder hätten keine Herausforderungen bei der Entfaltung ihrer Persönlichkeit in einem starren Schulsystem, ist schlichtweg falsch und empirisch vielfach widerlegt. Viel zu selten wird gefragt, was es eigentlich heißt, sich nicht voll einbringen und seine Persönlichkeit nicht gut ausbilden zu können.

Es macht viel aus, wenn man nur ein bisschen anders ist als fast alle anderen. Der Mensch ist ein soziales Wesen und erkennt sich im Spiegel anderer, dann fühlt er sich sicher und bestätigt. Gerade unsichere Menschen orientieren sich stark an anderen und richten ihr Verhalten an den Erwartungen der Mehrheit aus. Hochbegabte haben diese Möglichkeit der Identifikation mit anderen seltener, was ihnen eine größere Anpassungsleistung abverlangt. Diese Anpassung wiederum kann mit der Unterdrückung eigener psychischer Anteile einhergehen, was die Psyche in ein Ungleichgewicht bringen kann. Kinder, die sowohl hochsensibel als auch hochbegabt sind, haben gleich aus zwei Gründen Herausforderungen zu bewältigen.

Dazu ein Beispiel aus der Beratung:

Das Verhalten der 5-jährigen Lea war Anlass für ein ernstes Gespräch zwischen Kindergartenleitung und Mutter. Die Erzieherin, die ein sehr enges Verhältnis zum Kind hatte und stets mit Wohlwollen auf Lea blickte, konnte sich das Verhalten des Kindes im zurückliegenden halben Jahr nicht erklären, fühlte sich auch in ihrer Arbeit behindert. Lea übernahm in der Gruppe immer mehr die Position der Antreiberin: Wenn die Kinder herausgehen sollten, stand sie schon fix und fertig in der Tür und hielt die anderen zur Eile an. Sie half auch seit Kindergartenbeginn den Jüngeren und Gleichaltrigen in ihre Mäntel und Schuhe, begleitete sie auf die Toilette oder gab sonstige Hilfestellungen. Diese hilfsbereite Art wurde nun immer mehr als unangenehm, aufdringlich oder überfordernd wahrgenommen: Lea wurde zunehmend herrisch, vorlaut, rannte aus dem Stuhlkreis heraus mit den Worten, dass sie das nun schon 1000-mal gehört hätte. Auch konfrontierte sie andere Kinder und auch deren Mütter mit scharfsinnigen, teils verletzenden, jedoch oft zutreffenden Beobachtungen. Die Kindergartenleiterin empfahl in diesem Gespräch den Besuch eines Psychologen, da sie Leas Verhalten nicht einordnen konnte.

Die Ursache, wie sich ohne den Psychologenbesuch herausstellte, lag nicht im Kind oder seiner Familie begründet, sondern in der Situation: Lea passte mit ihren Bedürfnissen nicht mehr in den Kindergarten! Es gab kein Kind mehr, das ihr einen Spiegel vorhalten, ihre Interessen teilen oder sie auf Augenhöhe in ihre Schranken weisen konnte. Andere Eltern fanden sie vorlaut, die Erzieherinnen forderten Anpassung. Lea reagierte auf all das mit Rebellion, während sie zu Hause sehr anhänglich wurde, oft aber auch schlecht gelaunt und unzufrieden war. Sie schlief nicht mehr gut und hatte wenig Appetit. Die Fotos aus dieser Zeit, so sagten ihre Eltern später, waren ein eindeutiges Zeugnis ihres inneren Zustands.

Wären die Eltern mit ihrer Tochter zum Psychologen gegangen, hätte diese womöglich das Stigma der psychischen Störung erhalten, an ihrer Unzufriedenheit und ihrem Verhalten hätte das nichts geändert. Der Kindergarten passte nicht mehr zu ihren Bedürfnissen, sie fühlte sich nicht mehr wahrgenommen, suchte die Ursachen bei sich selbst und reagierte offensiv, indem sie die eigenen Bedürfnisse ganz konkret formulierte. Je nach Temperament kann sich dieses Grundgefühl, nicht mehr zu passen, auch in Rückzug, Traurigkeit oder körperlicher Aggression ausdrücken. Leas Elten sorgten dafür, dass ihre Tochter ein passenderes Umfeld bekam. Die seelische und geistige Unterforderung ihres Kindes hatte sich in diesem Fall in einer hohen Empathiefähigkeit, Beobachtungsgabe und seelischen Reife gezeigt.

Lea durfte zunächst vier Wochen in der 1. Klasse schnuppern, die kurz vor ihrem Abschluss stand, und sie veränderte sich schon in dieser Zeit rasant. Sie erhielt durch das Feedback der älteren Kinder den Spiegel, der ihre Persönlichkeit wachsen ließ. Endlich traute man ihr etwas zu. Lea war in kürzester Zeit nicht mehr wiederzuerkennen, von Ungeduld und Unzufriedenheit keine Spur. Sie stellte sich hochmotiviert ihren Aufgaben und holte den bis dahin verpassten Stoff der 1. Klasse freiwillig und ohne Hilfe schnell nach. Diese sehr guten Leistungen waren durch die Entwicklung ihrer Persönlichkeit erst möglich geworden. Ihre Lehrer waren erleichtert, dass die Entscheidung, sie gleich mit in die 2. Klasse zu nehmen, sich auch im Nachhinein als richtig herausstellte.

Hochbegabung ist nicht nur ein kognitives Potenzial, sondern ist Teil der Persönlichkeit. Erst wenn diese angemessen berücksichtigt wird, kann sich das Potenzial entfalten. Es muss nicht immer ein Erziehungsfehler der Eltern oder eine psychische Störung des Kindes vorliegen, wenn sein Verhalten vom Normalen abweicht. Das Vorurteil, die Eltern wollten das auffällige Verhalten ihrer Kinder und eigene Erziehungsfehler mit Hochbegabung rechtfertigen, lässt der Möglichkeit immer weniger Raum, dass auffällig werdende hochbegabte Kinder tatsächlich Hilfe bekommen. Eine schnelle Auffassungsgabe, Schlagfertigkeit, ein auffallend reifes Verhalten, die Fähigkeit, aus präzisen Beobachtungen die richtigen Schlüsse zu ziehen, Impetus beim Lernen, ständiges Hinterfragen – all das weist viel eher auf eine Hochbegabung hin als andere Fähigkeiten, die im Zweifel antrainiert sein können. Außerdem kann man kein Kind ohne seine Kooperation zu einem Wunderkind drillen.

INTERPRETATIONEN UND REAKTIONEN VON AUSSEN

Fehlurteile und Missverständnisse

Immerhin 80–85 % der Menschen sind nicht hochsensibel. Wie aber bewertet diese Mehrheit die für sie manchmal unverständlichen Reaktionen Hochsensibler? Hochsensible Kinder und Erwachsene können ihre Bedürfnisse und Wahrnehmungen nicht ohne weiteres zugunsten der Gemeinschaft unterdrücken. Das würde auf Dauer krank machen. Ebenso wenig können sie diese ohne Rücksicht auf die Umwelt ausleben, denn das würde zu sozialer Isolation führen. Wenn es schon zu Hause unter Familienmitgliedern zu Missverständnissen kommen kann, umso schneller passieren sie außer Haus. Das Phänomen Hochsensibilität ist nicht sehr bekannt, was bei der Umwelt zu allerhand Fehleinschätzungen führen kann. Unsere sehr menschliche Eigenart, von uns auf andere zu schließen, führt auch dazu, dass die normalen Schattenseiten von Hochsensiblen nicht leicht akzeptiert werden, Positives dagegen als selbstverständlich genommen wird.

Da die Umwelt das Selbstbild mitprägt, braucht es extra Anstrengung, ein gesundes Selbstwertgefühl zu entwickeln, zu sich und seinen Bedürfnissen zu stehen und die eigene Individualität mit der Gemeinschaft in Einklang zu bringen. Je größer der Unterschied zur Mehrheit, desto mehr Mut und Energie erfordert es, zu seiner Individualität zu stehen. Am Anfang müssen die Eltern stellvertretend für ihre Kinder diesen Mut aufbringen.

Frau S., Mutter von vier Kindern im Alter von 13, 11, 8 und 5 Jahren, erzählt:

»Unsere Kinder fallen oft damit auf, dass sie wesentlich ruhiger, zurückhaltender und schüchterner sind als andere Kinder. Wir […] glauben, dass jeder Mensch bestimmte Gaben und Talente mitbekommen hat. Deshalb liegt uns viel daran, die Talente unserer Kinder zu entdecken und sie zu fördern. Das gibt ihnen Mut und Selbstvertrauen. Unsere Kinder spielen alle ein Instrument. Wenn sie dafür üben und ihr Können bei einem Auftritt unter Beweis stellen, hilft ihnen das, über ihren eigenen Schatten zu springen.«

Die Vorzüge der Hochsensibilität des Kindes wie etwa sein großes Einfühlungsvermögen oder seine Hilfsbereitschaft, die Tiefe der Einsichten, treffende Beobachtungen oder das Vermögen, schöne Situationen zu genießen, sind gerne gesehen. Auch jene hochsensiblen Kinder, die überaus angepasst und brav sind und wenig zur Last fallen, die also ihre Bedürfnisse schon gar nicht (mehr) offen ausdrücken, bringen Vorteile. Diese Kinder können leicht übersehen werden, was zur Folge hat, dass sie sich mit der Zeit selbst nicht mehr wichtig finden. Dieser in den Augen der Erwachsenen vermeintliche Vorteil eines unauffälligen Kindes geht somit auf Kosten des Kindes selbst, das tagtäglich eine enorme Anpassungsleistung vollbringt und die Schuld dafür, dass es nicht wahrgenommen wird, auch noch sich selbst aufbürdet. Auch die geschilderte Gefühlsintensität ist nur die eine Seite der Medaille. Die andere Seite kann sich darin zeigen, dass sie häufig träumen, erschöpft sind von all den Eindrücken, störanfällig und reizbar werden, schnell weinen oder enorme Wutanfälle kriegen können und so manches Mal die Familie oder ihr Umfeld in Atem halten. Emotional intensive, laute oder stressige Situationen produzieren beim Kind die Reaktionen, die aus seiner Sicht durchaus logisch und gesund sind. Der Umwelt erscheinen sie jedoch oft überzogen. Dabei bleibt uns lediglich verborgen, was im Kind vor sich geht.

Die Erwartungen der Umwelt an ein Kind können selbst aus gesunden Reaktionen Probleme machen: Da geht jemand alleine und auch noch zufrieden über den Schulhof? – Sonderbar! Unangenehm wird es für das Kind auch dann, wenn sein Rückzug falsch interpretiert wird und es beispielsweise überredet werden soll, doch mitzumachen oder sich der Ermutigung durch Lehrer oder Erzieher zu öffnen. Das ist zwar gut gemeint, dennoch wird das Kind für den Moment nicht richtig wahrgenommen.

Andere Missverständnisse sind vorprogrammiert, wenn hochsensible Schulkinder in akuten Überlastungssituationen regelrecht blockiert sind und keine Informationen mehr aufnehmen können. Sie scheinen sich taub zu stellen und ignorieren Anweisungen des Lehrers, was ihnen leider falsche Zuschreibungen einbringt. Denn wenn die Abwehrtricks der Hochsensiblen den Ablauf des Unterrichts stören, ist wenig Verständnis zu erwarten.

Beispiel:

Niels erträgt in der Schule zunächst die Lautstärke eines für seine Bedürfnisse zu laut eingestellten Hörspiels. Dabei spürt er aber schon bald seine Schmerzgrenze, hält sich erst die Ohren zu und - für die anderen wie aus heiterem Himmel- rennt ›plötzlich‹ hinaus. Wäre seine innere Logik erkannt worden, hätte ihn die Lehrerin vielleicht woanders hingesetzt oder wäre ihm womöglich durch Verringern der Lautstärke entgegengekommen. Mit seiner Explosion gerät Niels dann in die ›Problemecke‹: »Na, der flippt aber schnell aus. Da muss noch etwas an der Frustrationstoleranz gearbeitet werden.«

… bis hin zum Verdacht auf psychische Störungen

Die Schwierigkeit, stets die richtigen Schlüsse zu ziehen, ergibt sich auch aus der Tatsache, dass herabgesetzte Wahrnehmungsschwellen bzw. niedrige Reizschwellen nicht nur bei Hochsensibilität, sondern auch bei psychischen Störungen vorkommen wie Schizotypie, Psychotizismus, Borderline oder Angststörungen. Diese alle und auch der (Asperger-) Autismus gehen mit dem Phänomen der häufigen Reizüberflutung einher.[14]

Ein weiteres Thema ist die angebliche Schüchternheit: Wenngleich Hochsensible genau wie andere auch durch anhaltende schlechte Erfahrungen schüchtern bzw. ängstlich werden können, handeln hochsensible Kinder vor allem aus Vorsicht zurückhaltend, um sich vor Überreizung zu schützen und weil sie neue Situationen gerne in Ruhe prüfen, bevor sie aktiv werden. Dabei wirken sie möglicherweise auf ihr Umfeld furchtsam und ängstlich. In Beratungen werden daher immer wieder hochsensible Kinder auf Empfehlung der Schule, des Kindergartens oder aus eigenen Stücken vorgestellt – und oft haben sie bereits Therapieversuche hinter sich. Vielfach ohne Erfolg. Was aber bei einigen geblieben ist, ist das Gefühl, langsam, krank, gestört oder einfach nicht richtig zu sein.

Häufig werden hochsensiblen Kindern eine niedrige Frustrationstoleranz und eine geringe Belastbarkeit zugeschrieben. Das wirkt allerdings nur von außen so, denn sie nehmen ja viel mehr Reize in viel kürzerer Zeit auf, sind also mitnichten weniger belastbar und haben im Gegenteil eine hohe Frustrationstoleranz.

Es ist Erziehern und Lehrern hoch anzurechnen, dass sie unter der Belastung ihres täglichen Arbeitsablaufes den Kindern gegenüber aufmerksam bleiben. Es ist auch ihre Aufgabe, Abweichungen von der Norm zu entdecken. Daneben passiert aber leider auch,

---

14 Trappmann-Korr, 2011, S. 132

dass einem allgemeinen Trend folgend vermehrt Diagnosen für abweichendes Verhalten des Kindes gesucht werden. Dabei liegt die Lösung oft näher, als die am Verhalten der Mehrheit orientierten Fachleute glauben: Häufig reagieren hochsensible Kinder nur folgerichtig auf steigende Lautstärke, mangelnde Aufmerksamkeit oder auch kognitive Unterforderung. Eine Abklärung ist natürlich wichtig, ebenso aber auch eine kritische Haltung der Eltern. Denn der bloße Verdacht auf eine Störung zieht einen Arztbesuch nach sich, vielleicht sogar eine anschließende Therapie, die ohne Erfolg bleiben wird, solange die Ursache nicht gefunden wurde.

Das Suchen nach einer Pathologie, wo keine ist, hat einen prägenden Einfluss auf das Selbstbild des Kindes: ›Mit mir stimmt etwas nicht.‹ Deswegen ist ein falscher Verdacht schwerwiegend. Das kindliche Verhalten kann durch das Hochsensibilitätskonzept plausibel werden, aber nicht jede Verhaltensauffälligkeit ist hochsensibel. Eltern werden kaum alle Missverständnisse der Umwelt und unzutreffende Beurteilungen ihres Kindes verhindern können. Wohl aber können sie ihr Kind wappnen und ihm einen seelischen Schutzschirm mit auf den Weg geben. Sie können vieles kompensieren, indem wenigstens sie die richtigen Schlüsse ziehen und dadurch so manches wieder ins Gleichgewicht bringen.

Frau B., Mutter von drei Kindern:

»Für mich war das Konzept Hochsensibilität eine Erlösung. Es sind sehr viele Fragen und Zweifel auf einen Schlag beantwortet gewesen, und ich konnte meine Kinder plötzlich auf eine andere Art verstehen. Davon können meine Kinder sehr profitieren. Dass meine Kinder anders sind als andere, war von Anfang an immer klar, jedoch wusste ich die ersten Jahre nicht, wieso. Mit dem Wissen alleine bekommen meine Kinder nicht so sehr das Gefühl anders, sondern eher ›richtig‹ zu sein.«

Ein Perspektivwechsel hat erstaunliche Effekte: Nicht das Kind muss in Ordnung gebracht, sondern die Umgebung muss überprüft werden. Und falls am Umfeld nichts geändert werden kann, müssen Kompensationsstrategien gefunden werden – auch die kann man erlernen.

Dass Kinder korrekt wahrgenommen werden und man ihre Handlungen in enger Beziehung zum eigenen Handeln sieht, ist auch für Remo Largo, den bekannten Biologen und Verfasser zahlreicher Ratgeber, eine wichtige Voraussetzung jeder gesunden Persönlichkeitsentwicklung. Nur wenn sie korrekt wahrgenommen werden, können Kinder ein positives und realistisches Feedback erhalten. Dann ist der erste Schritt auf dem Weg zur Selbstwirksamkeit getan: ein positives, realistisches Selbstbild.

Und doch ist nicht alles hochsensibel

Ein realistisches Bild von sich selbst zu entwickeln setzt voraus, dass das Kind von seinen Bezugspersonen halbwegs richtig eingeschätzt wird. Dabei ist das Hochsensibilitätskonzept lediglich eine Möglichkeit, sich dem Inneren des Kindes zu nähern. Manche normal sensible Kinder reagieren unter gewissen Umständen sehr ähnlich wie hochsensible Kinder. Der große Unterschied ist, dass diese Kinder erst durch ihre Erfahrungen übersensibel bzw. verwundbar gemacht werden. Eltern, die selbst wenig empathisch, sondern viel mit sich und ihren eigenen Herausforderungen beschäftigt sind, die wenig Zeit und Fürsorge übrig haben, verunsichern Kinder sehr. Insbesondere, wenn Eltern ihr Verhalten je nach Tagesverfassung ändern – mal übermäßig streng, dann wieder zu nachgiebig –, fangen viele Kinder zu grübeln an und fahren ihre Antennen weit aus, um die wechselnden Stimmungen ihrer Eltern möglichst frühzeitig zu erkennen. Kinder suchen dann naturgemäß den Fehler bei sich, wollen herausfinden, warum sie nicht beachtet oder schlecht behandelt werden. Und sie wollen erkennen, was sie den Eltern Gutes tun können, damit sie die für sie lebensnotwendige Aufmerksamkeit bekommen. Unter solchen Umständen entwickeln Kinder tatsächlich enorme empathische Fähigkeiten: Sie lernen im Gesicht der Eltern zu lesen, jede kleine Stimmung aufzugreifen, jede Regung festzuhalten. Das sind erlernte Verhaltensweisen, die mit genetisch bedingter Hochsensibilität nichts zu tun haben.

II

HOCHSENSIBEL STARK WERDEN MIT DEN ELTERN

»Wir können den Wind nicht ändern,
aber wir können die Segel richtig setzen.«

Aristoteles

GRUNDLAGEN DER PERSÖNLICHKEITSENTWICKLUNG

Positive frühkindliche Erfahrungen und Urvertrauen

Urvertrauen[15] ist das in der frühen Kindheit geprägte grundsätzliche Gefühl, gut zu sein und die emotionale Sicherheit, dass eigene positive Gefühle ebenso positiv von anderen erwidert werden. Es entwickelt sich im ersten Lebensjahr durch die verlässliche, sorgende, andauernde und liebende Zuwendung der Bezugsperson(en). Das Urvertrauen kann sich nur unzureichend ausbilden, wenn eine Trennung von der primären Bezugsperson ohne einen Ersatz erfolgte, ein Baby völlig vernachlässigt wurde oder im Familienhaushalt unerwünscht war oder von den Pflegepersonen mit widersprüchlichen Gefühlen wie Hass und Liebe, Zärtlichkeit und Aggression usw. behandelt wurde. Eine Kompensation durch die liebevolle Zuwendung von Geschwistern oder anderen Bezugspersonen ist dabei teilweise möglich. Zuverlässige Nestwärme ist für alle Menschen am Anfang des Lebens sehr wichtig, und ihr Vorhandensein oder Fehlen prägt uns alle.

Hochsensible Kinder reagieren schon bei der Ausbildung des Urvertrauens gemäß ihres Naturells auf positive Zuwendung extrem schnell und intensiv, so dass vertrauensbildende, Geborgenheit

15 Der Kinderpsychologe Erik H. Erikson führte 1950 das Konzept des Urvertrauens (Basic Trust) in die Psychologie ein, vgl. Erikson, E. (1999): Kindheit und Gesellschaft, übers. v. Marianne Eckhardt-Jaffe, Stuttgart 1999, S. 241 ff.

gebende Erfahrungen in kürzester Zeit fruchten und ein stabiles Fundament bilden können. Das ist ein enormer Vorteil, der sich in einer besonders innigen, vertrauensvollen Beziehung zu den Eltern niederschlagen kann und rasch sichtbar wird.

Emotionale Gleichgültigkeit hingegen, Vernachlässigung oder Lieblosigkeiten seitens der Eltern, insbesondere der Mutter, können großen Schaden anrichten. Denn schon das hochsensible Baby hat ausgeprägt feine Antennen dafür, wie die Bezugspersonen ihre Rolle ausfüllen, annehmen und zu ihm, dem Kind, stehen. Eine destruktive Erfahrung gräbt sich tief in die Gefühlswelt ein und wird relativ schnell sichtbar.

Legen Sie den Fokus auf die positive Seite und erfreuen Sie sich an der überaus schnellen, dankbaren Reaktion Ihres (hochsensiblen) Babys auf Ihre empathische Zuwendung. Es wird ganz schnell ganz unkompliziert und äußerst zufrieden und glücklich.

Für hochsensible Kinder ist es ganz besonders wichtig, sich frühzeitig einen kleinen Vorrat an seelischer Widerstandskraft zuzulegen. Sie brauchen ihn, weil sie schnell verletzt und verunsichert werden. Denn durch ihr Anderssein erfahren sie mitunter missbilligende, verständnislose Reaktionen von der Umwelt, die auch tatsächlich verletzend sind. Die Schlüsse, die sie daraus über sich selbst ziehen, sind oft destruktiv. Aber auch hier reagiert das besonders sensible Kind unverzüglich positiv und viel schneller auf Ermutigungen oder Bestätigungen als das nicht hochsensible.

Diese schnellen und extremen Reaktionen, die ja auch nötig sind, um ins Gleichgewicht zu kommen, wirbeln das Innere immer wieder auf und lassen sich mit einem starken Urvertrauen leichter ertragen und ausgleichen. Sich dessen gewiss zu sein, dass man angenommen ist, so wie man ist, wappnet gegen Situationen, in denen die Selbstachtung in Schieflage geraten könnte. Hochsensible Kinder mögen zwar schnell verletzt sein, sie sind jedoch oft auch sehr zäh und widerstandsfähig. Was sie an einer Stelle vielleicht erleiden, gleichen sie an einer anderen durch ihre hohe Anpassungsfähigkeit und schnelle Annahme von Zuspruch aus.

Herr U., Vater von zwei Töchtern, hat folgende Erfahrung gemacht:

»Als hochsensibler Vater einer hochsensiblen Tochter sehe ich mich manchmal in der Situation, meiner Frau gegenüber H.s Verhalten erläutern zu müssen und ihr (meiner Frau) klarzumachen, dass H. mit einer (wenn auch verständlichen) heftigen Reaktion, einem lauten Schimpfen zum Beispiel, nicht geholfen ist, weil es H. meiner Erfahrung nach ins falsche Fahrwasser bringt. Wenn man bei H. etwas erreichen will wie z.B., dass sie weiter isst oder sich anzieht, erreicht man am meisten mit freundlicher Bestimmtheit und indem man ihr die Situation veranschaulicht: Wenn du dich jetzt nicht anziehst, dann können wir nicht losfahren. Und dann geht der Morgenkreis (im Kindergarten) ohne dich los, und deine Freunde wissen gar nicht, wo du steckst.«

Alle Kinder meistern ihre alterstypischen Herausforderungen umso leichter, je konstruktiver ihre ersten frühkindlichen Erfahrungen waren. Weiterhin entscheiden Motivation und Selbstwert im Kindesalter stark über den künftigen Erfolg im Leben, ebenso stark wie ein positives Kommunikationsklima innerhalb der Familie mit gutem elterlichen Vorbild.[16] Aus all dem und mehr erwächst dann das Maß an seelischer Widerstandskraft (Resilienz). Viele äußere

16 Roth, 2012, S. 16 und weiter: »Psychosozial und sensorisch vernachlässigte Kinder (z.B. russische oder rumänische Waisenhauskinder) lagen in ihrem IQ um durchschnittlich 20 Punkte unter dem IQ normal aufgewachsener Kinder. Diese Beeinträchtigung ist später nur schwer oder gar nicht kompensierbar.«

Umstände können die Resilienz erschüttern, meint der Sozial- und Bildungswissenschaftler Klaus Hurrelmann (2013):

Exkurs: Machen moderne Gesellschaften krank?
Persönlichkeitsentwicklung vollzieht sich in einem Verarbeitungsprozess, der das Innere einer Person mit den äußeren Realitäten der Umwelt immer wieder abgleicht. Hurrelmann bezeichnet das als die Selbstorganisation der Persönlichkeit, ein Unterfangen, das in einer modernen Gesellschaft stets schwieriger werde und ein immer höheres Ausmaß an individuellem Einsatz fordere. Die neuen Freiräume und fehlenden Grenzen von modernen Gesellschaften würden dazu führen, dass gesellschaftliche Normierungen abgenommen hätten und es weniger Orientierung gäbe. Dieses Vakuum setze ein hohes Maß an Fertigkeiten und Souveränität beim Einzelnen voraus, um an den Erfordernissen der wachsenden Selbstorganisation der eigenen Persönlichkeit nicht zu scheitern.

Hurrelmann vertritt die Ansicht, Menschen müssten nach modernen Lösungen für moderne Krankheiten (er nennt sie Gesundheitsstörungen) suchen, deren Schwerpunkt nicht auf der körperlichen Ebene zu suchen sei, sondern sich immer mehr auf die Psyche und die Wechselwirkungen mit der Umwelt beziehe. Dafür brauche es neue Formen des Gesundheitsmanagements. Klassische Kinderkrankheiten und chronische Krankheiten würden zurückgedrängt. An ihre Stelle treten Überforderungen in der Bewältigung von sozialen Belastungen. Gleichzeitig würden immer weiter reichende Entwicklungs- und Leistungsanforderungen an die Kinder gestellt, so dass Eltern verunsichert seien, ob ihr Kind im sozialen Vergleich überhaupt noch standhalten könne. Da ist es umso wichtiger, dass Eltern ihre eigenen Grundwerte kennen und diese auch selbstbewusst vertreten.

Resilienz

Resilienz ist »*die psychische Widerstandskraft gegenüber psychischen, physischen und biologischen Entwicklungsrisiken*«,[17] die es ermöglicht, Krisen im Leben besser zu meistern. Sie umschreibt das Vertrauen in sich selbst, eine weitgehende Unabhängigkeit von äußeren Einflüssen und die Zuversicht, »es« schaffen zu können. Resilienz ist das ganze Leben hindurch veränderbar und kann jederzeit trainiert werden.

Typische Eigenschaften resilienter Menschen sind:

- Optimismus,
- Selbststeuerung,
- Lösungsorientierung,
- gerne Verantwortung übernehmen,
- Beziehungen aktiv gestalten,
- positive Erwartungen an die Zukunft,
- das Vertrauen, mit zukünftigen Herausforderungen fertig zu werden.

Ausgangspunkt der Resilienzforschung war die **Kauai-Studie** von Emmy Werner und Ruth Smith. Sie beobachteten knapp 700 Kinder über einen Zeitraum von 40 Jahren hinsichtlich ihrer seelischen Selbstheilungskräfte. Dabei wies ein Drittel der Kinder von vorneherein ungünstige Ausgangsbedingungen auf, zu denen pränataler Stress der Mutter, chronische Armut, ein gestörtes Familienleben, elterliche Psychopathologien oder elterlicher Alkoholismus gezählt werden. Über die Jahre hinweg hatte ein ganzes Drittel dieser ›Hochrisikokinder‹ trotz allem einen stark ausgeprägten Lebensmut ent-

17 Wustmann, 2004, Von den Stärken der Kinder ausgehen: Das Konzept der Resilienz und seine Bedeutung für das pädagogische Handeln. In: Unsere Jugend 56 (10), S. 402–412

wickelt und war zu lebenstüchtigen Erwachsenen herangewachsen. Die Frage war, warum? Die sogenannten protektiven Faktoren, die Werner und Smith für die seelische Gesunderhaltung identifizieren konnten[18], gelten bis heute in der modernen Resilienzforschung. Es sind dies an erster Stelle eine dauerhafte, verlässliche Beziehung zu mindestens einer Bezugsperson im Kleinkindalter sowie ein angeborenes Temperament, das tendenziell eher kontaktfreudig, optimistisch und durchsetzungsfähig ist. Außerhalb der Familie wirkten gute Beziehungen zur Peergroup, zu Nachbarn und zu Lehrern ebenso protektiv wie auch wertschätzende und ermutigende Mentoren.

Neben der Kauai-Studie geht die Resilienzforschung auf den Gedanken der **Salutogenese** zurück, der Ende der Siebzigerjahre aufkam und im Konzept des Soziologen Aaron Antonovsky (1923 in den USA geboren) seinen Niederschlag fand. Er kritisierte, dass bis dahin der Begriff Gesundheit allzu einseitig nur auf die Symptomatik und ihre dazugehörigen Organe beschränkt bliebe mit der reinen Zielvorgabe, den Zustand Krankheit möglichst zügig abzustellen. Antonovsky ging darüber hinaus folgenden Fragen nach: Welches Geheimnis haben gesunde Menschen, dass sie trotz extremer Belastungen nicht krank werden? Welche Faktoren spielen dabei eine Rolle? Was schützt vor Krankheit?

Antonovskys Blick ist ressourcenorientiert, d. h., nicht das, was nicht klappt, ist im Blickfeld, sondern das, was klappt. Damit rücken die Ressourcen und Stärken des einzelnen Menschen in den Fokus. Mit den eigenen Fähigkeiten kompetent, aktiv und

18 Die Auswertung der Kauai-Studie wurde von Peter Wagner, Arzt an einem akademischen Lehrkrankenhauses in Frankfurt, anlässlich eines Fachvortrags der 25. Psychiatriewoche in Frankfurt/Main, 2014, vorgestellt.

selbstwirksam sein Leben zu meistern und zu gestalten, ist in jedem Menschen von klein auf angelegt.

Antonovsky sieht den Menschen als ein komplexes Gebilde aus Körper, Geist und Seele, der sämtliche innerpsychische und äußere Faktoren immer wieder aufs Neue austarieren muss, um sich dem Zustand der relativen Gesundheit anzunähern.[19] Ein kranker Körper würde sich durch Seelennahrung oder geistige Anregung besser regenerieren. Ein verkümmerter Geist zieht den Körper oder die Seele in Mitleidenschaft, etwa in Form von psychosomatischen Beschwerden oder Depressionen. So kann auch unerkannte Hochbegabung körperlich krank machen. Sich um die jeweils anderen Bereiche zu kümmern, strahlt positiv auf den gesamten Menschen aus und kann die Gesundheit wiederherstellen.

Die World Health Organization (WHO) definiert diese kurz und bündig: »*Gesundheit ist ein Zustand des vollständigen körperlichen, geistigen und sozialen Wohlergehens und nicht nur das Fehlen von Krankheit oder Gebrechen.*«

Der Begriff der Resilienz erlebt seit einiger Zeit einen Boom und wird oft mit Unverletzbarkeit gleichgesetzt. Hohe Resilienz scheint nicht nur eine Notwendigkeit, sondern geradezu ein gesellschaftliches Ideal geworden zu sein. Aber was heißt überhaupt normal, was ist psychisch gesund? Dass immer mehr Kinder zum Psychiater und Psychologen gehen, weil sie als psychisch labil oder verhaltensauffällig eingestuft werden[20], wird in den westlichen Industriestaaten allmählich zum Normalfall. So ist der Hang zu

19 Aaron Antonovskys Hauptwerke sind: Health, stress and coping: New perspectives on mental and physical well-being. San Francisco: Jossy-Bass (1979); The Salutogenetic perspective: toward a new view of health and illness: Advances. The Journal of Mind-Body-Health 4 (1987), 47–55

20 Vgl. u.a. Wissenschaftliches Institut der AOK, Pressemitteilung vom 19.4.2011.

Wutausbrüchen mittlerweile im Katalog der psychischen Störungen erfasst (DSM-5) und betrifft 3 % der 9- bis 19-Jährigen. Bringt das die sinkende Toleranz einer leistungsorientierten Gesellschaft gegenüber »schwierigen« Kindern zum Ausdruck? Laut Ärzteblatt nehmen Stress und Depressionen bei Kindern zu: Fast jeder dritte Schüler leidet mittlerweile unter depressiven Stimmungen, die auf Schulstress und Leistungsdruck zurückgeführt werden, 6–10 % entwickeln sogar eine Depression – der Burnout im Kinderleben. Sind das Reaktionen auf eine veränderte Umwelt, an die der Mensch sich gerade neu anpasst?

Das Kommunikationszeitalter bietet nie dagewesene Möglichkeiten und eine Überbrückung von Distanzen. Das prägt den Einzelnen, die Familien und insbesondere die Kinder. Diese Veränderungen erfordern Reaktionen und Anpassungsstrategien. In dieser Übergangszeit, wo Anforderungen einerseits ständig steigen und andererseits der Umgang damit noch nicht richtig erlernt werden konnte, verlieren Menschen vorübergehend ihren gewohnten Halt und die Orientierung.

Dieses Szenario spielt sich vor der Kulisse zunehmender Geschwindigkeit und der Forderung nach ständiger Verfügbarkeit und Erreichbarkeit ab. Die moderne Medienwelt mit all ihren Errungenschaften nimmt so manchen Menschen die Ruhe zum Nachdenken. Viele teilen kontinuierlich ihre Aufmerksamkeit, wobei der persönliche Kontakt und die Achtsamkeit für sich selbst und andere teilweise verloren gehen. All das betrifft erst recht unsere Kinder. Sie bekommen die Lebenswirklichkeit der geteilten Aufmerksamkeit zu spüren und reagieren häufig auf eine Art und Weise, die von Erwachsenen als befremdlich oder gar behandlungsbedürftig eingeschätzt wird.

Beispiel 1:

Als die Mutter ihr Kind vom Kindergarten abholt, läutet ihr Handy. In diesem Moment wird die Begrüßung zwischen Mutter und Kind jäh gestört, der Rededrang des Kindes unterbrochen und auf den Zeitpunkt nach dem Telefongespräch verschoben. Je nach Temperament des Kindes reagiert es auf diese Zurückweisung irritiert, nörgelig, weint, wird laut oder auch ganz leise, auf jeden Fall baut sich in dieser kleinen Situation ein Gefühl auf, das nachklingt und das weitere Zusammensein beeinflusst.

Beispiel 2:

Auf dem Spielplatz will das Kind dem Vater etwas zeigen. In dem kurzen, aber entscheidenden Moment, als das Kind zum ersten Mal ganz oben auf dem Klettergerüst ankommt, kündigt sich eine SMS an, die die Aufmerksamkeit des Vaters in Anspruch nimmt. Während das Kind sich stolz umblickt, sieht es den Vater auf sein Handy schauen und bleibt mit dem Gefühl zurück: ›Ich bin nicht wichtig‹. Je nach Stimmungslage und Frustrationstoleranz wird das Kind entweder einen weiteren Versuch unternehmen, die Freude über den eigenen Erfolg mit dem Vater zu teilen oder aber entscheiden, es zu lassen und womöglich eigene, destruktive Schlüsse ziehen: ›Naja, war ja auch nichts Besonderes, mein Klettern.‹

Oft hört man, dass immer mehr Kinder sich nicht gut konzentrieren können. Das erinnert an die Mutter in Beispiel 1. Auch sie ist nicht bei der Sache, macht noch etwas anderes, nämlich telefonieren, als sie ihr Kind begrüßt. Auch sie braucht ständig Beschäftigung, es dürfen schließlich keine Zeitfenster ungenutzt bleiben. »*Nur noch schnell* …« – wer kennt das nicht?

Kinder als schwächste Mitglieder der Gesellschaft fordern uns heraus, wenn sie auf mangelndes Wahrgenommen-Werden reagieren, auf den täglichen Stress und die allgegenwärtige Zeitnot. Indem unsere Kinder uns diese Missstände anzeigen, erfüllen sie im Grunde genommen eine wichtige Aufgabe für uns alle. Jedoch danken wir ihnen meist nicht dafür, sondern signalisieren ihnen, dass mit ihnen etwas nicht in Ordnung oder ihr Verhalten gar therapiebedürftig sei. Hochsensible Kinder springen auf solche unterschwelligen Botschaften besonders an und haben oft das Etikett ›schwierig‹ bereits verinnerlicht, wenn sie in der Erziehungsberatung vorgestellt werden. Aber auch ihnen würde eigentlich ein Dankeschön gebühren, weil sie uns zum Nachdenken anregen: Wollen wir dem allgemeinen Trend etwas entgegenhalten und entschleunigen – auch so ein Wort unserer Zeit? Oder soll sich das Kind einfach an die flüchtigen Aufmerksamkeitsspannen gewöhnen?

Das sind Grundsatzentscheidungen, die jeder für sich treffen muss und die mit Fragen wie diesen verbunden sind: Finde ich mich mit der fortschreitenden Entmutigung meines Kindes ab oder nehme ich sein Verhalten zum Anlass, mich hin und wieder selbst zu hinterfragen? Bin ich bereit, auch die Organisation des Alltags immer wieder neu zu überprüfen? Vielleicht tut uns manches davon gar nicht gut? Selbst wenn sich insbesondere hochsensible Kinder als Seismografen für krank machende Lebensbedingungen im Familienalltag gut eignen, so sollte ihr Verhalten doch vor allem um ihrer selbst willen richtig eingeordnet werden. Sie zeigen uns nämlich, unter welchen Bedingungen sie sich gesund entwickeln können, denn »*Kinder können sich nicht von sich aus dauerhaft resilient machen, sondern [bedürfen] hierzu maßgeblicher Hilfe und Unterstützung. Die Resilienzforschung zielt deswegen auf eine stärkere Betonung primärer Prävention ab: Kinder frühestmöglich für Stress- und Problemsituationen zu stärken.*«[21]

---

21 Wustmann, 2004, S. 10

Resilienz trainieren

Die Resilienz eines Menschen bleibt nicht gleich, sondern kann sich das ganze Leben über verändern, da ständig neue Einflüsse verarbeitet und neue Erfahrungen gemacht werden. Zur Ausbildung einer starken Resilienz sind Urvertrauen und positive Erfahrungen mit mindestens einer Bezugsperson in der Kindheit entscheidend. Die Erfahrungen sollten durch Wertschätzung, Empathie, Aufmerksamkeit, Respekt und viel Ermutigung geprägt sein. Auch Glück spielt dabei natürlich eine Rolle – schließlich ist nicht alles im Leben planbar. Unter diesen Voraussetzungen bilden sich dann die einzelnen Fähigkeiten heraus, die im Erwachsenenleben die Resilienz aufrechterhalten und weiter ausbauen. Diese Schutzfaktoren,[22] die sich im Laufe einer stimmigen Persönlichkeitsentwicklung ausbilden, führen zu Selbstwirksamkeit, dem »Schlüssel für gute Entwicklung«[23] oder, wie der Biologe und Hirnforscher Gerhard Roth sagt, zu einer »reifen Persönlichkeit«, die nach und nach in ihrem Leben lernt und gelernt hat,

- sich durch und mit dem Spiegel von anderen realistisch wahrzunehmen und sich mit ihren Stärken und Schwächen zu akzeptieren, also Selbstachtung und Selbstwert zu entwickeln,
- tragfähige Beziehungen aufbauen zu können und viel Ermutigung zu erfahren, was seinerseits zu Bindungsfähigkeit und Empathie führt,
- zu wissen, was sie kann und was nicht, und sich darauf aufbauend realistische Ziele zu stecken (Selbstbestimmtheit und Ausbildung des Realitätssinns),
- sich durch Impulskontrolle und den Umgang mit Gefühlen diesen nicht hilflos ausgeliefert zu fühlen,

---

22 Wagner, 2014

23 Schmitz, 2007

- Selbstwirksamkeit zu erlangen, die sich in der Fähigkeit zu Stressverarbeitung und Selbstberuhigung niederschlägt.

»*All dies zu erwerben und auszubauen ist eine lebenslange Aufgabe und keineswegs mit dem Schulabgang abgeschlossen, aber in Kindheit und Jugend ist hierbei mehr zu erreichen als später.*«[24]

Resilienz für hochsensible Kinder

Nach der Darstellung der Charakteristik hochsensibler Kinder im letzten Kapitel lässt sich vielleicht schon erahnen, an welchen Stellen sie eine besondere Unterstützung benötigen, und wo durch ihre genetische Anlage ihre Persönlichkeitsentwicklung andererseits geradezu von selbst läuft.[25]

Resilienz wird von einem wohlwollenden Umfeld und einem unkomplizierten Charakter genährt, der nicht zu viel hinterfragt. Das hochsensible Kind kann durch seine Andersartigkeit weder auf ein durchgehend zustimmendes Umfeld vertrauen noch ist es in der Lage, die Dinge tendenziell auf die leichte Schulter zu nehmen.

Im Folgenden wollen wir uns ansehen, was diese Kinder brauchen, um ihre Resilienz trotzdem gut entwickeln zu können. Das geschieht übrigens in der festen Überzeugung, dass Individualität ihren

24 Roth, 2011, S. 308

25 Resilienztrainer wie der Österreicher Ronald Lengyel befassen sich sogar mit dem Aufbau der Resilienz unter Berücksichtigung der Wesensart Hochsensibilität; vgl. http://www.resilienz.at/ueber-uns/team/

tiefen Sinn und Wert für alle hat. Nicht alle Menschen können und sollen die gleichen Bedürfnisse haben und sich ähnlich verhalten.

Immer wieder wird diskutiert, ob hochsensible Kinder per se verletzlicher sind. Auf den ersten Blick scheint das so: Sie sind es in den kleinen Dingen des Alltags, sie reagieren schneller und heftiger, sie sind sehr kritisch mit sich selbst, sind schnell reizüberflutet und erschöpft, aber nicht aus Schwäche, sondern weil sie einen viel größeren Input aufnehmen und verarbeiten, manchmal fehlt es ihnen an Optimismus – alles sogenannte pathogene Faktoren, also Bedingungen, die der Ausbildung von Resilienz im Weg stehen können. Aber diese hochsensiblen Eigenschaften haben auch Vorteile: Das prompte Reagieren auf Dinge, die nicht guttun, schützt vor Überreizung und hilft, die eigenen Bedürfnisse kennen zu lernen und frühzeitig gute Strategien zur Alltagsbewältigung zu entwickeln. Sehr häufig ist zu beobachten, dass in wirklichen Katastrophen die hochsensiblen Menschen die einzigen in der Familie oder im Umfeld sind, die gut funktionieren und den Überblick bewahren. Denn sie kennen die Schockstarre zur Genüge und haben sich längst Strategien zu deren Überwindung angeeignet. Auch ihre oft sehr ausgeprägte Fähigkeit zur Abstraktion ist ein nicht zu unterschätzendes Hilfsinstrument. Hochbegabte/Hochsensible berichten immer wieder davon, dass sie sich mit Hilfe ihres enormen Abstraktionsvermögens und der Fähigkeit, sich selbst ›von oben‹ zu betrachten, quasi selbst therapiert haben. **Anne Frank**, dieses so bemerkenswerte, sehr sensible und überaus intelligente 13-jährige jüdische Mädchen schrieb in ihr Tagebuch: »*Ich habe einen stark ausgeprägten Charakterzug, der jedem, der mich kennt, auffallen muss, und zwar meine Selbsterkenntnis. Ich kann mich selbst bei allem, was ich tue, betrachten, als ob ich eine Fremde wäre. Überhaupt nicht voreingenommen oder mit einem Sack voller Entschuldigungen stehe ich dann der alltäglichen Anne gegenüber und schaue zu, was diese gut oder schlecht macht.*«[26]

---

26 Frank, 1992

Anne Frank hat auf eine für ihr Alter beeindruckende Art und Weise vielen Menschen Hoffnung gegeben, und bis heute berühren ihr Schicksal und ihre bemerkenswerte Persönlichkeit.

Unter den sicheren Bedingungen unseres heutigen Alltags erhält der natürliche Drang nach Überleben und Weiterentwicklung eine viel abstraktere Bedeutung. Für unsere Kinder ist entscheidend, wie sehr sie Gelegenheit erhalten, ihre Stärken auszubilden, um dadurch mit ihren Schwächen besser klarzukommen. Darf sich das hochsensible Kind dem durchgeplanten Programm für den Nachmittag entziehen, weil es aus der Ruhe Kraft schöpft? Ist es ihm erlaubt, die laute Zirkusvorführung abzulehnen, weil es lieber liest und dabei glücklich ist? Darf es einen Sonnenuntergang betrachten und dabei gerührt sein, ohne als seltsam zu gelten? Ihre Individualität in solchen oder ähnlichen eher harmlosen Situationen zuzulassen ist für das hochsensible Kind fundamental wichtig. Denn es gibt schon genug Bereiche, wo es Anteile seiner Persönlichkeit unterdrücken muss.

Frau Z., Mutter von zwei Kindern, erzählt:

»Ich erinnere mich noch gut an meinen jüngsten Sohn im Kindergartenalter. Zwar war er auf der einen Seite empfindsam und sehr sensibel, auf der anderen Seite aber enorm stark, insofern er klar wusste und zeigte, was ihm guttat. Mit 4 Jahren meldete ich ihn zum Musikschulunterricht an. Er ging ein einziges Mal hin – danach weigerte er sich standhaft mit Händen und Füßen, noch einmal teilzunehmen. Der Grund: Er fand die Musikschullehrerin unsympathisch, sie spräche mit sehr lauter Stimme und hätte ihn im Übrigen nicht in Ruhe gelassen, sondern ihn in dieser einzigen Stunde immer und immer wieder aufgefordert, mitzumachen. Sein Bedürfnis nach langsamer Annäherung wurde nicht respektiert, was ihm sichtlich unangenehm war und ihn verlegen werden ließ. Ich habe ihn später wieder abgemeldet.«

Je weniger nachvollziehbar einer Mehrheit das individuelle Bestreben eines Menschen erscheint, umso unwahrscheinlicher wird auch dessen Erfüllung bzw. umso mehr Kraft kostet es, diese durchzusetzen. Werden wesentliche Bedürfnisse und Persönlichkeitsmerkmale hochsensibler Kinder ignoriert oder abgewertet, kann es zu heftigen Reaktionen kommen, wie kompletter Rückzug, Wutausbrüche, Traurigkeit, Hoffnungslosigkeit und vieles mehr. Das kann ihnen den Vorwurf einbringen, ein »schwieriges« Kind zu sein. Die Ursache für diese Reaktionen liegt darin, dass die Entwicklung ihrer Persönlichkeit immer wieder ins Stocken gerät, wenn niemand da ist, der ihr Verhalten versteht. Genau da können Eltern und andere Bezugspersonen ansetzen: Die Kinder brauchen jemanden, der sie nicht alleine lässt mit der enormen Kraft ihrer Gefühle und ihrer Fähigkeit, Sachverhalte bis ins Kleinste gedanklich zu zerpflücken und weiterzuentwickeln.

SELBSTWIRKSAME ELTERN – SELBSTWIRKSAME KINDER

Der systemische Blick auf die Familie

Die Familie kann als ein natürliches, organisches System betrachtet werden, das die Tendenz hat, immer wieder zu einem Gleichgewicht zu finden. Es wird zum Leben erweckt, indem jedes seiner Mitglieder seinen Charakter, seine Bedürfnisse, seine Erfahrungen, seinen Einsatz und sein Verhalten einbringt. Es wird stets in Bewegung gehalten und kann von jeder x-beliebigen Position aus ins Wanken, aber auch ins Gleichgewicht gebracht werden – ganz so wie in einem Mobilé, in dem jeder bei bestimmten Themen seine ganz eigene Position hat, die er ins System einbringt. »Verantwortung« zum Beispiel wird anfangs unter den Erwachsenen aufgeteilt, aber mit steigendem Alter geben Eltern diese nach und nach an ihre Kinder ab, und so findet das Familienmobilé immer wieder ein neues Gleichgewicht.

In diesem Mobilé gibt es große Achsen, die sich ergänzen und miteinander kooperieren – ganz prinzipiell, aber auch je nach Thema. Der bekannte dänische Familientherapeut Jesper Juuls beschreibt es mit den Worten: »*Kinder kooperieren, entweder gleich oder auch spiegelverkehrt.*« So wird dem laut schimpfenden Vater vielleicht von einem seiner Kinder genauso lautstark widersprochen, während sein anderes umso stiller wird, also spiegelverkehrt kooperiert. Streiten sich zwei Kinder einer Familie heftig und anhaltend, so schlägt sich das auf alle Mitglieder nieder: Die Stimmung wird gereizt, es wird insgesamt lauter, es wird einen Eskalierer und einen Deeskalierer geben, vielleicht werden Koalitionen eingegangen, die möglicherweise weitere hervorrufen. Das System versucht, wenn auch holprig, sein Gleichgewicht wieder herzustellen.

Wenn es jemandem längere Zeit nicht gutgeht, wenn es grundlegende Haltungen gibt, die allen nicht guttun und die nicht hinterfragt werden, das System also aus dem Lot geraten ist und keine Anstalten macht, sich zu einem Gleichgewicht zu bewegen, so entwickelt sich oft ein Mitglied zum auffälligen Symptomträger. Es bringt das, was bearbeitet werden muss, mit seinem Verhalten besonders deutlich zum Ausdruck. Als Symptomträger bieten sich oft die an, die unter der Situation am meisten leiden, die Schwächsten oder Angreifbarsten, diejenigen, die dem wahren Problemträger emotional am nächsten stehen - oder auch die sehr Sensiblen. »*Ich zeige dir, dass es dir nicht gutgeht, Mama/Papa – und magst du auch deine Verdrängungsstrategien noch so gut beherrschen.*«

Dieser Symptomträger kann zum Beispiel ein Kind sein, das in einer überaktiven Familie plötzlich nicht mehr vor die Tür gehen will und damit anzeigt: »Macht doch endlich mal Pause!« Auch das Kind, das neuerdings ins Bett macht, weil es spürt, dass die Eltern sich nicht mehr viel zu sagen haben, dies aber niemals thematisieren, ist Symptomträger. Wenn das Problem erfolgreich bearbeitet wird, verschwindet das Symptom meist sehr schnell.

Manchmal erschwert ein Familienmitglied indirekt diesen dynamischen Prozess, z.B. wenn es sich zu viel Verantwortung auflädt. Das kann jederzeit korrigiert werden. In diesem Fall müsste Verantwortung abgegeben, weniger kontrolliert und mehr vertraut werden, z.B. keine oder weniger Hausaufgabenkontrolle, sondern den Konflikt dort lassen, wo er hingehört: in die Schule. Oder das Kind nur ein- bis zweimal an schulische Dinge erinnern, den Rest in seine Hände legen, das Kind ruhig einmal etwas vergessen lassen. Wie sonst soll es erfahren, dass es eine wichtige Sache ist, verlässlich zu sein? Wenn Kinder merken, dass das übliche Sicherheitsnetz auch einmal fehlt, beginnen sie meist zügig, selbst Verantwortung zu übernehmen. Schließlich ist es ja auch in ihrem Interesse, keinen Ärger in der Schule zu bekommen und ihre Aufgaben gut zu erledigen. Dadurch können sie lernen, sich selbst immer realistischer einzuschätzen. Die Verantwortung für Schulaufgaben beim Kind zu belassen, ist oft einen Versuch wert, auch wenn es sich für manch fürsorglichen Elternteil so anfühlen mag, als ließe er sein Kind im Stich.

Schon Alfred Adler, der Begründer der Individualpsychologie, sagte 1929: *»Günstig für das Wachstum eines Kindes sind Schwierigkeiten, die es überwinden kann.«* Kleine Zumutungen sind große Dienste an unseren Kindern, die ihren Blick auf sich selbst schärfen. Wir machen ihnen damit deutlich, dass wir ihnen und ihren Fähigkeiten vertrauen.

Wird dem Kind zu viel abgenommen, kann seine Persönlichkeitsentwicklung ins Stocken geraten. Im schlimmsten Fall kann es sich zum Tyrannen entwickeln und das Recht auf Komplettversorgung rund um die Uhr immer vehementer einfordern. Mit zunehmendem Alter wird die Umwelt solch ein Verhalten nicht mehr tolerieren. Das Kind lernt dann sehr spät, Konsequenzen zu tragen und versteht plötzlich die Welt nicht mehr, wenn Lehrer oder andere Erwachsene es in seine Schranken weisen. Es fällt Eltern oft schwer, Kontrolle abzugeben, auch bei ganz banalen Dingen. Wenn wir dem Kleinen mit angehaltenem Atem dabei zusehen, wie er sich ungelenk sein Honigbrötchen schmiert, wissen wir zwar, dass wir ihm seine Erfahrungen nicht ersparen können, aber oft sind wir versucht, gleich einzugreifen. Daher ein Tipp: Einfach weggucken, wenn

Kinder gerade etwas Schwieriges in Angriff nehmen, gerade und vor allem bei Kleinigkeiten. Dann wird unser zweifelndes Gesicht aus dem Blickfeld des Kindes genommen und das Gelingen zur Selbstverständlichkeit erklärt.

Die in modernen Familientherapien gängige Systemische Sichtweise eröffnet viele Möglichkeiten. Das Verhalten jedes einzelnen Familienmitglieds kann immer durch eine eigene Verhaltensänderung beeinflusst werden. Dazu ein kleines Experiment: Hören Sie einfach einmal auf, das zu machen, was Sie immer machen, z. B. Tag für Tag die von jemand anderem geöffnete Zahnpastatube zu schließen. Andere Mitglieder des Systems werden das, was sonst Sie taten, vielleicht mit etwas Verzögerung übernehmen. Außerdem kann man auf diese Art Themen bewusst machen und als Team zusammenwachsen. Als die dreijährige Tabea ihrer Mutter sagte, sie wolle später aber keine Mama sein, sondern lieber arbeiten gehen, war klar, dass sie sie als Vorbild entlassen hatte. Sie hatte wohl gefühlt, dass die Mutter von ihren drei kleinen Kindern sehr in Anspruch genommen und häufig auch erschöpft war. Hochsensible Kinder sind oft sehr treffsicher in ihren Beobachtungen. Gelegentlich müssen wir sie davor schützen, noch viel mehr zu geben. Wie z. B. in der geschilderten Situation, in der die Dreijährige der überforderten Mutter über die Maßen hilfreich zur Seite stand. Eltern sollten darauf achten, dass Kinder sich nicht selbst zu viel Verantwortung aufladen. Vielleicht sind diese Kinder auf der Suche nach Anerkennung oder Aufmerksamkeit oder sie suchen ihren Platz unter den Geschwistern oder sie sind sich der elterlichen Liebe ungewiss. Solche emotionalen Notlagen dürfen Eltern keinesfalls ausnutzen oder tolerieren. Im Familiensystem hat jeder seine Rolle, die sich aus der eigenen Position und Motivation erklärt. Das bedeutet für alle Familienmitglieder eine Gleichwertigkeit, nicht aber Gleichberechtigung, denn die Verantwortung haben immer die Erwachsenen.

Nicht immer ist es richtig, einfach abzuwarten, bis sich ein Gleichgewicht von selbst wiederherstellt. Insbesondere hochsensible Kinder spüren im Familiensystem zielsicher den Bedürftigen, leiden dann selber und laden sich unter Umständen zu viel auf.

Kritische Auseinandersetzung mit sich selbst

Falls Eltern das Verhalten ihres Kindes verändern wollen, sollten sie sich ihres eigenen Verhaltens und ihrer Kommunikationsformen bewusst werden und diese eventuell schrittweise verändern. Bleiben Eltern selbstkritisch und damit in Bewegung, erfahren auch sie Selbstwirksamkeit. Denn nicht jede schwierige familiäre Situation braucht Hilfe von außen oder Therapie fürs Kind. Vielmehr haben die Eltern zahlreiche Möglichkeiten, selbst Veränderungen bei allen Familienmitgliedern anzustoßen. Eine Reflexion des eigenen Verhaltens könnte zum Beispiel folgende Fragen umfassen: *Warum eigentlich übernehme ich so viel Verantwortung – auch die der anderen gleich mit? Ist es, weil ich schon als Kind alles machen musste? Oder ist es, weil mir selbst alles abgenommen wurde? Traue ich den Familienmitgliedern nicht zu, ihre Dinge eigenständig zu erledigen? Oder will ich selbst unabkömmlich sein, weil ich mich unsicher fühle? Muss ich alle Situationen kontrollieren, da mir tief drinnen das (Ur-)Vertrauen fehlt? Und bin ich mir bewusst, welchen Effekt es hat, wenn ich mich so verhalte?* Nun kommt vielleicht die Frage auf, wie man diese sehr aufmerksame Art der Erziehung und der Selbstreflexion im Alltag realisieren kann? Wir sind motiviert, wenn das Ziel erstens erstrebenswert und zweitens realistisch erscheint.[27]

27 Vgl. das Risiko-Wahl-Modell von Atkinson, 1964, S. 186

Niemand kann perfekt sein, aber wenn wir uns selbst besser kennen lernen und nur ein wenig an unserer Persönlichkeit arbeiten, so werden wir mit Sicherheit etwas ...

- ... **souveräner** und ein Mensch, der über die Unzulänglichkeiten anderer hinwegsehen kann und das daraus resultierende Verhalten nicht ständig auf sich beziehen muss, der eigene Fehler zugibt, der also selbstkritisch ist und weiß, dass man nicht perfekt sein kann.
- ... **unabhängiger** und ein Mensch, der versteht, dass nicht alles, was schiefläuft, mit ihm zu tun hat, der sich traut, seine Bedürfnisse zu zeigen, und der sich seinen Gefühlen nicht ausgeliefert fühlt.
- ... **liebevoller** und ein Mensch, der gelernt hat, auch mit sich selbst wertschätzend umzugehen und sich auch so den eigenen Kindern gegenüber zu verhalten, der weiß, was er braucht und was er tun kann, um sich gut zu fühlen.
- ... **humorvoller** und unaufgeregter und ein Mensch, der mit seiner Sichtweise den Dingen die Schärfe nimmt, der mit einem humorvollen Blick auf das Leben über vieles hinwegsieht und sich traut, Kontrolle abzugeben.
- ... **tauglicher**, unseren Kindern ein Vorbild zu sein.

Als gutes Vorbild den eigenen Kindern zu einem positiven Selbstbild zu verhelfen, das scheint sicher erstrebenswert. Souveräne Eltern lassen ihren Kindern die Freiräume, die sie brauchen, um sich zu entwickeln, ohne dass kleine Ausrutscher allzu ernst genommen werden, ohne dass altersbedingtes Verhalten persönlich genommen wird, ohne dass Eltern mit Anklagen oder Unterstellungen die Entwicklung der kindlichen Persönlichkeit hemmen und ohne dass die Eltern so mit sich selbst beschäftigt sind, dass sie ihr Kind aus den Augen verlieren.

Gerade hochsensible Kinder können von einem elterlichen Vorbild, das Leichtigkeit verkörpert und nicht zu sehr mit allen Gefühlswallungen mitgeht, sehr profitieren.

Der Weg dahin kann ein längerer Prozess sein und führt, wie im letzten Kapitel beschrieben, über die fünf Punkte einer sogenannten reifen Persönlichkeit, an deren Ausgangspunkt immer Fragen wie die folgenden stehen: Wer bin ich? Wie ist mein Selbstbild, entspricht es der Realität? Was sind meine Werte?

Die fünf Schritte zur Selbstwirksamkeit können eine Hilfe darstellen. Anhand derer können wir uns fragen: An welcher Stelle habe ich Defizite? Wo könnte ich noch etwas an mir arbeiten? Sind das ...

1. Selbstachtung und Selbstwert
2. Bindungsfähigkeit und Empathie
3. Selbstbestimmtheit und Ausbildung des Realitätssinns
4. Impulskontrolle und Umgang mit Gefühlen
5. Stressverarbeitung und Selbstberuhigung (Selbstwirksamkeit)?

Vielleicht muss ich mich um eine bestimmte Fähigkeit verstärkt bemühen. Möchte man zum Beispiel seinem Kind einen guten Umgang mit Gefühlen weitergeben, hat aber selbst Mühe, seine Emotionen im Zaum zu halten, reißt man mit seinem schlechten Vorbild sämtliche Bemühungen wieder ein. Jeder Elternteil kennt das. Man kann sich fragen, woran es liegen könnte, wenn man sich immer wieder ausgeliefert fühlt und denkt, man hätte keinen Handlungsspielraum. Man könnte sich weiterhin fragen, warum die Ausbildung dieses oder jenes Merkmals in der eigenen Entwicklung nicht so gut geklappt hat. Haben die eigenen Eltern vielleicht stets vorgegeben, wie man sein sollte – unabhängig davon, ob das auch zum eigenen Naturell passte? Versucht man womöglich, die Lebensziele anderer zu verwirklichen?

Sobald wir Eltern werden, kommen bei uns eigene nicht gesund durchlaufene Entwicklungsphasen oder unterdrückte Gefühle zum Vorschein. Spätestens, wenn wir uns mit unseren Kindern in die Haare kriegen, merken wir, dass wir noch lernen müssen. Kinder verhalten sich oft so, wie wir es erwarten. Sind sie so unerträglich, dass sie angeschrien werden müssen? Waren sie es ursprünglich nicht, so werden sie es mit der Zeit. Wir Eltern erwarten oder fürchten etwas oder machen unseren Kindern Vorwürfe? Dann setzen sie genau diese Erwartungen und Wünsche um und handeln entsprechend. Ihr Vertrauen und ihre Zuneigung zu uns sind so groß, dass sie selbst unsinnigste Erwartungen erfüllen – zu ihrem eigenen Schaden. Welch großen Einfluss wir Eltern haben! Wir können ihn nutzen, indem wir von unseren Kindern Gutes erwarten! Macht man sich das bewusst, kann man mit dieser Haltung die Handlungsgewalt zurückgewinnen. Wir alle sind Menschen mit Fehlern, vielfältigen Erfahrungen und Verletzungen. Wir haben unsere angeborene Persönlichkeit, zu der wir stehen oder auch nicht, haben gelernt, uns zu verstellen, anzupassen, aus Krisen zu lernen und uns fortzuentwickeln. Schicksalsschläge haben uns ebenso geprägt wie Erfolgserlebnisse. All das formt unsere innere Haltung und unser Verhalten und schlägt sich in unserer Beziehung zu unseren Kindern nieder. Jesper Juul[28] beruhigt uns:

> *»Seid nicht so perfektionistisch. Bis man wirklich gut ist im Erziehen, muss man mindestens vier Kinder haben. Aber glücklicherweise brauchen und wollen Kinder keine fix und fertigen Eltern. Kinder haben viel Verständnis für Fehler – sie machen ja selbst den ganzen Tag welche und lernen daraus. Eltern fragen mich ständig: Ist es erlaubt, Kindern gegenüber laut zu*

---

28 Juul, 2010

werden? Natürlich ist es das, man darf heulen, schreien, alles Mögliche. Kinder brauchen lebende Eltern. Sie brauchen keine Schaufensterpuppen.«

Es kann nicht schaden, sich bewusst zu machen, dass jedes Streben nach eigener Weiterentwicklung nur ein Prozess und kein konkretes Ziel ist und wir ohnehin nie alles richtig machen können. Aber wir haben einen enormen Einfluss, was eine Riesenchance darstellt. Wenn wir diese Chance wahrnehmen, wird das uns selbst, unseren Kindern und der ganzen Familie guttun.

Das Kind als eigenständige Persönlichkeit betrachten

Die eigene Betroffenheit ist ein sehr beliebtes Motiv in der Erziehung. Menschen mit negativen Erfahrungen in der eigenen Kindheit wollen bei ihrem Kind alles besser machen und sich dadurch praktisch mit ihrer Vergangenheit versöhnen. Die große Einsatzbereitschaft solcher Eltern birgt so manches Risiko in sich: So können eigene Erinnerungen und Gefühle wieder wach werden, und die eigene kindliche Wehrlosigkeit von einst wird mit Überengagement kompensiert. Manchmal steckt man dann zu sehr im Strudel der Gefühle, versteht ›alles‹ und zu viel, identifiziert sich, verklärt das Kind, verliert seine Elternrolle aus dem Blick und wird vielleicht zum Kumpel auf Augenhöhe. Außerdem kann es passieren, dass man so sehr mit der eigenen Vergangenheit beschäftigt ist, dass man gar nicht mitbekommt, wenn das Kind entwicklungsmäßig an einem vorbeizieht. Während es unter Umständen bereits mit elterlicher Hilfe stärker geworden ist, als man selbst je werden durfte, und schon lange bereit ist, über Lösungen nachzudenken, ist der sich identifizierende Elternteil womöglich noch damit beschäftigt, die eigenen, alten Wunden zu lecken. Oder aber das Kind verharrt ebenfalls bei dem alten Problem des Elternteils, ohne die eigenen Chancen zur Persönlichkeitsentwicklung ergreifen zu können. Eltern, die sich stark identifizieren, schreiben ihren Kindern Charaktereigenschaften zu, die zwar zu einem bestimmten Zeitpunkt ihrer Persönlichkeitsentwicklung stimmen mögen, die sich aber aufgrund der großen Veränderungen in der kindlichen Entwicklung schnell ändern können. Und schließlich erkennen besonders sensible Kinder oft die unerfüllten Bedürfnisse und Kindheitswünsche der Eltern und versuchen, diese zu erfüllen. Dabei verliert das Kind sich selbst aus den Augen und handelt nicht nach den eigenen Bedürfnissen, sondern wird fremdgeleitet.[29] Eine tiefe Verunsicherung ist die Folge.

Eine weitere Problematik kann darin bestehen, dass solche Elterntypen von Zeit zu Zeit für ihren hohen Einsatz Dankbarkeit verlangen. Sie sind erschöpft und werden wütend, weil sie meinen, nicht genug Dankbarkeit und Anerkennung zu bekommen. Der aufkeimende Frust hat jedoch ursächlich nichts mit dem Kind zu tun, sondern mit eigenen ungestillten Bedürfnissen. Das Problem mit der Dankbarkeit sieht der Soziologe Klaus Hurrelmann noch einmal aus einer ganz anderen Sicht: »*Kinder machen heute die emotionale Ausgangsbeziehung des Paares kaputt!*«[30] Daraus würde eine Überidentifikation mit dem Kind resultieren, die etwas vom Kind fordert. Es sollte nun – quasi im Ausgleich Liebesbeziehung gegen Familie – zumindest etwas Besonderes sein oder werden. Außerdem, so Hurrelmann weiter, wären Kinder heute eine Lebensstilentscheidung, die mit einer ganz konkreten Vorstellung einhergehe. Ein Kind hätte daher weniger Spielraum, so zu sein, wie es ist, sondern müsse in den Kontext passen.

---

29 Die Kindheitsforscherin Alice Miller publizierte ab Ende der 70er Jahre zu diesem Thema.

30 Hurrelmann, 2013

Um aus solchen Haltungen herauszukommen, muss man sie als Erstes identifizieren. Ein Kind fordert ja nicht nur Opfer. Es bringt vor allem ganz ungeahnte Möglichkeiten der Horizonterweiterung und einen Gefühlsreichtum, den man ausschließlich in der Beziehung zum eigenen Kind erleben kann. Weiterhin kann man sich einen ressourcenorientierten Blick angewöhnen: Wie habe ich im Laufe meines Lebens gelernt, mit Gefühlen umzugehen? Habe ich schon Strategien entwickelt, die ich weitergeben kann? Werfe ich meinem Kind manchmal etwas vor, was mir selbst noch nicht gelungen ist, wo ich bisher noch kein gutes Vorbild abgeben konnte? »*Ach, mein Kind ist so schüchtern*«, sagte die schüchterne Mutter. Da Kinder den natürlichen Drang zur Selbstwirksamkeit mitbringen, können Eltern viel von ihnen lernen – etwa, wenn sie selbst ihre eigenen Bedürfnisse und Grenzen ignorieren, das Kind diese aber sehr wohl wahrnimmt und deutlich macht:

Beispiel:

Eine hochsensible Mutter besucht mit ihrem hochsensiblen Kleinkind einen Bastelnachmittag im Kindergarten. Der Raum ist klein, stickig, viele Menschen sprechen gleichzeitig, viele soziale Reize und unausgesprochene, zwischenmenschliche Botschaften stürmen auf Mutter und Kind ein. Während sich die Mutter – obwohl sie sich zunehmend unwohl fühlt – zum Bleiben entscheidet, wird das Kind immer quengeliger und sucht Streit mit den anderen Kindern.

Als Elternteil kann man sich fragen: Ist jetzt die richtige Gelegenheit zu lernen, dass es Situationen gibt, wo man durchhalten muss? Oder ist der Bastelnachmittag nicht so wichtig, aber so unangenehm, dass es für die Beteiligten besser ist, vorzeitig zu gehen? Diese Fragen werden sicher im Einzelfall unterschiedlich beantwortet. Sie zu stellen, erkennt die Bedürfnisse und Wahrnehmungen des Kindes an. Auch die intuitiven Fähigkeiten hochsensibler Kinder, sich selbst zu schützen, sind oft erstaunlich. Unsere Aufgabe dabei ist es, diese Fähigkeiten anzuerkennen und uns vielleicht sogar etwas abzuschauen, gleichzeitig aber für den Orientierung gebenden Rahmen zu sorgen, also zu entscheiden: Darf ich diesem Impuls folgen oder ist das gerade nicht opportun?

Kinder handeln intuitiv. Diese Fähigkeit ist von unschätzbarem Wert und kann uns ein Vorbild bei unserer Entwicklung sein, wenn uns das Gefühl für unsere eigenen Bedürfnisse schon etwas abhanden gekommen ist.

Auch Herr O. profitiert von der Erziehung seiner 5-jährigen Tochter:

»Ich lasse mich gerne von Katharina dazu anregen, mir meine Rückzugsräume zu suchen und selbst für meine Ausgeglichenheit zu sorgen. Es gibt aber auch für mich anstrengende Situationen, in denen ich an meine Grenzen komme, weil ich bei Katharina ein Verhalten erlebe, das mich allzu sehr an das erinnert, worunter ich selbst immer schon gelitten habe und immer noch leide, etwa eine mitleidige Selbstbezogenheit oder ein Mich-Verlieren an Unwesentliches. Wie ich dann damit umgehe? Ich versuche Katharina zu Nüchternheit zu verhelfen und mir selbst damit auch. Vielleicht so.«

Das Kind realistisch wahrnehmen

Manchmal gibt es die Konstellation, dass Verhaltensweisen des Kindes beim Erwachsenen unangenehme Erinnerungen auslösen oder ihn aus einem anderen Grund provozieren. Der Erwachsene nimmt eine Antihaltung ein und schlägt alte Schlachten mit dem

Kind: »*Ach, mein Vater war auch immer so dominant.*« Die Wut über die frühere eigene, nicht offen ausgedrückte Machtlosigkeit kann heute beim wehrlosen Kind nachgeholt werden. Dieses Motiv ist ebenso menschlich wie verbreitet – sowohl bei Eltern als auch unter Lehrern. Kinder können diesen Zusammenhang, nämlich dass sie ›nur‹ ein ›alter‹ Zorn eines Elternteils trifft, nicht verstehen und sich somit auch nicht entlasten. Sie sind vielmehr auf die Einsicht des Erwachsenen in die eigene Verstrickung angewiesen.

Hochsensibilität wird von mindestens einem Elternteil vererbt. Wenn der andere nicht hochsensibel ist, kann er den ausgleichenden Gegenpol einnehmen. Ergänzen sich die Eltern hingegen nicht so selbstverständlich, sondern haben vielleicht einen Konflikt über einen Wesenszug des anderen, geschieht es leider oft, dass sie das Kind in diesen Konflikt hineinziehen. Es erlebt dann einen Gegenwind, der zwar nicht ihm gilt, ihm aber dennoch schadet. Auch wenn das Kind Charakteranteile hat, die sich ein Elternteil selbst nicht eingestehen mag, erfährt es möglicherweise eine Abwehr, die nichts mit ihm zu tun hat. Diesen abgelehnten Persönlichkeitsanteil könnte der Erwachsene sich bewusst machen, ihn integrieren, das Kind dadurch entlasten und selbst dabei reifen. Wir können auch anerkennen, dass unser Kind einen unbändigen Drang nach Persönlichkeitsentwicklung mitbringt und uns immer wieder tolle Lösungsvorschläge macht.

Dazu ein prägnantes **Beispiel aus einer Elterngruppe im Hochbegabtenzentrum** in Frankfurt. Hier war der Sohn der Symptomträger:

Ein Vater – sichtlich angeschlagen und nicht bei guter Gesundheit – berichtete zunächst von den zermürbenden Streitigkeiten mit seinem 10-jährigen hochbegabten und anscheinend sehr sensiblen Sohn. Der Junge weigerte sich schon seit einiger Zeit, tagsüber Hausaufgaben zu machen. Die Mutter konnte machen, was sie wollte. Er sparte sich lieber alles für den Abend auf, wenn der erschöpfte Vater nach Hause kam. Jeden Abend gab es harte Auseinandersetzungen, bei denen der Vater argumentierte, man habe seine Pflicht zu erfüllen – Mach endlich die Hausaufgaben! –, während der Sohn schrie: Das macht doch alles keinen Sinn, das sehe ich nicht ein!

Nach fünf Wochen fand die nächste Sitzung der Elterngruppe statt und was sofort auffiel, war die sichtbare Verwandlung des Vaters. Er schien im Gleichgewicht, die Schultern hingen nicht mehr so schlaff herunter, er lächelte souverän. Als er an die Reihe kam, erzählte er, warum es ihm so schlecht gegangen war: Er hätte schon länger eine schwere Zeit durchlebt, sein Arbeitgeber habe ihm plötzlich Verantwortung entzogen, er hätte die letzten Monate nur noch stumpfsinnige Dinge erledigen müssen, sei sich wie »kaltgestellt« vorgekommen und schließlich von den Kollegen gemobbt worden. Was ließ ihn nun so strahlen? Er hatte sich zu dem Entschluss durchgerungen zu kündigen. »Das machte doch alles keinen Sinn!« Sein Sohn erfüllte seit diesem Tag wieder seine Pflicht und machte seine Hausaufgaben wieder tagsüber. Seine Botschaft war beim Vater angekommen.

Eine Negativspirale erkennen und wieder verlassen

Alle Eltern kennen das. Wir haben eine schlechte Zeit gehabt – im Job, mit unserer Familie und besonders mit unserem Kind, vielleicht hat unser Nachwuchs auch zum x-ten Mal eine Phase durchlebt, die uns den letzten Nerv gekostet hat. Jedenfalls fühlen wir uns ausgelaugt, wütend und überfordert. Wut und Frust nehmen immer mehr Raum ein, prägen unsere Gedanken und nach und nach das Verhältnis zu unserem Kind. In diese Phasen mischen sich auch gerne verklärte Erinnerungen an unsere einstige Freiheit, an unsere Jugend. War früher nicht alles besser? Das Verhältnis zum Kind wird dadurch immer angespannter, auch das Kind ist verunsichert und kooperiert immer mehr mit der Vorstellung des Erwachsenen, unerwünscht und lästig zu sein – die Familie gerät aus dem Gleichgewicht. So manchem Elternteil mag dann schon einmal der Gedanke durch den Kopf gegangen sein, sein Kind nicht mehr richtig lieben zu können. In den allermeisten Fällen hören diese Phasen von alleine wieder auf; sie sind furchtbar und doch gehören auch sie dazu. Ihr Ende wird oft durch eine berührende Begebenheit, eine Quelle der Entspannung oder der Freude ausgelöst oder auch dadurch, dass die Situation eskaliert. Dann kommt nach dem Gewitter das schlechte Gewissen, die Einsicht und schließlich die Versöhnung. Aber was, wenn sich diese Negativspirale immer weiterdreht?

Frau G. berichtet von ihrer 13-jährigen Tochter:

Sie müsse in einer Tour mit ihr schimpfen und sei unzufrieden mit dem Kind, denn es sei ständig »genervt« und schlecht gelaunt, es gebe häufig lautstarke Auseinandersetzungen. Ihre Tochter sei schon seit der mittleren Kindheit immer schwierig und schon länger in der Vor-vor-Pubertät.

Es schien, als ob die Tochter dieses Negativbild von sich immer mehr umsetzte, und schon zu Beginn des Gesprächs wurde deutlich, dass aus Sicht von Frau G., deren Kräfte sich allmählich erschöpften, die Verantwortung für die Situation dem Kind übertragen werden sollte. Frau G. erkannte mit der Zeit ihren eigenen Anteil daran, entwickelte eine Haltung der Stärke und Souveränität und nahm vor allem ihre Verantwortung wahr.

Frau G. könnte die weitere Entwicklung entweder **verschärfen** oder **entschärfen**:

Verschärfende Variante: Frau G. macht das Kind für den Unfrieden verantwortlich. Sie meint, ihre Tochter sei einfach schwierig und würde ihre schlechte Laune in die Familie tragen. Irgendwann nimmt auch die Umwelt Anstoß und fängt an, dem Kind den Schwarzen Peter zuzuschieben. Dadurch kommt Frau G. die Empathie für ihre Tochter immer mehr abhanden. Die Grundhaltung »Mein

Kind nervt« wird nicht nur gedacht, sondern womöglich auch in Gegenwart der Tochter ausgesprochen. Das Kind verinnerlicht diesen Gedanken und macht es zu einem Teil seines Selbstbildes. Ein hochsensibles Kind nimmt sich so einen Satz natürlich noch schneller zu Herzen und passt sein Verhalten noch zügiger an. Die Situation wird vermutlich eskalieren ...

Entschärfende Variante: Frau G. erkennt ihren eigenen Anteil an der Situation und übernimmt die Rolle der erwachsenen Person. Dass die Tochter über die Jahre tatsächlich ein sehr anstrengendes Kind geworden sein mag, ändert nichts an der Tatsache, dass die Situation in der Verantwortung der Mutter/Eltern liegt. Die Mutter empfindet Mitleid mit der Tochter und Bedauern darüber, dass sie ihr Verhalten und ihre Persönlichkeit in dieser Weise mitgeprägt hat. Sie stellt sich ihren eigenen Problemen und Unzulänglichkeiten und gibt der Tochter damit auch gleich ein gutes Vorbild. Vor allem wird die Mutter durch die wachsende Empathie für die Situation der Tochter bald wieder freundlicher über ihr Kind denken. Mit dieser Haltung wird das Mädchen tatsächlich wieder ausgeglichener und zufriedener, und die Mutter kann sich zugutehalten, für die nun gute Stimmung gesorgt zu haben.

Praxisvorschlag: Wie befreie ich mich aus einer Negativspirale?

Mit einem ressourcenorientierten Blick schafft man gute Voraussetzungen, um die Energie zu bekommen, mit Hilfe derer man sich aus einer Negativspirale befreien kann. Oft hindert sie uns daran, positive Veränderungen herbeizuführen, da das wohlwollende Grundgefühl (kurzzeitig) abhandengekommen ist.

Sich selbst ins Gleichgewicht zu bringen, sich Gutes zu tun, einen Tag lang eine Auszeit zu nehmen, etwas Schönes zu machen

– ohne Kind – ist ein erster Schritt. Die Aussage »*Geht es den Eltern gut, geht es auch den Kindern gut*« mag abgedroschen klingen, hat aber etwas für sich. Vielleicht muss dieses Sich-selbst-in-Ordnung-Bringen tiefer gehen und braucht eine psychologische Beratung oder Therapie oder intensive Gespräche mit Freunden oder die konstruktive Auseinandersetzung mit den eigenen Eltern oder das Angehen eines ungelebten Traums ... was auch immer.

Auch ist es heilsam, ein Gespür dafür zu bekommen, wo man blinde Flecken haben könnte, worauf man besonders empfindlich reagiert, was in der eigenen Kindheit immer wieder für Ärger gesorgt und was uns immer wieder verletzt hat.

Sich in Ruhe Gedanken zu machen ist ein weiterer Schritt: Mich persönlich berührt es sehr, wenn ich mir die Macht, die wir Eltern haben, klar vor Augen führe. Wir können die Kindheit unserer Kinder schön machen, ihnen warme, lebendige Erinnerungen voller Geborgenheit und Liebe mit auf den Weg geben, von denen sie ihr ganzes Leben zehren können. Dieses Grundgefühl aus der Kindheit wird ihnen als Schutzschild gegen schlimme, verletzende Erfahrungen dienen. Wir können diese nicht abhalten, aber die Folgen abmildern.

Negative Gefühle, Angst, Verlassensein und mangelnde Geborgenheit in der Kindheit lassen diese als Erwachsene hilfloser und ungeschützter sein. Darüber hinaus geben wir das Vorbild ab, wie und ob eine Familie funktioniert, denn diese Vorstellung werden sie ins Leben mitnehmen. Wir können entscheiden, ob sie eine glückliche Erwartung an ihre eigene Familie haben oder nicht.

Jesper Juuls Gedanke »*Kinder kooperieren immer*« sollte uns sehr zu denken geben. Denn die Stimmung, die wir zu Hause schaffen, das Miteinander, das wir vorleben, den Umgangston, den wir pflegen, die Geborgenheit, die wir geben ... all das ist der Maßstab für unsere Kinder. In diesem Rahmen bewegen sie sich, an ihn passen sie sich unter allen Umständen an und den werden sie später unbewusst aufsuchen. Sie sind als Kinder noch zu verletzlich, als dass sie schimpfende, gleichgültige, unzufriedene Eltern als das erkennen können, was sie sind: Erwachsene mit Problemen. Sie beziehen alles auf sich selbst und meinen, dass sie schuld sein müssen, dass sie etwas falsch gemacht haben. Und daraus können sie nur schlussfolgern, dass sie falsch sind. Was für eine verkehrte Welt!

In manchen Familien ist der Alltag so schnell und hektisch, dass man sich gar nicht mehr richtig anschaut. Ein nächster Schritt aus der Negativspirale ist daher, ganz bewusst mit seinen Kindern **den Blickkontakt (wieder) aufzunehmen** und sie aufmerksam wahrzunehmen. Am Anfang werden sie den Blick vielleicht nicht halten oder erwidern können; dem elterlichen Vorbild haben sie sich möglicherweise schon lange angepasst. Aber man kann es wieder lernen und dadurch auch das Kind auffordern: Schau mich doch mal an! Wenn sich Eltern und Kinder dann nach einiger Zeit wieder ganz bewusst anschauen, haben Sie ein Klima der Wertschätzung und gegenseitigen Wahrnehmung geschaffen, eine gute Ausgangsbasis. Wenn nach einiger Zeit das Sich-Anschauen wieder normal geworden ist, genießen Kinder das Betrachtet-Werden noch mehr. Wenn man sich die Zeit nimmt und den eigenen Kindern bei ihren Tätigkeiten zusieht, kann ganz viel passieren: Der eigene Blick wird weicher, man bekommt ein Gespür dafür, was dem Kind wichtig ist, wie es spielt, was es wie sagt … Wenn das Kind merkt, dass es immer wieder einmal beobachtet wird, mag es anfangs noch etwas verunsichert aufschauen. Sagen Sie nichts, sondern lächeln einfach: »*Lass dich nicht stören.*« Mit der Zeit dann setzt es ein strahlendes Lächeln auf: »*Juhu, ich werde gesehen und Mama/Papa interessieren sich für das, was ich tue!*« Irgendwann stellt sich ein wunderbarer Flow zwischen Ihnen und Ihrem Kind ein.

Glückliche Erinnerungen hervorzuholen, an die schönen Zeiten zu denken, alte Fotos herauszuholen, sich an die ersten

Schritte zu erinnern, das erste Babylächeln ... all das befreit aus der Negativspirale und macht den Blick aufs Kind milder. Es ist schließlich das gleiche Kind, das ich als Baby im Arm hielt, und wie schön hatte ich mir alles ausgemalt... Damals hat es noch geweint, wenn es etwas brauchte, und ich habe auf dieses Weinen bereitwillig reagiert: Hat es Hunger, drückt ihn die Pullinaht oder braucht es einfach nur Nähe? Und heute? Heute zeigt es mir sein Unglück durch ein Verhalten, das ich ablehnen kann, das mich provoziert und ärgert und immer weiter in die Negativspirale treibt. Heute hat es viel mehr Möglichkeiten, sich auszudrücken, es kann mich sogar beschimpfen. Heute muss ich dahinter schauen und mein Kind wiederentdecken. Früher waren wir ein richtig gutes Team, die Natur hatte zur Unterstützung ein paar Hormone geschickt. Hören Sie hin! Ihr Kind braucht sie noch immer!

Gemeinsame Erlebnisse zu schaffen, die alte Nähe wieder herzustellen und allein mit dem Kind etwas zu unternehmen, gemeinsam zu lachen und eine neue gemeinsame Erinnerung zu begründen - *»Weißt du noch?«* - stoppt die Negativspirale. Erwarten Sie nicht zu viel: War die Beziehung lange Zeit angespannt und wurde nicht mehr viel Gutes erwartet, kann das Kind nicht sofort umschalten. Es darf misstrauisch sein oder seine alte, ihm zugewiesene Rolle erst einmal beibehalten. Das kann man ruhig ansprechen. *»Ungewohnt, wir zwei alleine unterwegs, was?«* Würdigen Sie jede Regung neuerlichen Vertrauens beim Kind. Sie müssen schließlich beide aus der Negativspirale heraus.

Auf eine klare Rollenverteilung achten

Werden Eltern ihrer Rolle als Erwachsene gerecht, indem sie ausreichend Verantwortung übernehmen, sowohl für ihre eigenen

Bedürfnisse und Unzulänglichkeiten als auch für den Schutz und die Bedürfnisse ihrer Kinder, so kann ein Kind sicher heranwachsen und entwickelt Selbstsicherheit.

Schlüpfen Eltern aber selbst in die Kindrolle, so können sie – ohne es zu wollen – die Entwicklung ihrer Kinder behindern. Diese Eltern haben möglicherweise selbst bestimmte Entwicklungsphasen emotional noch nicht fertig durchlaufen, und in ihrer eigener Kindheit sind wesentliche Bedürfnisse ungestillt geblieben. Da alle Menschen nach einer Genesung streben, identifizieren sie dann ganz unbewusst die eigenen Kinder mit ihren Eltern. Sie erhoffen sich dann stellvertretend von ihrem Nachwuchs die Erfüllung ihrer sehnlichen Bedürfnisse, wie etwa die Unterstützung der eigenen Belange, Aufmerksamkeit, Verständnis und Zuwendung. Im Grunde genommen sind sie aber selbst an der Reihe, all dies zu geben. Oft bindet dieser Elterntyp auch den Partner/die Partnerin – also die Mutter oder den Vater des Kindes – in die Befriedigung seiner alten Bedürfnisse mit ein. Eifersüchtig, wie unter Geschwistern, buhlen dann Elternteil in Kindrolle und Kind um den anderen Erwachsenen, so dass auch dieser verstrickt wird. Dem Kind wird auf diese Weise zu viel Verantwortung übertragen, und es ist schlichtweg überfordert, so dass langfristig seine gesunde psychische Entwicklung beeinträchtigt wird.

Hochsensible Kinder, die die große Bedürftigkeit des Erwachsenen noch zielsicherer spüren, schlüpfen ganz rasch in die Vater- oder Mutterrolle und stellen sich hinten an. Für ihr weiteres Leben lernen sie, dass es normal ist, die Verantwortung für alles zu übernehmen, Entscheidungen alleine zu treffen und stets für andere da zu sein. Dieses Muster kann sich durch ihr Leben ziehen, wenn sie es nicht durchschauen und ihm gezielt etwas entgegensetzen.

Besser ist es natürlich, die Eltern durchschauen sich frühzeitig mit einem Augenzwinkern selbst und bleiben sich und solchen menschlichen Verhaltensweisen gegenüber aufmerksam. Ein sich einschleichendes Eifersuchtsgefühl dem Kind gegenüber, das Gefühl von ungerechter Verteilung der Hausarbeit oder Konkurrenz und Neid können darauf hindeuten, dass man die Elternrolle ein wenig verlässt. Werden einem solche Gefühle bewusst, so fällt es leichter gegenzusteuern.

Die Bereitschaft, Zeit und Wärme zu geben

Die täglichen Anforderungen nehmen uns sehr in Anspruch. Kommt dann noch Unaufgearbeitetes aus der eigenen Vergangenheit hinzu, brauchen wir besonders viel Kraft, Energie und auch Zeit. So bleibt unter Umständen zu wenig davon, um sich den eigenen Kindern ausreichend zu widmen und ihnen Wärme und Geborgenheit zu geben. Da hochsensible und/oder hochbegabte Kinder Lieblosigkeiten, Vernachlässigungen und mangelnde Authentizität sehr schnell aufspüren, diese Behandlung gedanklich und emotional in ihnen arbeitet, sie sich für vieles selbst verantwortlich machen, leiden sie in besonderem Maße unter einer Behandlung, die ihnen Grundlegendes vorenthält. Dazu kommt, dass sie dann niemanden haben, der ihnen hilft, ihre destruktiven Gedanken zu relativieren oder der sie tröstet. Doch das wäre so wichtig, um ihr Selbstwertgefühl aufrechtzuerhalten. Auch Erfahrungen mit der Umwelt, in der Schule oder mit Freunden müssen alleine bewältigt werden. So addieren sich negative Gefühle im Umgang mit bedingt liebenden bzw. zu sehr beschäftigten Eltern zu den belastenden Erfahrungen mit der Außenwelt zu einem schweren Päckchen, das die Kinder dann zu tragen haben.

Praxisvorschlag: Erste Hilfe für das Selbstwertgefühls meines Kindes

Warum ein Kind wenig Selbstwertgefühl hat, kann so viele Gründe haben: es kann traumatisiert sein, von Natur aus leicht zu verunsichern, kann im Schatten von jemandem stehen, eine schwere Zeit in der Schule durchmachen und vieles mehr. Mangelnder Selbstwert kann auch einfach temporär sein, weil das Kind gerade an einem Entwicklungsschritt arbeitet und ihn noch nicht vollzogen hat.

Welche Ursache auch vorliegen mag, eine einfache Maßnahme kann sehr wirksam sein: Schenken Sie Ihrem Kind das Kostbarste, was Sie verschenken können: Zeit. Schenken Sie Ihrem Kind jeden Tag ganz bewusst eine halbe Stunde ungeteilte Aufmerksamkeit – ohne zu telefonieren, aus dem Fenster zu gucken, über etwas anderes nachzudenken oder nochmal eben schnell etwas anderes zu machen. Denn Zeit signalisiert dem Kind: Du bist wichtig, du interessierst mich, ich bin gerne bei dir!

Resilienz für Eltern

Manchmal stehen die eigenen Prägungen dem Ziel, starke Kinder großzuziehen, im Wege. Der erste Schritt ist daher, solche Hindernisse zu identifizieren, der zweite, sie konstruktiv zu verändern und dabei einen ressourcenorientierten Blick einzunehmen. Wie wir uns gut, stabil und widerstandsfähig fühlen können, dazu liefert die Resilienzforschung einige Antworten. Alles, was unsere Resilienz stärkt, führt auch zu einer besseren Entfaltung der eigenen Persönlichkeit, weil neue Energien frei werden.[31]

- Als sehr stabilisierend hat es sich erwiesen, die eigenen sozialen Rollen zu hinterfragen: Bin ich zufrieden, so wie ich mir mein Leben eingerichtet habe? Ist die Aufteilung zwischen Arbeit und Freizeit zufriedenstellend? Habe ich genügend Freiräume? Möchte ich etwas verändern? Sind diese Veränderungswünsche realistisch? Wie beurteile ich unser Familienmobilé? Finde ich die Aufgaben der einzelnen Familienmitglieder ihren Talenten, ihrem Alter und ihrer verfügbaren Zeit entsprechend gerecht verteilt? Oder bin ich nicht einverstanden, habe das vielleicht noch nie ausgesprochen? Zunächst gilt es, die Bereiche zu identifizieren, die Kraft rauben, etwa, weil man sich insgeheim ärgert, weil man glaubt, fremden Vorstellungen entsprechen zu müssen, weil man Kraft verschwendet an Dinge, die nicht guttun. Mit Achtsamkeit können wir diese Energiefresser aufspüren und so weit es geht weglassen. Dann hat man in Krisensituationen mehr Handlungsspielraum.
- Als Nächstes kann man sich an vergangene Krisensituationen erinnern und sich fragen: Was hat mir damals geholfen? Was war Positives in der Vergangenheit, was hat gut funktioniert? Positiven Umgang mit Stress kann man trainieren. Auf welche Art von Stress habe ich Einfluss, was kann ich vermeiden? Was muss ich hingegen akzeptieren und mich also nicht mehr täglich aufs Neue darüber aufregen? Wo bieten sich mir Spielräume?
- Drittens ist es wichtig, sich realistische und vor allem erreichbare Ziele zu stecken: Das Gefühl, wertvolle Ziele zu verfolgen, macht resilienter und stärker. Auch Träume können beflügeln, selbst wenn sie im Laufe der Zeit ihre Bedeutung verlieren.

---

31 Wagner, 2014

Erweitern Sie Ihren eigenen Horizont. Das nimmt vielen Dingen ihre scheinbare Dringlichkeit und bettet viele Ereignisse in ein großes Ganzes ein. Ein abgelehntes Jobgesuch z.B. hat den Blick für die wahre Bestimmung geöffnet, eine verlorene Freundschaft gibt verlorene Energien zurück und schärft den Blick auf sich selbst, ein Unfall zwingt uns zum Ausruhen und so weiter.

- Auch Humor und Kreativität wirken sich stärkend auf die seelische Widerstandskraft aus. Der humorvolle Blick wird erst durch Souveränität möglich, wenn man sich nicht als Mittelpunkt erlebt, wenn also nicht alles mit einem selbst in Verbindung stehen muss. Ohne diese Anspannung und Erwartung an die Umwelt kann man dann über sich selbst lachen oder hat den Kopf frei für alternative Lösungen. Lachen lenkt vom Grübeln ab.
- Leben Sie Ihren Alltag mit mehr Achtsamkeit. Es gibt so viele Botschaften des Körpers, der Seele und des Geistes, die ständig versuchen, sich Gehör zu verschaffen. Körperliche Bewegung, spüren, was tatsächlich guttut, ebenso wie Stille wahrnehmen sind hier hilfreich. Achtsamkeit entsteht von Natur aus in der Schwangerschaft: Plötzlich sendet der Körper eindeutige Signale, die dafür sorgen, dass es Mutter und Kind gutgeht. Diese Wahrnehmungsstärke, die viele Frauen dann zum ersten Mal erleben, ist vielleicht vergleichbar mit Hochsensibilität. Hochsensible Menschen haben diese Fähigkeit ihr Leben lang. Machen Sie sich doch die hohe Intuition ihrer hochsensiblen Kinder zu Nutze – nicht nur in Krisensituationen.

Resilienzfördernde Überzeugungen und Gewohnheiten der Familie sind:

- eine optimistische Einstellung,
- Spiritualität und Transzendenz,
- einen Sinn sehen in schwierigen Lebensumständen,
- Flexibilität: Offenheit, kooperative Erziehungsarbeit,
- soziale und ökonomische Ressourcen,
- Kommunikation und Lösung von Problemen: klare Kommunikation, Klarheit, Wertschätzung, eindeutige, stimmige Botschaften,
- Gefühle zum Ausdruck bringen,
- Ruhepausen geben,
- Humor behalten,
- gemeinsames Problemlöseverhalten einüben.

Selbstwirksamkeit bedeutet auch, mit uns selbst im Reinen zu sein, was wiederum wirkungsvolle Effekte auf unsere Kinder hat. Auch so manches Überengagement reguliert sich dann ganz von selbst. Klaus Hurrelmann kritisiert, dass Kinder heute immer mehr zum Projekt werden, das sich auszahlen muss. Und Jesper Juul ergänzt, dass die ständig wachsamen Augen der Eltern auf den Kindern ihnen manchmal sogar den Freiraum für ihre Entwicklung nehmen: »*Es gibt zwei Sätze, die sehr wichtig sind. Der erste lautet: Wenn man im Zentrum steht, ist man immer einsam – das gilt nicht nur für Chefs, sondern auch für Kinder. Der zweite: Kinder fordern viel Aufmerksamkeit, aber sie brauchen nicht so viel, wie sie fordern. [...] es heißt nur: Geht ein Stück zurück, guckt dem Kind zu und bietet eure Begleitung an, wenn es aussieht, als könnte es die jetzt brauchen. Kinder können sehr viel selbst, aber sie können fast nichts allein.*«[32]

---

32 Juul, 2010

Verständnis ermöglicht angemessene Reaktionen

> *»Habe die Gelassenheit, Dinge hinzunehmen, die du nicht ändern kannst. Habe den Mut, Dinge zu verändern, die du ändern kannst. Und habe die Weisheit, das eine vom anderen zu unterscheiden.«*
>
> Friedrich Christoph Oetinger, dt. Theologe, 1702–1782

Dieses Lebensmotto ist auch auf den familiären Umgang anwendbar: Eltern, seid souverän und lasst euch nicht verrückt machen, ihr könnt und müsst nicht alles richten. Aber kennt ihr eigentlich eure Möglichkeiten, habt ihr sie voll ausgeschöpft und wisst ihr eigentlich, wie stark euer Einfluss ist? Wenn wir etwas verändern möchten, dann ist der erste Schritt, dass wir die aktuelle Situation korrekt wahrnehmen. Durch richtiges und wohlwollendes Wahrnehmen kann das kindliche Verhalten sehr positiv beeinflusst werden.

Kindliches Verhalten ergibt sich aus:

- alterstypischem, entwicklungsgemäßem Verhalten. Das erfordert Wissen: *Was ist normal in welchem Alter?*[33]
- Verhalten, das sich aus seiner angeborenen Persönlichkeit erklärt. Das erfordert eine gesunde Distanz: Nicht: *Wie hätte ich es gerne? Sondern: Wie ist mein Kind wirklich?*
- Verhalten als unmittelbare Reaktion. Das erfordert Selbstreflexion und die Fähigkeit zu Selbstkritik: *Wie wirke ich als Vorbild?*

> Mutter eines 8-jährigen Mädchens berichtet rückblickend von ihrer eigenen Gefühlswelt:
>
> *»Möglicherweise bemerkten einige schon als ich Kindergartenkind war,*

---

33 Die Wiener Psychotherapeutin Gerlinde Ortner hat in ihrem Buch »Märchen, die Kindern helfen«, Neuauflage 2006, Geschichten gegen Angst oder Aggressionen zusammengestellt. Eltern bekommen zusätzlich entwicklungspsychologische Hintergrundinformationen, um ihr Kind besser zu verstehen.

dass ich irgendwie anders war. Ich steigerte mich in Gefühle hinein, sagte meine Mutter rückblickend, und war verletzt, wenn sie nicht ernst genommen wurden. [...] Ich war schon mit fünf Jahren heftig verliebt und darüber hinaus dünnhäutig, weil der Auserwählte meine Zuneigung nicht erwiderte. Keiner konnte verstehen, dass meine Enttäuschung so stark war, dass ich ein Ventil brauchte und dann eine Strumpfhose (die ich so oder so doof fand) in Stücke schnitt. Es ging immer weiter mit Handlungen und Gefühlen, die niemand verstehen konnte, so dass ich zunehmend das Gefühl bekam, mit MIR würde etwas nicht stimmen. [...] Aber meine Mutter wusste nicht, warum ich so ›schwierig‹ war. ›Schwierig‹ im Sinne von hochsensibel: also ein Kind, dass sich leicht angegriffen und unverstanden fühlte, aber auf der anderen Seite ein so hohes Bedürfnis nach Nähe und Zugehörigkeit hatte, ein aufbrausendes Kind, das laut und wütend sein konnte – obwohl die vermeintliche Aggression oft nur der Schrei nach Aufmerksamkeit, Geborgenheit und Verständnis war.

Mit meiner Art eckte ich an und fühlte mich oft ›wie im falschen Film‹. Ich entwickelte eine Wut, die mitunter hervorbrach [...], und manchmal tat ich Dinge, die für meine Aufsichtspersonen schwer zu ertragen waren. [...] Rückblickend wäre es schön gewesen, wenn mein Umfeld gewusst hätte, WARUM ich anders bin, wenn sie verstanden hätten, dass ich nicht krank bin, kein ADHS habe und kein Ritalin brauche.

Ohne dieses Wissen fehlte nicht nur den anderen, sondern auch mir selbst die Stabilität. Es war wie eine nicht enden wollende Suche, auf der ich vieles probieren musste: viel Rückzug und Lesen, viele Konfrontationen, viele Tage krank im Bett, wenn alles wieder zu viel war, viele Freundinnen und Freunde, mit denen ich auf Dauer dann doch nicht auskam, viele Reisen, viele Partys ... viel zu viel, weil ich hoffte, es würde mir helfen. [...] Wenn da jemand gewesen wäre, der mir gesagt hätte, das ist in Ordnung, du bist nicht verkehrt, sondern nur anders – ja sogar besonders und du kannst lernen, damit umzugehen, dann hätte das sicher sehr geholfen.«

Um seine Persönlichkeit ausbilden zu können, muss das Kind verschiedene Entwicklungsstufen durchlaufen. Aus diesen ergibt sich das **alterstypische, entwicklungsgemäße Verhalten**. An diesem ist wenig zu ändern. Wir können aber sehr wohl beeinflussen, ob unser Kind die jeweiligen Entwicklungsschritte erfolgreich geht oder davor zurückschreckt, ob es viel Streit gibt oder Gelassenheit, ob negative oder positive Gefühle überwiegen. Manche dieser Phasen bereiten uns Eltern Unbehagen oder stören uns, wie zum Beispiel das Autonomiestreben in der Trotzphase mit Wutanfällen und dergleichen. Auch die Pubertät ist bekanntermaßen eine harte Prüfung für alle. Gerade dann brauchen unsere Kinder reife Menschen, an denen sie sich abarbeiten dürfen, die sie trotz aller widersprüchlichen Gefühle in schwierigen Phasen wertschätzen und lieben können, die nicht einknicken. Vor allem profitieren sie von souveränen Eltern, die ihr kindliches Verhalten mit Gelassenheit und Geduld betrachten, ohne alles persönlich zu nehmen.

Die eigenen Grenzen als Eltern deutlich zu machen ist ebenso wichtig wie einfach aushalten zu können, dass Kinder uns in bestimmten Phasen ihrer Entwicklung nun einmal auch Kummer, Schmerz und Unbehagen bereiten. Unbequemes Verhalten von uns losgelöst zu betrachten und es als Ausdruck des natürlichen kindlichen Strebens nach Persönlichkeitsentwicklung zu erkennen, ist ein großer Dienst an unseren Kindern. Zugegeben, so manche Entwicklungsversuche sind holprig und für die ganze Famile anstrengend, und oft sind sie nicht gleich von Erfolg gekrönt. Aber Trial and Error ist eine Lernmethode, schließlich war auch das Laufenlernen mit Hinfallen verbunden. Während dem hingefallenen Kind aber selbstverständlich eine Hand gereicht wurde, werden dem herumschreienden und tobenden Kind nicht ganz so selbstverständlich Fehler zugestanden, geschweige denn eine Brücke gebaut. Und doch kommt es bei diesen Situationen so sehr darauf an, wie Bezugspersonen reagieren.

Alterstypisches Verhalten bleibt eine Phase, wenn es nicht frühzeitig zum Charakter erklärt wird oder wir uns als Sparringspartner anbieten. Kinder brauchen gerade in heiklen Entwicklungsphasen ein starkes Gegenüber.

Die **angeborene Persönlichkeit** drückt sich ebenfalls im Verhalten aus. Da jeder Mensch einen Überlebensinstinkt und den starken Hang zur Selbstregulation hat, wendet er Strategien an, die seiner Entwicklung guttun. Jeder funktioniert anders, hat also auch andere Bedürfnisse und wendet andere Strategien an. Während der extrovertierte Mensch sich besser fühlt, sogar regeneriert, wenn er häufig unter vielen Menschen ist, braucht der introvertierte Mensch den Rückzug, um wieder aufzutanken. Dabei ist die eine Strategie nicht besser als die andere, denn beide gehen von jeweils anderen Gegebenheiten aus. Verstehen Eltern die innere Motivation ihres Kindes, erklären sich auch so manche seiner Reaktionen und Verhaltensweisen, die auf Anhieb nicht nachvollziehbar erscheinen mögen. Dann können Eltern die Stärken ihres Kindes wahrnehmen und würdigen, seine Schwächen akzeptieren und günstig beeinflussen oder auch einfach so lassen, wie folgendes **Beispiel** aus meiner Beratung zeigt:

Paul (4), kam nach dem Kindergarten immer aufgekratzt nach Hause und hatte es sich zum Ritual gemacht, bis zum Mittagessen in seinem Zimmer leise Musik zu hören. Die kleinste Störung brachte ihn dabei in allergrößte Rage. Er schrie, wurde enorm wütend und war dann kaum zu beruhigen. Die Eltern fanden seine Wut vollkommen unangemessen und kritisierten ihn heftig dafür.

Entscheidend ist, wie seine Bezugspersonen sein Verhalten deuten bzw. ob sie es überhaupt deuten oder einfach nur abstellen wollen. Was hat ihn zu diesem Verhalten veranlasst, was ist vorher in ihm vorgegangen? Paul hatte gespürt, dass es für ihn gut ist, sich in die Gemeinschaft des Kindergartens einzupassen. Das hat ihn aber gleichzeitig auch Energie gekostet und seine Frustrationstoleranz sehr beansprucht. Er musste vormittags vielleicht seinem natürlichen Impuls widerstehen, sich in ein ruhiges Eckchen zurückzuziehen, um all die Eindrücke zu verarbeiten. Damit hat der kleine Kerl – vor dem Hintergrund seiner Persönlichkeitsstruktur – schon viel geleistet. Zu Hause ist nun der Ort, wo er wieder auftanken kann. Er hatte sich dafür selbst ein Ritual geschaffen, worauf seine Eltern eigentlich stolz sein könnten. Es wird nämlich auch hier wieder deutlich, dass im Grunde genommen alle Kinder die Tendenz zur Selbstwirksamkeit haben, nämlich dann, wenn sie ein Bedürfnis wahrnehmen und es zu befriedigen suchen, ein erstes Gefühl von »Ich schaffe das und kann mir selbst helfen«. Paul hatte dieses Gefühl, als er sich seine kleine Ruhezeit nahm und sie mit Händen und Füßen verteidigte.

Immer, wenn die Eltern dieses Ritual störten, indem sie ihn aufforderten, aus seinem Zimmer zu kommen und mal vom Kindergarten zu erzählen, oder wenn sie einfach nur sein Zimmer betraten, erkannten sie seine Versuche nach Selbstwirksamkeit nicht an, respektierten sein Bedürfnis nach Ruhe nicht und nahmen ihm für den Moment die Rückzugsmöglichkeit seines Zuhauses – für hochsensible Kinder enorm wichtig. Da seine Frustrationstoleranz ja schon morgens arg strapaziert worden war, blieb davon für zu Hause nicht mehr viel übrig. Die Folge war eben ein enormer Wutanfall.

In der Beratung erkannten die Eltern das Motiv ihres Kindes und dass es nicht aus heiterem Himmel so ausflippte. Statt Paul dafür zu kritisieren oder zu schimpfen, was bei ihm ein Gefühl von Ohnmacht und Hilflosigkeit entstehen ließ, unterstützten sie ihn fortan in seiner Entwicklung zur Selbstwirksamkeit. Hilfreich war auch, die Macht von Pauls Gefühlen einfach auch für ihn greifbar zu machen und sie auszusprechen: »Du könntest platzen vor Wut: Den ganzen Vormittag freust du dich auf deine Ruhezeit zu Hause, und ich komme hier ständig rein! Ich verspreche dir, *dass ich dich in Ruhe lasse, aber wenn ich dich rufe, kommst du sofort zum Essen, ja?*

Schnell wurde aus dem vermeintlichen Schreihals ein immer mehr in sich ruhendes Kind. Paul hatte gelernt, achtsam und respektvoll mit sich und seinen Kräften umzugehen, weil er diese Behandlung selbst erfahren hatte.

Da Kinder, gemäß der Annahme von Jesper Juul, immer kooperieren, d.h. ihr Verhalten im Positiven wie im Negativen den Erwartungen der Eltern anpassen, wäre Paul bei anhaltendem Schimpfen in der Folge immer mehr ausgeflippt und hätte dabei gelernt: ›*Meine Bedürfnisse sind falsch, sie zu haben ist falsch, habe ich sie aber trotzdem, muss ich irgendwie falsch sein*‹. Dabei hatte er mit seinen vier Jahren den gesunden Instinkt gehabt, sich selbst zu beruhigen, um mit sich und der Umwelt ins Gleichgewicht zu kommen. Dabei war es ein Leichtes gewesen zu fragen: *Was stört dich eigentlich? Und wie können wir das beheben?* Dazu sollten Eltern akzeptieren, dass andere Menschen und natürlich auch das eigene Kind andere Bedürfnisse haben als sie selbst.

Gleichwohl können Eltern ihrem hochsensiblen Kind, das dazu neigt, sich seinen Gefühlen ausgeliefert zu fühlen, helfen, dieses Gefühl günstig zu beeinflussen.

Dazu ein Beispiel:

Die kleine Marie (6) weint immer sehr heftig, wenn sie hinfällt oder sich irgendwie wehtut. In diesen Momenten ist sie von dem Schmerz, der Plötzlichkeit und Überraschung des Geschehens vollkommen überwältigt und fühlt sich sehr hilflos.

Verschärfende Variante: Die Eltern könnten entweder jedes Mal mit sehr besorgtem, gar mitleidigem Gesicht zu ihr hin springen – die Gestik und Mimik ist nie zu unterschätzen, schon gar nicht bei hochsensiblen Kindern –, sich über sie beugen, sie trösten und in den Arm nehmen. Marie erfährt dann zwar eine Menge Mitgefühl, liest aber an der Mimik der Eltern deren Besorgnis ab und lernt dadurch, dass die Heftigkeit ihrer Gefühle angemessen zu sein scheint, da Mama und Papa ebenfalls so geschockt sind und so prompt reagieren. Das Weinen wird intensiviert.

Entschärfende Variante 1: Wenn ihre Eltern wahrnehmen, dass es eigentlich der Schreck war, der die Reaktion hervorgerufen hat, könnten sie sich um ein entspanntes, unbesorgtes Gesicht bemühen und Marie langsam entgegengehen, sie wortlos in den Arm nehmen und trösten. Solch sensiblen Kindern hilft es ungemein, wenn ihre Gefühle ausgesprochen und dadurch für sie begreifbar werden: »*Mannomann, das ging jetzt aber schnell, das war ein Riesenschreck für dich, was?*«, (dabei lächeln, nicken, anerkennend blicken). Marie, die möglicherweise selbst erstaunt ist über die Heftigkeit ihrer Reaktion, lernt dabei: Ich werde wertgeschätzt, meine Gefühle werden ernst genommen. Gleichzeitig werden die Gefühle im Gesicht der Eltern aber nicht widergespiegelt, was zu einer Deeskalation in Maries Innerem führt.

Entschärfende Variante 2: War es aber eher die Angst davor, lächerlich zu wirken, die die heftige Reaktion hervorgerufen hat, könnten Eltern in der Situation sagen: »*Was für ein Sturz. Weißt du noch, als Levin so gefallen ist? Das war ihm auch so unangenehm … ach, da siehst du: Das kann jedem passieren.*«

Je nach innerem Motiv des Kindes gibt es unerschiedliche Möglichkeiten, hilfreich zu reagieren. Darüber hinaus gibt es einen weiteren Grund, warum es sehr wertvoll ist, die Verhaltensweisen des hochsensiblen Kindes richtig einzuschätzen: Es wird sich in seinem Leben immer wieder damit herumschlagen müssen, dass die Mehrheit andere Bedürfnisse hat und sich auch anders verhält.

Gerade als Kind ist das besonders verwirrend. Was alle Menschen brauchen und Kinder natürlich ganz besonders, sind Ähnlichkeiten mit anderen, damit sie sich identifizieren können und Bestätigung erfahren, und um sich in der Folge zugehörig und geborgen zu fühlen. Nur wenige hochsensible Kinder sind in der glücklichen Lage, sich gegenseitig zu spiegeln: *»Ich verstehe dich. Mach dir keine Sorgen.«* Im Gegenteil, die Umwelt reagiert oft sogar mit Verwunderung und Irritation, was das hochsensible Kind zusätzlich verunsichert.

Eltern können genau diesen Mangel wunderbar ausgleichen, indem sie selbst umso mehr darauf achten, das Kind zu respektieren, sein Verhalten gerecht einzuordnen, es sein zu lassen, wie es ist, und an den Stellen, wo es Unterstützung braucht, da zu sein, indem sie zu ihm stehen und ihm das Gefühl geben, in Ordnung zu sein.

Eltern sind als Spiegel gefragt. In ihren Gesichtern und mit ihrer Mimik werden Gefühle des Kindes bestätigt, verstärkt, relativiert oder abgeschwächt. Sich bewusst als Spiegel zur Verfügung zu stellen und die wahrgenommene Welt zu bestätigen, gegebenenfalls aber auch einmal zu korrigieren, ist ein mächtiges Mittel. Was wir Eltern bewirken und wie sehr wir Einfluss nehmen können, gerade bei intensiv reagierenden hochsensiblen Kindern, zeigt folgendes Beispiel von **Frau M.**, Mutter eines Sohnes:

> *»Mein damals zweijähriger Sohn war aus dem Einkaufswagen mit dem Kopf auf das Pflaster des Parkplatzes gestürzt, und ich war halb wahnsinnig vor Angst um ihn und hatte schreckliche Befürchtungen, als wir im Krankenwagen ins Krankenhaus gebracht wurden. Die ganze Zeit über stand mir wahrscheinlich das blanke Entsetzen ins Gesicht geschrieben, vorher, während der ersten Untersuchung, danach in endlosen Wartezeiten …*

Mein Sohn fixierte mich immer wieder mit Blicken, immer wieder, blickte zwischendurch dann wieder starr und ausdruckslos vor sich hin. Dieses Verhalten nährte meine schlimmsten Ängste. Erst nach einiger Zeit, aber noch im Krankenhaus wurde mir klar: Er forschte in meinem Gesicht nach Anhaltspunkten danach, was denn nun los sei, er suchte nach Antworten, sicher auch nach Beruhigung. Mein Gesicht aber zeigte ihm nur: ›Du wirst vielleicht eine Gehirnblutung haben und sterben.‹ Also begann ich endlich, ihn anzulächeln … und er strahlte förmlich zurück, denn das bedeutete Entwarnung für ihn. Augenblicklich begann er von seiner rasanten Fahrt im Krankenwagen zu schwärmen, vom lauten Tatütata und wollte wissen, wann wir denn jetzt nach Hause gehen könnten. Die Ärztin kam und zeigte sich sichtlich überrascht und erleichtert. Auch sie hatte angesichts des Starrens des Kindes schlimme Befürchtungen gehabt, wie sie zugab. Und ich hatte die Lektion meines Lebens gelernt!«

Dieses zweifellos hochsensible Kind hatte offensichtlich die Ängste seiner Mutter sehr intensiv gespürt, viel intensiver intern verarbeitet und schließlich darauf eine sehr intensive Reaktion gezeigt. Unser Verhalten beeinflusst hochsensible Kinder noch stärker als normal sensible und daher ist es noch wichtiger, mit diesem Einfluss verantwortungsvoll umzugehen.

Kinder suchen natürlich auch von sich aus nach Lösungen, um sich gut zu fühlen. Ihre Wahrnehmungsstärke kann ihnen dabei hilfreich sein, so zum Beispiel bei der Wahl ihrer Freunde. 15–20 % der Kinder einer Klasse oder einer Kindergartengruppe sind hochsensibel. Häufig erkennen sie einander gleich, indem sie irgendwie magisch voneinander angezogen werden. Fragen Sie einmal Ihr hochsensibles Kind, welches Kind es ganz besonders mag– meist sind das die anderen hochsensiblen, oft auch hochbegabten Kinder. Es gibt Studien darüber, wie stichhaltig das Identifizieren von Gleichgesinnten ist, nämlich weit aussagekräftiger als die Einschätzungen durch Lehrer oder andere Erwachsene. Dieses

Sich-gegenseitig-Erkennen erfolgt jenseits von Äußerlichkeiten wie Geschlecht, Alter oder gleichen Hobbys, verschwört irgendwie und macht auch glücklich. Kontakt mit Gleichgesinnten bietet eine gute Gelegenheit, um sich gesehen und angenommen zu fühlen. Zum Beispiel kann ein sensibles Kind ein anderes leicht ermutigen – durch Blickkontakt, Zulächeln, sich ihm zur Seite stellen. (»*Ich kann mich auch nicht gut konzentrieren, wenn es so laut ist.*« / »*Ich fand das jetzt auch gemein.*«) Erwachsene können dazu anleiten und ermutigen.

Gerade das aus dem Charakter resultierende Verhalten braucht von Elternseite viel Umsicht und Verantwortungsgefühl: Was akzeptiere ich und wo wollen wir unseren Einfluss geltend machen? Kindliches Verhalten erklärt sich jedoch zu einem großen Teil aus Erfahrungen innerhalb und außerhalb der Familie. Es stellt dann eine unmittelbare oder mittelbare Reaktion dar. Im täglichen Kontakt kommt es natürlich immer zu Beeinflussungen verschiedenster Art. Erst ein unerwünschtes Verhalten gibt dann Anlass zum Nachdenken oder gar zu Schuldzuweisungen. Oft imitieren uns unsere Kinder (»*Wie oft habe ich dir gesagt, du sollst nicht immer schreien!*«, schreit der Vater), nehmen eine Grundstimmung auf und füllen sie ihrerseits mit Leben.

Nehmen wir als Beispiel, dass ein Kind seine Hausaufgaben verweigert: Vielleicht entspricht die elterliche Vorstellung, das Kind müsse gleich nach der Schule am Schreibtisch mit dem Vater die Hausaufgaben machen, nicht den Bedürfnissen des Kindes. Es würde die Aufgaben lieber erst nach einer längeren Pause und alleine auf dem Boden erledigen. Überhaupt fühlt es sich für seine Hausaufgaben gar nicht recht zuständig, da sich sein Vater so verantwortlich fühlt. Seine Einmischung hält das Kind davon ab, die eigenen Bedürfnisse überhaupt zu ergründen, geschweige denn dabei Fehler machen zu dürfen. Mit ein wenig Zeit würde der Heranwachsende jedoch sehr gut herausfinden, wie er seine Pflichten erledigt.

Beispiel von Herrn und Frau W. aus T.:

»Unser Sohn saß am Anfang seiner Gymnasialzeit bis abends an den Hausaufgaben, bis er sagte: ›Irgendwie blöd, dass ich gar keine Zeit mehr habe, abends im Bett zu lesen. Kannst ja mal schauen, ob du dir das noch anders organisieren kannst‹, war in etwa unsere Haltung dazu.

Er versuchte die Hausaufgaben direkt am gleichen Tag zu machen, mittags nach dem Essen, oder einen Tag vorher, sie zwischendrin in der Schule zu erledigen …

In dieser Orientierungsphase waren meine Frau oder ich je nachdem in seiner Nähe und haben Hilfe angeboten und uns bemüht, ihm nicht hineinzureden. Und auch, dass die Planungen mal nicht optimal verliefen, er hektisch morgens seine Hausaufgaben noch machen musste, zu wenig gelernt, zu spät angefangen hatte …, haben wir versucht, auszuhalten, ohne zu schimpfen. Es war eine anstrengende Zeit und oft haben wir auch gezweifelt, ob wir auf dem richtigen Weg sind. Aber irgendwann waren wir entlassen aus dieser ewigen Verantwortung, der wir auch gar nicht mehr gerecht werden konnten. Wir haben ja unsere Jobs! Unser Sohn war nun zuständig für seine Schule, ganz selbstverständlich, übernahm die Verantwortung, trug Konsequenzen – und seine Ziele wichen auch etwas von unseren ab. Gut so. Heute ist er 17, hat Höhen und Tiefen in der Schule erlebt, aber weiß vor allem, wann er was zu welchem Zweck an Einsatz bringen will.«

Und dieser junge Mann kann dann wirklich stolz auf sich sein, denn nicht seine Eltern haben gut gelernt, sondern er allein. Auf die Art lernte er seine Kräfte und Fähigkeiten kennen und einzusetzen und selbstwirksam ins Leben hinauszugehen.

Manches kindliche Benehmen wird erst mit dem Wissen um seine Vorgeschichte und seine aktuellen Umstände verständlich: Hat das Kind vielleicht gerade unter einer Übermacht an älteren Kindern im Kindergarten zu leiden, erlebt es sich gerade als machtlos in der Beziehung zu den Geschwistern oder hat es Schwierigkeiten mit einem Lehrer? Das daraus resultierende Verhalten könnte sein, dass das Kind beim kleinsten Missverständnis explodiert: »*Nicht einmal meine Familie versteht mich!*« Eine Reaktion, die das Motiv des Kindes mit einschließt, könnte lauten: »*Du weißt, dass wir in der Familie immer zusammenhalten und uns gut verstehen. Deswegen erkläre mir bitte noch einmal, was du gerade genau gemeint hast – ich habe es nicht gut verstanden.*« Jedes elterliche Verhalten hingegen, das nach Nicht-angenommen-Werden oder Nicht-geborgen-Sein riecht, das also seinen Schulkummer noch verstärkt, würde dem Kind immer weiter Anlass zu Gefühlen der Hilflosigkeit geben.

Einem Kind, das zu Hause den Frust über ältere oder dominante Kinder herauslässt, kann man helfen, indem man einen Ausgleich schafft zu seinem Gefühl »Ich bin klein und werde nicht wichtig genommen«. Dies kann zum Beispiel dadurch geschehen, dass man ihm häusliche Aufgaben überträgt, es um seine Meinung fragt, ihm Entscheidungsfreiheiten lässt, also allgemein gesprochen, indem man seine Kompetenz anerkennt.

Doch oft gibt es Situationen, wo wir Eltern wenig Handlungsspielraum haben und darauf dringen müssen, dass gewisse Regeln eingehalten werden. Feste Regeln geben allen Beteiligten Orientierung und den Kindern das Gefühl der Vorhersehbarkeit. Kinder wollen sinnvolle und klare Regeln einhalten! Aber unter welchen Bedingungen können sie das? Wie immer können wir uns das auch selbst fragen: Sind wir selbst dazu bereit, uns an feste Regeln zu halten? Und zu welchen Bedingungen? Dann werden wir schnell herausfinden, wie wir unserem Kind helfen können, Regeln einzuhalten. Wichtig ist besonders, dass die Regeln sinnvoll sind, dass wir der Person, die sie ausspricht, vertrauen und dass alle Beteiligten an die Möglichkeit ihrer Einhaltung glauben. Dadurch wird die Familie zu einem funktionierenden System und Team, wo alle ihre Aufgaben und ihren Platz haben, wenngleich die Erfahrensten die Verantwortung tragen. Nach und nach werden auch die Kinder diesem Vorbild folgen und selbst Sätze sagen wie: »*Ich war gerade ungerecht zu dir. Tut mir leid.*« Sie werden dann nach und nach die Verantwortung für ihr Handeln und Tun selbst übernehmen – das, was starke Menschen ausmacht.

Diese positive Vorbildwirkung im Alltag zu realisieren, ist nicht immer leicht und hängt auch von unserer Tagesverfassung ab. Dazu zwei typische Reaktionsmuster, die viele Eltern kennen:

> Beispiel:
> *Die Mutter hat einen Termin, beide Kinder, 4 und 6 Jahre, müssen mitgehen, sie sind schon spät, und die Mutter steht unter großem Druck, weil sie nicht viel Vorlaufzeit eingeplant hat. Der Kleine (4) trödelt, macht Quatsch, zieht sich nicht die Schuhe an, schließlich streiten sich die Kinder lautstark im Flur. Der Vierjährige bekommt daraufhin einen schweren Wutanfall und will nicht mitgehen.*

Verschärfende Variante: Die Mutter gibt den Kindern die Schuld und denkt: »*Immer, wenn ich in Eile bin, machen sie mir Ärger!*«

In dieser Situation empfindet die Mutter nicht viel Selbstwirksamkeit, denn sie fühlt sich den Kindern hilflos ausgeliefert. Eltern neigen zu solchen Reaktionen, wenn es ihnen selbst nicht gutgeht. Und gerade dann überträgt sich die Anspannung auf die Kinder. Wie oft sagen wir: »*Wenn es mir schlecht geht, nutzen das die Kinder gleich aus.*« Damit unterstellen wir dem Kind fälschlicherweise eine Absicht.

Entschärfende Variante: Die Mutter übernimmt die Verantwortung für die Situation und denkt: »Kein Wunder, bei dem Stress und der Eile, die ich verbreite, dass die Kinder anfangen, nervös zu werden.«

Wenn zu der unmittelbaren Reaktion auf das elterliche Verhalten noch eine entwicklungsgemäße, innere Reaktion beim Kind hinzukommt, ist es erst recht wichtig, dass Eltern verstehen, warum das Kind ausflippt. Sie können ihm dann eine Brücke bauen, um die Situation zu entschärfen. Ein Kind zum Beispiel, das entwicklungsgemäß gerade seine Autonomie ausbildet, fühlt sich im Grunde sowieso unterlegen und ohne Mitbestimmungsrecht. Und genau das ist in der Situation der Fall – es muss mit. Aus Frust darüber will es sich behaupten und widersetzt sich. Jede Behandlung, die das Gefühl von Unterlegenheit verstärkt, ruft noch stärkere Reaktionen hervor. Besonders diese Kinder brauchen eine rechtzeitige Ankündigung von Planänderungen und eine kurze Erklärung.

Wie könnte in diesem Fall nun eine Brücke aussehen? Dazu muss man die beiden Motive des 4-Jährigen für sein Verhalten erkennen: 1. es überfordert einen Vierjährigen, sofort aufzubrechen und mitzukommen 2. er entwickelt gerade seine Selbstständigkeit, die hier unerwartet begrenzt wird. Eltern können auf diese Motive des Kindes antworten, indem sie etwa sagen: »*Danke, dass du dich für mich so beeilst (denn eigentlich überfordere ich dich gerade). Ich weiß, dass ich gerade hektisch bin und dich damit nervös mache (dafür übernehme ich die Verantwortung). Trotzdem erwarte ich das jetzt von dir. (weil es nicht anders geht). Später brauche ich unbedingt mal deine Hilfe – du kennst dich doch so gut aus in …*« (damit fühlt sich das Kind wieder groß).

Kinder brauchen immer wieder so etwas wie einen Coach, der ihnen Anleitung und Beistand gibt und der ihre Gefühle und Motive zu verstehen versucht. Die positive Wirkung lässt meist nicht lange auf sich warten. Häufig kann man beobachten, wie sie ganz tief und erleichtert durchatmen, wie sie sich augenblicklich entspannen, berührt sind von unseren Worten, die genau ihr inneres Bedürfnis, ihre Angst oder ihre Befürchtung aussprechen. Manche weinen sogar, weil sie so davon berührt sind, endlich gesehen und richtig erkannt zu werden. Diese Momente sind sehr kostbar.

DIE FÜNF SCHRITTE ZUR STARKEN, HOCHSENSIBLEN PERSÖNLICHKEIT

Wenn wir uns über Persönlichkeit und Persönlichkeitsentwicklung Gedanken machen, so finden wir immer einige grundlegende Fähigkeiten. Die wichtigsten davon sind:

- Selbstachtung und Selbstwert,
- Beziehungsfähigkeit und Empathie,
- Selbstbestimmtheit und Ausbildung des Realitätssinns,
- Umgang mit Gefühlen und Impulskontrolle,
- Selbstberuhigung und Umgang mit Stress.

Diese fundamentalen Bereiche der Persönlichkeit wollen wir nun nacheinander betrachten. Sie bauen aufeinander auf, d.h. das Fundament bilden die Selbstachtung und der Selbstwert, und sie gipfeln in der vielzitierten Selbstwirkamkeit.

Erste Fähigkeit:
Selbstwert und Selbstachtung

Perfektionismus und harter Selbstkritik entgegen wirken

Die Selbstachtung der besonders Sensiblen ist aus mehreren Gründen leicht zu erschüttern: Zum einen neigen sie zu großer Selbstkritik und reflektieren ihre eigenen Fehler sehr stark. Zum anderen hat an ihnen geäußerte Kritik aus ihrer Sicht oft einen persönlichen Anstrich, d.h. sie fühlen sich nicht allein wegen ihrer Handlungen, sondern gleich als ganze Person kritisiert. Hochsensible Kinder brauchen eine Anleitung, wie sie Kritik positiv verarbeiten können. Im täglichen Umgang sollten Eltern mit Kritik vorsichtig umgehen und immer wieder betonen, dass sie nichts mit dem Wert des Kindes zu tun hat. Auf eine positive Formulierung kommt es sehr an, wie zahlreiche Eltern betonten:

Frau S., Mutter vierer Kinder:
»Bei der Formulierung achte ich darauf, dass ich meinen Satz positiv formuliere. Statt zu sagen »Ich möchte nicht, dass du mit deiner Schwester streitest«, sage ich lieber »Seid friedlich miteinander«... «

Frau C., Mutter einer 6-jährigen:
»Da es mir selber auch so geht, versuche ich eine andere Sprache zu finden. Natürlich ist Kritik mitunter angebracht, und ich wäre schlecht beraten, wenn ich das nicht aussprechen würde. Es kommt aber darauf an, wie man es verpackt. Ich sage nicht: »Das ist falsch.« Oder »Du hast was vergessen«. Ich sage: »Komm, lass uns die einzelnen Bilder noch mal durchgehen.« So kommt meine Tochter von selbst auf ihren Fehler und sagt vielleicht: »Ups, das habe ich nicht gesehen.«... Ich versuche, über Empathie meine Tochter dazu anzuregen über ihr Verhalten nachzudenken.«

Sehr entlastend im Umgang mit perfektionistischen Kindern ist der Hinweis, dass auch Eltern und Geschwister ihre Fehler machen. Manche Kinder lieben es, sich Geschichten von »Verfehlungen« der Eltern aus deren Kindheit anzuhören. Sie kommen in ähnlichen Situationen immer wieder darauf zurück und können sich dadurch von ihrer subjektiv empfundenen Schuld stark entlasten. In manchen Familien gibt es regelrechte ›Running Geschichten‹ für jede Gelegenheit, die die Kinder zum Schutz ihrer Integrität immer wieder gerne ansprechen und die die Erwachsenen dann immer wieder bereitwillig erzählen.

Elterliche Missgeschicke des Alltags – ein Glas geht zu Bruch – können Kinder ab einem gewissen Alter in die Metaposition bringen. Oft habe ich selbst bemerkt, wie die Verärgerung der Erwachsenen über sich selbst dazu führt, dass dann die Kinder sagen: »*Ach, Papa, kann doch jedem passieren.*« Wenn sie gute Vorbilder haben, lernen sie, sich selbst und andere mit gnädigeren Augen zu sehen.

Geht es um Kritik, so brauchen gerade hochbegabte Kinder eine genaue Einsicht, warum sie kritisiert werden:

> Frau J. spricht von ihrem 16-Jährigen Sohn:
> *»Kritik an sich kann Michi nur dann annehmen, wenn man diese ausführlich und sachlich begründen und argumentieren kann und auch eine Lösung oder zumindest einen Lösungsansatz parat hat. Ansonsten fühlt er sich ungerecht behandelt und leidet.«*

Perfektionismus kann auch handlungsunfähig machen. Diese Auswirkung zu kennen, kann das Kind wieder mobilisieren, bestätigt Frau K. mit Tochter (6):

> *»Sie ist sehr perfektionistisch. Möchte alles gerne direkt perfekt beherrschen. In der Schule hatte sie am Anfang einen Jungen neben sich sitzen, der schon lesen konnte. Wir haben fast ein halbes Jahr gebraucht, um dahinter zu kommen, warum sie sich so sehr sträubt, lesen zu üben.«*

Die Macht der Zuschreibung kennen

Rückmeldungen, Reaktionen und Zuschreibungen von Eltern formen das Selbstbild von Kindern – und das umso zuverlässiger, je jünger das Kind ist. Konstruktive und wertschätzende Reaktionen und Rückmeldungen sind für das Selbstwertgefühl des Kindes nicht hoch genug einzuschätzen.

Ein Beispiel aus der Beratung:

Die 4-jährige Jana hatte furchtbare Wutanfälle, die wiederum auch die Eltern verständlicherweise sehr wütend machten. Durch einen Perspektivwechsel erkannten sie, dass Janas Wut sie sehr erschöpfte und sie sich ihr ausgeliefert fühlte. Wir nannten es den Angriff eines großen (Wut-) Tigers, der sich ihrer bemächtigte. Mit diesem Bild »Tiger greift mein Kind an« können Eltern den eigenen Ärger reduzieren und Mitgefühl entwickeln. Man könnte offiziell den Tiger in die Familie einführen und ihn gemeinsam mithilfe des Kindes bekämpfen: »Verschwinde, Tiger, wir lassen nicht zu, dass du Jana so fertig machst!«

In Familien kristallisieren sich immer wieder verschiedene Charaktere heraus: Der Sohn kann genauso wütend wie der Vater werden, die Tochter hat die Zielstrebigkeit der Mutter, woher hat das Kind nur seine Ruhe und Gelassenheit? All das sind Zuschreibungen an Menschen, deren Persönlichkeit noch im Werden begriffen ist. »Das ist unser kleiner Wilder« oder »unsere Schmusekatze« öffnen eine Schublade, die falsch sein kann und zudem wenig Möglichkeit bietet, sich doch noch als jemand anderes herauszustellen. Denn was die Eltern glauben, wird zum Selbstbild. Was Charakter und was momentanes Bedürfnis ist, bleibt im jüngeren Kindesalter noch sehr variabel und sollte auch so betrachtet werden, um die Möglichkeit der Entwicklung nach allen Seiten offen zu halten. Als Kinder können wir uns gegen ein falsches Bild von uns nicht wehren – im Gegenteil, wir nehmen es mit und fühlen uns verunsichert. Dieser »Familienstempel« folgt uns dann ein ganzes Leben. Vielleicht korrigieren wir ihn später im Leben, wenn wir spüren, dass unsere Selbstwirksamkeit zum Erliegen kommt, was sich in typischen Sätzen der Machtlosigkeit offenbart: »*Warum immer ich?*«, *Warum tut er/sie mir das an?*« »*Ich kann einfach nichts dagegen tun!*«, »*Ich weiß ja auch nicht!*«

Zuschreibungen können auch bewusst eingesetzt werden - indem wir unseren Kindern vertrauen, das Beste von ihnen erwarten und dies auch aussprechen.

Scham vermeiden und reduzieren

Hochsensible Menschen stoßen häufiger auf Unverständnis und mangelnde Anerkennung, was Selbstzweifeln Vorschub leistet. Falsch wahrgenommen zu werden, als »übersensibel« abgetan oder ohne Stärken wahrgenommen zu werden, kann – wie Aron bestätigt – beim Kind Gefühle von Minderwertigkeit und Scham zur Folge haben. Scham erleben hochsensible Kinder ohnehin häufig aus sich selbst heraus, eine zusätzliche Herbeiführung von außen ist überaus schädlich. Denn: »*Scham ist Teil ihres Lernprozesses, denn sie verhindert eine ähnliche Verfehlung in der Zukunft.*«[34] Doch im Extremfall kann Scham zu einer rasenden Feindseligkeit gegen sich und andere werden: Die Kinder verlieren scheinbar unkontrolliert ihre Contenance, um diesem unerträglichen Gefühl zu entgehen. Es ist hilfreich, sich diesen Mechanismus klar zu machen, um gut damit umgehen zu können:

> Beispiel:
>
> *Tischszene einer 4-köpfigen Familie. Das jüngste Kind (5) wirft während des Essens ein Glas Apfelsaft um. Die große Schwester schüttelt tadelnd den Kopf, die Mutter schreit auf »Oh nein!«, der Vater beobachtet die Situation nur. Das Kind explodiert, es wird augenblicklich wütend, seine Augen füllen sich mit Tränen, und es beschimpft zu allem Überfluss auch noch den Rest der Familie…*
>
> *Tief im Inneren des Kindes ist ein unerträgliches Gefühl der Scham erwacht. Das natürliche Hemmsystem des Kindes hat schon längst begriffen, dass es einen Fehler gemacht hat, für den es sich auch gleich*

---

34 Aron, 2011, S. 177; Zitat: S. 189

martert. Zudem erlebt es die Reaktionen der Familienmitglieder mit sehr intensiven emotionalen Botschaften. Es ist für die Eltern wichtig zu verstehen, dass das Kind am liebsten im Boden versinken würde und es mit seiner aggressiven Reaktion nur sein Gesicht wahren will. Es kämpft um die eigene Selbstachtung und gegen seine übermäßigen Schamgefühle. Eine entlastende Reaktion wäre, das Missgeschick zu überspielen oder ab einem gewissen Alter mit Humor abzufedern.

Um ein positives Selbstbild entwickeln zu können, braucht es **Selbstachtung**. Diese wird von vier Säulen getragen:

- dem **Urvertrauen**, das bereits beschrieben wurde,
- der **sozialen Selbstachtung**,
- der **physischen Selbstachtung**,
- der **intellektuellen Selbstachtung**.

Diese drei Formen der Selbstachtung wollen wir uns nun genauer ansehen.

Soziale Selbstachtung

Soziale Selbstachtung entsteht in Verbindung mit dem Umfeld, nämlich dann, wenn das grundlegende Bedürfnis nach Zugehörigkeit befriedigt wird. Hohe soziale Selbstachtung bedeutet, dass die Gewissheit entwickelt wurde, Teil eines sozialen Gefüges zu sein und Freunde finden zu können.

Ein wichtiger Faktor für das Gefühl der Zugehörigkeit zu einer Gruppe ist die Ähnlichkeit mit den anderen Gruppenmitgliedern. Hochsensible und/oder hochbegabte Kinder machen jedoch oft die Erfahrung, dass sie anders sind. Ihr Bedürfnis nach Rückzug aufgrund von Reizüberflutung oder um ihrer Kreativität Raum zu geben, unterscheidet sie von anderen. Häufig können hochsensible oder hochbegabte Kinder ihre Interessen, ihren Humor, ihre Wahrnehmung und ihre Denkgeschwindigkeit kaum mit Gleichaltrigen teilen.

Dies kann eine große Leere und Einsamkeit zur Folge haben. Ihr Zugehörigkeitsgefühl kann sich dann nicht so ohne weiteres ausbilden. Etwas anders als die Mehrheit zu sein kann bewirken, dass die anderen das Kind ausgrenzen oder aber, dass es sich selbst zurückzieht. Beides kann im Laufe der Zeit eine soziale Ungeschicklichkeit zur Folge haben.[35] Dies wird umso heikler, je wichtiger nach Meinung der jeweiligen Peergroup die Zugehörigkeit zur Gruppe ist. Wenn mentale Zustände nicht geteilt werden können, bedeutet das für das hochsensible und/oder hochbegabte Kind eine Art Ausgrenzung. Im weiteren Verlauf kann dies für die Entstehung von Entwicklungsschwierigkeiten verantwortlich sein. »*Spätere Verweigerungshaltungen der Kinder und Jugendlichen scheinen oft erst eine Antwort zu sein auf ihre Erfahrung der Verweigerung durch die Umwelt.*«[36]

Damit das Grundbedürfnis nach Zugehörigkeit befriedigt werden kann, empfiehlt es sich, dies innerhalb der Familie besonders zu betonen. Ein starkes Gefühl von Sicherheit und Verbindlichkeit

35 Webb et al., 1998, S. 37–38.; Die Interaktionen mit der Umwelt, die Anpassungsbemühungen seitens des hochbegabten Kindes bzw. die Aufgabe der Befriedigung des Sicherheitsbedürfnisses beschreibt außerdem Schlichte-Hiersemenzel (2006, S. 12 ff.) anhand einiger Fallbeispiele sehr anschaulich und drastisch in ihren Auswirkungen auf das einzelne Kind.

36 Schlichte-Hiersemenzel, 2006, S. 11 bezieht sich auf Dornes, 1997; Zitat: 2006, S. 12

kann hier einen heilenden Ausgleich schaffen. Auch sollten Eltern Freundschaften ihrer Kinder ganz praktisch unterstützen sowie Interessengemeinschaften suchen und gemeinschaftliche Hobbys fördern.

Das **weit entwickelte Wertesystem** dieser Kinder bringt Vor- und Nachteile mit sich. Es führt zwar zu reifen Ansichten, aber auch zu hohen Erwartungen und zwangsläufig zu Enttäuschungen. In der Folge kann dies zu dem Gefühl führen, ›nicht richtig‹ oder gar dumm zu sein.

Frau S. kennt das gut:

»Ann-Sophie (13) fühlt sich oft als Außenseiter in ihrer Klasse, weil sie zu den Kindern hält, die gehänselt werden, oder weil sie nicht mitmacht, wenn über Mitschüler gelästert wird. Leider passiert es dann auch immer wieder, dass diese Kinder, für die sie eintritt, das nicht immer zu schätzen wissen. Ich versuche dann, ihr Mut zu machen, dass sie sich trotzdem weiter so verhält, wie sie von ihren Mitmenschen behandelt werden möchte.«

Je nach Alter des Kindes können Eltern bestimmte Erlebnisse mit anderen Kindern noch einmal durchsprechen, um dem Verhalten anderer die Dramatik und Brisanz zu nehmen. Zum Beispiel: Man verliert nicht gleich einen Freund, wenn er einen einmal nicht verteidigen kann, wenn er einen einmal haut oder unfair war. Damit sollen die Empfindungen nicht kleingeredet, aber der Blick für eine weniger dramatische Sichtweise geöffnet werden. Auch sollte man dem Kind klar machen, dass jeder – auch es selber – gelegentlich Fehler macht und andere bewusst oder unbewusst verletzen kann. Das ständig besorgte, hochsensible Mädchen könnte z. B. anderen das unberechtigte Gefühl vermitteln, nicht vertrauenswürdig zu sein. Der schnell denkende hochbegabte Junge, dass andere »auf dem Schlauch stehen«. Mit einer Haltung der Fehlerfreundlichkeit kann sich das Kind mit seinen Talenten und Schwächen leichter in die Gemeinschaft einfügen. Bei den Interviews mit Eltern ist mir diese Überzeugung immer wieder begegnet:

> Frau L.:
>
> *»Ich habe mich als kleines Kind anders gefühlt, nicht weil ich es von mir dachte, sondern weil meine Mitmenschen es mir sagten oder zu verstehen gaben. Das schlimmste war, dass es meine Familie tat – außerhalb hätte ich es ertragen können. Aus diesem Grund würde ich Eltern hochbegabter oder hochsensibler Kinder den Rat geben, ihren Kindern niemals das Gefühl zu geben, sie seien anders (positiv oder negativ). Viel schöner und selbstverständlicher ist es für ein Kind zu wissen, dass seine Eltern es akzeptieren so wie es ist und dass es mit diesem So-Sein glücklich werden kann.«*

> Frau B.:
>
> *»Ich denke, das Kind fühlt sich selber schon genug anders, dass es umso wichtiger ist, diese hochsensible Art zu erkennen, jedoch kein Theater drumherum zu machen, damit sein Kopf frei bleibt, um eine sorglose Kindheit leben zu dürfen.«*

Älteren Kindern kann man bei Enttäuschungen, z. B. über den vermeintlichen Verrat eines Freundes, zur Seite stehen und zuhören. Eine zu große elterliche Empörung allerdings würde die Kluft des Kindes zu anderen Menschen vertiefen. Auch dies ist wieder eine Gratwanderung, denn fehlende Authentizität würde Ihr Kind andererseits sofort spüren. Mit zunehmendem Alter können Sie dem Kind diesen Zwiespalt ruhig mitteilen. Etwas anderes ist es, wenn Kinder und Jugendliche zum Beispiel von Mitschülern angegangen werden und ihre soziale Selbstachtung auf dem Spiel steht. Viele wissen in solchen Momenten nicht, wie sie reagieren und was sie entgegnen sollen. Zum einen sind sie starr vor Schreck und Verwunderung, zum anderen verbietet ihnen ihr ausgeprägtes moralisches Empfinden oft, mit gleichen Mitteln heimzuzahlen. Auch so manche zwar reife, aber nicht zu den Gleichaltrigen passende Entgegnung bleibt dann wirkungslos, wird sogar lächerlich gemacht. Mit zunehmendem Alter kann eine Art Training für die Welt da draußen nötig werden. Meist klappen Anpassungsleistungen gut dank der Fähigkeit, Probleme von einer höheren Warte aus zu betrachten und Lösungen zu finden. Manchmal aber müssen sich hochsensible Jugendliche bestimmte Verhaltensweisen gezielt aneignen, um sich anzupassen und in der Gemeinschaft nicht unterzugehen. Auch das ist ein wichtiger Teil ihrer Selbstwirksamkeit.

Praxisvorschlag: Wie lernt sich mein Kind gegen verbale Attacken auf dem Schulhof zu wehren?

Es gibt immer Schüler, die die Schwächen der anderen ausnutzen, die sogar zu Anführern werden, weil sie andere kleinmachen. Dagegen können Sie Ihr Kind wappnen, indem Sie es coachen, nach dem Motto von Matthias Pöhm: »*Ihr Kind soll niemals mehr Narben auf der Seele davontragen.*«[37] Bei verbalen Angriffen in der Schule kann man zu Hause geeignete Strategien finden und einüben:

- **Sammeln Sie** gemeinsam mit Ihrem Kind die **verletzenden Sprüche** und Beleidigungen, die es sich hat anhören müssen und schreiben Sie sie auf.[38]

---

37 Die Formulierungen und Standardantworten stammen aus dem Buch von Matthias Pöhm, »Schlagfertig auf dem Schulhof – wie man Großmäulern clever Paroli bietet«, Innsbruck, 2009, S. 153 ff.

38 Relativieren Sie sie, falls nötig, auch, wenn das Kind allzu pessimistisch auf Dinge reagieren sollte.

- **Sprechen Sie dann über die Kinder, die regelmäßig verletzen** oder sogar mobben: »*Welches Kind verletzt besonders? Was sagt es immer? Warum, glaubst du, tut es das? Aus Unsicherheit oder aus Angst, selbst lächerlich gemacht zu werden? Traut es sich das nur, wenn es in Gesellschaft ist?*« Angegriffene Kinder tröstet es zu erfahren, dass auch der Angreifer seine Schwachstellen hat – werden diese Kinder doch zunächst als übermächtig empfunden. Damit ist die Möglichkeit eröffnet, auf diese Schwäche gezielt zu antworten.
- **Erklären Sie Ihrem Kind die Schwäche des Angreifers** und leiten Sie es an, diese ausnutzen: Er macht lächerlich, weil es seine größte Angst ist, selbst lächerlich gemacht zu werden? – Die lächerlich machende Antwort ist also die richtige! Er fühlt sich nur stark durch seine Gruppe und will sich bei anderen profilieren? – Dann ist eine Antwort, die die Lacher der anderen auf die eigene Seite holt, ein gutes Mittel. Oder ist es die reine Freude am Verletzen und an der Machtausübung? – Einfach ins Leere laufen lassen und ihm so seine eigene Machtlosigkeit spiegeln … Diese Zusammenhänge können hochsensible Kinder gut durchschauen – darüber Reden hilft ihnen ungemein!
- **Sammeln Sie dann geeignete Standardantworten,** z. B.:
  »Deine Kappe ist so hässlich!« – »Dann passt sie ja wunderbar zu deinem Gesicht.«

  »Das Auto von deinen Eltern ist ja ´ne Schrottkarre.« – »Dann passt sie ja wunderbar zu deinem Gesicht.«

  »Du stinkst aus dem Mund!« »Dann fall´ ich ja in deiner Umgebung nicht weiter auf.«

  »Du Arschloch!« – »Dann fall´ ich ja in deiner Umgebung nicht weiter auf.«

  »Du hast ja schon wieder ´ne Sechs!« »Hey Mann, Glückwunsch. *Du bist der Erste, der das korrekt erkannt hat.«*

»Du kannst nicht mal Fußball spielen.« »Hey Mann, Glückwunsch. Du bist der Erste, der das korrekt erkannt hat.«

Der Fantasie sind dabei keine Grenzen gesetzt, die Antworten müssen nur zum Kind passen, es muss sie mit überzeugender Stimme vortragen können, also nicht vielleicht / manchmal / eigentlich verwenden, sondern kurze, knackige Repliken, später vielleicht sogar mit Vergnügen vorgebracht.

Vermitteln Sie Ihrem Kind die nötige **Körperhaltung**: *»Nimm deine Schultern herunter und den Kopf hoch!«* Dieses Training sollte spielerisch und mit viel Humor und Ermutigung durchgeführt werden. Lassen Sie das Kind sich selbst im Spiegel anschauen: *»Siehst du, ein gerader Rücken sieht nicht komisch aus, fühlt sich nur ungewohnt an.«* Das korrigiert das Selbstbild und die Selbstwahrnehmung.

Da die Antworten schnell kommen müssen, braucht es dafür wirklich **Training**: Konfrontieren Sie Ihr Kind immer und immer wieder mit den zusammengetragenen Beleidigungen und lassen Sie es antworten – immer selbstverständlicher. Der Tag kommt, an dem das hochsensible Kind förmlich darauf wartet, seine antrainierten Krallen ausfahren zu können. Das kann ich aus der Beratung bestätigen.

Geben Sie Ihrem Kind darüber hinaus eine selbstbewusste Haltung mit, die einschließt, dass Hochsensibilität ihren Sinn für die Gemeinschaft hat und jeder von jedem profitieren kann. Diese Eigenschaft trotz der vielen kleinen täglichen Irritationen anzunehmen und seine hochsensiblen Qualitäten bewusst einzubringen, kann ein älter werdendes hochsensibles Kind sehr reifen lassen.

Frau C. erzählt:

»Unsere Tochter (6) hat einen ausgeprägten Gerechtigkeitssinn. Wenn sie um sich herum Ungerechtigkeiten bemerkt, dann schlägt sie sich immer auf die Seite des Schwächeren und legt sich durchaus auch mit Erwachsenen an. Sie macht das äußerst wortgewandt und empathisch. Unsere Tochter ist vom Naturell her eher ein Einzelgänger, und es belastet sie nicht extrem, wenn ein anderes Kind mal nicht mit ihr spielen möchte. Dann spielt sie alleine und ist in ihrer eigenen Welt. Sie macht dabei immer einen sehr zufriedenen Eindruck.«

Frau A., Mutter von drei Kindern:

»Von Zeit zu Zeit bricht es aus unserer Tochter (9) heraus: ›Ich bin ein Nichts, ein Niemand, komplett Luft für die anderen …‹, wettert sie. Dann zieht sie sich verletzt, vor allem aber wütend zurück, bis sie sich ihren Klassenkameraden nach einer Zeit des Verschnaufens wieder annähert. Laut der Lehrerin ist unsere Tochter sehr beliebt, wird auch oft zu Geburtstagen eingeladen. Trotzdem fühlt sie sich manchmal außen vor, durch ihren schrägen Humor, ihre nicht endende Energie, ihre ironische, spöttische und schnelle Art zu kombinieren, die manchmal keine Resonanz findet … Sie hat das große Glück, eine sehr sensible Lehrerin zu haben, die das spürt und ihr zu verstehen gibt, dass sie sie versteht.«

Frau S. hat drei Kinder:

»Unsere Kinder singen alle im Schulchor gerne mit. Das gibt ihnen ein gewisses Gefühl der Zugehörigkeit.«

Frau J. berichtet von ihrem 16-jährigen Sohn:

»Er ist ein ruhiger, stiller Beobachter, aber interessanterweise ist er auch nicht ausgeschlossen, wovor ich immer Sorge hatte. In der Schule denke ich, dass ihm seine Intelligenz und seine guten Leistungen eine gewisse Anerkennung sichern. Und auch, dass er nicht als ›Nerd‹ gilt und bereitwillig allen und jedem irgendwas erklärt und auch vor Schularbeiten Nachhilfe gibt, wenn nötig.«

Der Selbstwert kann auch durch die enge Beziehung zu einem **Haustier** günstig beeinflusst werden. Hochsensible Kinder haben häufig eine besondere Beziehung zu Tieren und zur Natur. Die Authentizität der Tiere, dazu die Möglichkeit, mit ihnen zu kuscheln und für sie sorgen zu müssen, lässt Tiere zu wichtigen Gefährten in der Kindheit werden. Sie geben Halt und Beständigkeit und können Kinder in schwierigen Lebenssituationen stabilisieren.

Familie B. aus I. erzählt:

»Wir leben auf einem Bauernhof in Bayern und müssen viel arbeiten, haben also wenig Zeit. Unsere drei Mädels hatten früher alle ihre eigene Katze. Immer, wenn die Mädchen irgendeinen Kummer hatten, wich die jeweilige Katze nicht mehr von ihrer Seite, legte sich zu ihr, folgte ihr auf Schritt und Tritt, war einfach da…– das Tier schien zu spüren, dass etwas nicht stimmte. Ich habe das bei allen drei Töchtern beobachtet, und diese jeweils enge Bindung zu ihrem Tier hat sie über manche Hürde in der Kindheit und Jugend getragen.«

Die Identifikation mit anderen stärkt den Selbstwert eines hochsensiblen Kindes. Das können durchaus auch **Romanhelden** sein, die dann zu treuen Begleitern und Quellen der Inspiration werden. Ein Beispiel dafür ist »Liliane Susewind« von Tanya Stewener. Lilli verkörpert das Sich-eins-Fühlen mit der Natur, die enge Verbundenheit zu Tieren und das Gefühl, ›anders‹ zu sein, denn sie hat besondere Fähigkeiten.

Frau P. aus M. erzählt:

»Bei unserer Tochter Sophie (8) hat die Kinderbuchreihe Liliane Susewind eine ganze Flut von Inspirationen ausgelöst: Sie hat begonnen, über Monate hinweg kontinuierlich an einer spannenden Tiergeschichte zu schreiben. Außerdem ist sie der Kinderorganisation des WWF beigetreten, weil sie nach dem Lesen der Susewind-Reihe beschlossen hatte, Tierschützerin zu

werden. Vor allem aber ist sie in den Büchern einem Mädchen begegnet, mit dem sie sich anscheinend identifizieren konnte. Ich glaube, das hat ihr Kraft gegeben und viel Freude gemacht.«

Die Autorin **Tanya Stewener** beschreibt ihre ganz persönlichen Beweggründe zur Entwicklung ihrer Heldin wie folgt:

> *»Im Grunde geht es in all meinen Büchern um Figuren, die anders sind, die nicht hineinpassen. Meine Schwester Carola, die vier Jahre älter ist als ich, ist hochsensibel, und hat schon ihr ganzes Leben lang damit zu kämpfen, dass sie anders wahrnimmt als andere, anders reagiert, anders denkt. Ihre Geschichte ist ohne Frage ein wichtiger Einfluss auf Liliane Susewind. Zusätzlich bin ich selbst ein wenig anders und habe besonders in meiner Kindheit und Jugend immer dazwischen geschwankt, einerseits dazugehören zu wollen und andererseits zu wissen, dass ich nun einmal nicht bin wie alle anderen und das irgendwie auch in Ordnung ist und seinen Sinn haben muss. Dieser Zwiespalt liegt vielen meiner Figuren zugrunde und findet sich wahrscheinlich besonders in Lilli wieder, die ihr Anderssein ebenso liebt wie sie es manchmal verwünscht.«*

Physische Selbstachtung

Physische Selbstachtung meint das Vertrauen in den eigenen Körper, also Fertigkeiten zu erlangen und körperliche Aufgaben zu meistern. In den ersten Lebensjahren baut sich dieses Zutrauen ganz autonom auf: Das Kind ist sich selbst der Maßstab. Doch später wird diese Art der Selbstachtung durch das Zusammenspiel mit anderen bestimmt.

Physische Selbstachtung kann dazu genutzt werden, Defizite bei den anderen Formen der Selbstachtung zu kompensieren. Ein hochsensibles Kind, das Probleme hat, sich als Teil der Gemeinschaft zu fühlen, kann sich Selbstachtung und die Anerkennung der anderen über den Sport erwerben. Jede Art von Teamsport ist dafür besonders gut geeignet. Ein klassisches Beispiel ist das Fußballspiel bei Jungen.

Eltern können ihr Kind sehr darin unterstützen, seine sportlichen Talente zu entdecken. Lassen Sie Ihr Kind Verschiedenes ausprobieren. Sie können es auch ermutigen, vielleicht einen ungewöhnlichen Sport auszuüben, den andere Kinder cool finden, der es in der Achtung der anderen und in der eigenen steigen lässt.

Beispiel aus der Beratung:

Der 7-Jährige Pascal wurde als ein sehr empfindsames, intelligentes Kind, das oft gedanklich in seiner Welt war, vorgestellt. Er machte sich Gedanken um die sozialen Interaktionen der anderen und lehnte es ab, sich körperlich zu wehren. Oft wurde er Zielscheibe von Hänseleien, und es schien ihm an Möglichkeiten zu mangeln, angemessen darauf zu reagieren, was die anderen spürten und ausnutzten. Auch Fußballspielen war nicht sein Ding, da es ganz schön brutal zuging, wie er fand. Er fand im Spiel mit seinem Vater heraus, dass er ein hervorragender Torwart war. Fortan war er in den (Fußball-) Pausen im Tor, also mit den anderen zusammen und machte sich auch noch in kurzer Zeit einen Namen als der »beste Torwart der Schule«. Das beflügelte ihn und hob sein Ansehen enorm.

Bei der Suche nach dem passenden Sport sind die individuellen Eigenheiten zu berücksichtigen: Was macht dem Kind Freude? Was andererseits stört das Kind an gewissen Sportarten oder am

Sportunterricht in der Schule?[39] So wurde immer wieder berichtet, dass …

- hochsensible und hochbegabte Kinder Wettkampfsituationen nicht mögen.
- **Frau K.:** »*An sich bewegt sie sich gerne – aber nicht so gerne nach Regeln. Sie tanzt lieber Freestyle als nach vorgegebenen Schritten. Wettkampfspiele – egal ob im Sportunterricht oder auf Kindergeburtstagen – mag sie nicht.*«
- Gruppensport sehr viel Druck ausüben kann. So kann jeder verpatzte Korb oder jedes verschossene Tor Ärger von den anderen nach sich ziehen. Schon allein diese Befürchtung kann für hochsensible Kinder sehr demotivierend wirken.
- ihnen manches an Sportsituationen sehr peinlich ist, z.B. wenn sie beim Schulsport als Letzter ausgewählt werden.
- die üblichen Rahmenbedingungen bei manchen Sportarten oft nicht gut passen: rauer Ton, hoher Lärmpegel in der Sporthalle, zu große Gruppen, ungeeignete Trainingszeiten.
- **Frau B. mit 9-jährigem Sohn:** »*Leider ist im sportlichen Kontext vieles auf Leistung und nicht auf Menschlichkeit ausgerichtet … es zählen nur die leistungsstarken Kinder. Kinder mit Emotionen sind eher lästig, und nicht alle Trainer können mit einem solchen Kind umgehen! Das hat uns schon viele Probleme bereitet, da ich es selbst nicht ertragen kann, wenn Trainer erwarten, dass Kinder funktionieren. Mit den Trainern, die sich für das Kind zudem interessieren, kommen wir gut zurecht, Tristan kann dann auch zu sportlicher Höchstleistung auffahren. Wichtig ist irgendwie immer, dass er genommen wird, wie er ist. Druck macht ihn schwach, und er kann seine Leistung nicht abrufen. Dies ist in der Schule ebenso wie zu Hause. Wenn er selbst entscheiden kann, wie er etwas löst, dann ist er am erfolgreichsten.*«

---

39 Dazu habe ich im Folgenden u.a. auf einige Anregungen von Sabine Dittert-Kemkes zurückgegriffen, die eine Hausarbeit mit dem Titel »Hochsensibilität im Sport – Fluch oder Segen?«, 2013 an der Doris-Reichmann-Schule in Hannover verfasst hat.

- ihnen zu viele Nachmittagstermine nicht guttun.
- **Frau P., Sohn 9 Jahre:** *»Mein Sohn macht gern Sport, doch er möchte sich nicht irgendwo anmelden, also verpflichten. Wir haben das einmal probiert, doch es ging schief. Er wollte nach einiger Zeit nicht mehr. Als ich ihn fragte, warum, war seine Antwort: ›Mir wird das alles zu viel.‹ Da war ich sprachlos, weil er es so auf den Punkt gebracht hat. Mein Sohn macht, seit er in der Schule ist, gar nichts nachmittags.«*
- sie ihrer Kreativität freien Lauf lassen wollen, anstatt sich an strenge Regeln zu halten.
- sie es oft nicht mögen, bei Turnieren im Rampenlicht zu stehen.
- **Frau E., Sohn 9 Jahre:** *»Henri macht nicht gerne Sport, weil er erstens nicht besonders sportlich ist und auch Wettkampf- und Konkurrenzsituationen nicht mag. Er hat ca. zwei Jahre lang Karate gemacht und während alle anderen Kinder nach und nach ihre Gurtprüfungen absolviert haben, hatte er immer noch seinen weißen Gurt. Er hatte Angst davor, dass ihn alle während der Prüfung anstarren und ihn bei Fehlern auslachen könnten. Der Karatelehrer hat uns aber erklärt, dass er die Prüfung so abnimmt, dass die Kinder gar keiner bloßstellenden Prüfungssituation ausgeliefert sind. Als Henri dann eines Nachmittags den nächsthöheren Gurt bekam und somit die Prüfung bestanden hatte, war er sehr stolz.«*

Versuchen Sie jedenfalls, Ihrem Kind Spaß am Sport zu vermitteln. Denn, wie gesagt, zur Selbstachtung gehört es auch, den Körper und seine vielen Möglichkeiten kennenzulernen.

Folgende Sportarten wurden immer wieder empfohlen:

- Kampfsportarten vermitteln erstens Selbstvertrauen und haben zweitens durch ihre Nähe zu fernöstlichen meditativen Praktiken einen guten Effekt auf sensible Kinder.
- Sport kombiniert mit Musik: Ballett; Tanzen in allen Varianten.
- Sport in der Natur: Leichtathletik, Laufen, Wandern, Rudern,

Klettern, Fahrradfahren, Ski laufen, Reiten. Immer wieder berichten Eltern davon, dass Reiten, diese Kombination aus Sport, Natur und Tier, wahre Wunder bewirkt hätte:

- Reiten wird oft in therapeutischen Zusammenhängen genutzt, stärkt das Selbstwerterleben und kann zu »*einem wichtigen Ankerpunkt für das Heranreifen der Persönlichkeit*« werden. *Die* »*Echtheit und Ehrlichkeit des Partners Pferd in seinen sozialen Interaktionen ermöglicht Raum für (Weiter-)Entwicklung. Teamfähigkeit und Selbstreflexion werden nahezu spielerisch aufgebaut und erweitert.*«[40]
- Teamsport: Jede Art von Teamsport (Fußball, Basketball, Handball) hilft gerade hochsensiblen Jungen, ihre soziale Attraktivität zu steigern.[41]

Intellektuelle Selbstachtung

Intellektuelle Selbstachtung wird aus der Zuversicht bezogen, sich verstandesmäßig messen und in gewissen Bereichen Erfolge erzielen zu können. Wie beschrieben kommt es bei hochsensiblen Kindern oft, wenn auch nicht durchgängig, vor, dass sie besonders vernetzt und divergent denken, was eine enge Verbindung zur Hochbegabung nahelegen könnte. Wenn hohe Sensibilität und hohes geistiges Potenzial zusammenfallen, haben es diese Kinder unter Umständen schwer, ihre intellektuelle Selbstachtung auszubilden. Das klingt im ersten Moment paradox, hat sich jedoch in vielen Beratungen immer wieder bestätigt. Das kann verschiedene Gründe haben. Denn sie »*begreifen schneller, wissen viel und wirken deswegen*

---

40 Auszug aus dem »therapeutischen Reitangebot für Mädchen zur Stärkung der Selbstwirksamkeit« von der Erziehungsberatung CARITAS Main-Taunus, vgl. http://www.rsg-eddersheim.de.

41 Der amerikanische Psychologe Ted Zeff (2010) ist auf hochsensible Jungen spezialisiert.

schnell ungewollt dominierend oder besserwisserisch, was zur Ablehnung von Gleichaltrigen oder gar Erwachsenen führt«.[42]

Ein anderer Grund, warum gerade hochbegabte Kinder ihre intellektuelle Selbstachtung nur unzureichend ausbilden, kann der sein, dass sie zwar ausgeprägte Stärken und Interessen haben, diese jedoch von anderen Gleichaltrigen nicht geteilt werden und ihre Interessen auch im Schulunterricht keinen Platz haben. Manches hochbegabte Kind fühlt sich dann unverstanden oder abgelehnt.

»Die Tragik des hochbegabten Kindes ist, dass seine Stärken wie die unkonventionelle Weltsicht, das divergente Denken, ein interessantes Innenleben und der Spaß daran unbeantwortet bleiben oder abgelehnt werden. Daraus entstehen tiefe Einsamkeit, Selbstzweifel, innere Leere und Langeweile.«[43]

Frau J. mit 16-jährigem Sohn: *»Eines von Michis größten Problemen ist, dass er kaum gemeinsame Themen mit Gleichaltrigen findet. Das war schon in der Grundschule so, da er sich für sehr komplexe Vorgänge aus verschiedenen wissenschaftlichen Teilbereichen interessiert, die für andere Kinder uninteressant oder unverständlich sind.«*

Herr S. mit Sohn: *»Im Kindergarten hat Sebastian (5) nicht so schnell Freunde finden können, weil er immer Vorträge über Pilze, Dinosaurier, Fische, Spinnen gehalten hat, was die anderen nicht verstanden. Das hat ihn sehr getroffen, und er kam oft traurig nach Hause: ›Keiner wollte mit mir spielen!‹ Dazu kam, dass er sich für die Spiele der anderen Kinder nicht interessierte.«*

Es ist nicht bloß schade, wenn es niemanden gibt, der die eigenen Interessen teilt, sondern das geht tiefer. Sebastian zum Beispiel beginnt, an sich selbst zu zweifeln, sich zurückzuziehen, sich anders zu fühlen. Sein Bedürfnis nach einem Spiegel, nach Feedback und Antwort bleiben aber weiter bestehen. Diese Bedürfnisse und Interessen dem Kindergarten oder der Schule mitzuteilen, ist

42 Labyrinth 119, Deutsche Gesellschaft für das hochbegabte Kind e.V.; Februar 2014/ 37. Jahrgang, S. 26

43 Webb et al., 1998, S. 32

ein wichtiger Schritt. In der Schule kann das Kind vielleicht nach einem Gespräch der Eltern mit dem Lehrer ein Referat zu seinem Thema halten oder ein Buch dazu mitbringen. Die Erfahrung zeigt, wie motivierend diese kleinen Gesten auf das Kind wirken und wie sie sein Wohlbefinden beeinflussen. Die intellektuelle Selbstachtung wird dann enorm gestärkt, da das Kind merkt, dass auch seine Art zu denken anerkannt wird. Das ist ebenso wichtig wie die Anerkennung der Gefühle. Hochbegabte Kinder brauchen sowohl intellektuelle Herausforderungen als eben auch Anerkennung, die signalisiert: »*Du bist in Ordnung, wie du bist, auch wenn du manchmal anders denkst und andere Interessen und Bedürfnisse hast.*«

Aus diesem Grund können Nachmittagskurse für Kinder mit ähnlichen Interessen sehr sinnvoll sein. Sie dienen dazu, die Motivation, die ihnen im normalen Schulbetrieb abhanden kommen kann, an anderer Stelle wiederherzustellen. Man kann immer wieder beobachten, wie glücklich hochbegabte Kinder aus solchen Kursen herauskommen: Es ist diese möglicherweise seltene Erfahrung, wahrgenommen zu werden, so sein zu dürfen, wie sie sind, Gleichgesinnte getroffen zu haben, die einen Spiegel bieten, auf Augenhöhe behandelt und ernst genommen worden zu sein – es passiert also viel mehr als Wissensvermittlung.

Diese Kurse orientieren sich übrigens niemals am schulischen Lehrplan – sonst würden sie den Kindern nur einen weiteren Vorsprung verschaffen, und darum geht es ja gerade nicht! Nach solchen Erfahrungen kommen sie wieder eine Zeitlang besser durch den Schulalltag. Und das Erlebte kann in die Schulpausen oder den Morgenkreis getragen werden – etwa fesselnde Naturexperimente, ein mit LED-Leuchten ausgestattetes, selbstgebasteltes Waveboard oder witzige Wortspiele. So teilt dann das hochbegabte Kind doch noch seine Interessen mit den anderen, was es sehr glücklich machen kann.

Leider wird im Umgang mit Hochbegabten häufig die Seele aus den Augen verloren. Selten werden Fragen gestellt wie: Wie fühlt sich das Kind eigentlich, wenn es nicht so wahrgenommen wird, wie es ist? Was macht es mit dem Kind, wenn es anders denkt und anders fühlt oder wahrnimmt als die Mehrheit der Gleichaltrigen? Stattdessen werden leider oft zwei Dinge unterstellt: Erstens, dass der Schüler oder seine Eltern nur angeben möchten und zweitens, dass der Schüler keine Unterstützung braucht, denn er bringe Hochleistung ganz automatisch. Bleibt diese Hochleistung dann aus, wird die Hochbegabung schnell angezweifelt. Doch 30 % der als hochbegabt eingestuften Kinder erbringen nicht die Leistung, die ihrem geistigen Potenzial entspricht, und sogar 50 % haben Probleme und Irritationen in verschiedenen Abstufungen, schätzt die Pädagogin Dorothea Schlegel-Hentrich anhand ihrer Erfahrung.

In Kontakt bleiben

Um eine gesunde Selbstachtung ausbilden zu können, braucht es ein Gefühl für die eigene Identität, die sich im Spiegel der Umwelt immer weiter formt. Dies funktioniert bei besonders sensiblen Kindern nicht immer reibungslos, denn sie bekommen überdurchschnittlich oft verständnisloses Feedback und blicken gelegentlich selbst mit Unverständnis auf ihre eigenen Empfindungen und Reaktionen. Um dieses Manko abzufedern, können Eltern ihnen helfen, einen angemessenen Blick auf ihre Wesensart zu entwickeln. Besonders hilfreich ist es, Erlebnisse und Gefühle anzusprechen. Das hilft den Kindern, diese einzuordnen und damit greifbar und handhabbar zu machen und schließlich positiv ins Selbstbild zu integrieren.

Wenn man über Gefühle spricht, gibt man ihnen einen Namen, und die große Menge an Emotionen wird dadurch besser handhabbar. Kinder fühlen sich ihnen damit weniger ausgeliefert. Auch das hilft ihnen, ein stärkeres Selbstwertgefühl zu entwickeln.

Oft jedoch berichten Eltern, dass ihr Kind gar nicht sprechen will. Vielleicht ist es tatsächlich sehr nach innen gewandt, vielleicht hat es aber auch noch nicht die richtigen Rahmenbedingungen bekommen, um sich zu öffnen. Da können sich Eltern einiges einfallen lassen: Junge Kinder werden gesprächsbereiter, wenn man ihr Kuscheltier zu ihnen sprechen lässt. Das Kuscheltier darf sogar richtig plump fragen und bekommt meist trotzdem eine Antwort: »*Du siehst heute aber ganz schön traurig aus? Was ist denn los?*« Dabei kann man das Kuscheltier die (vermutete) Gefühlslage des Kindes aussprechen lassen: »*Bitte, kannst du mich mal gaaanz fest in den Arm nehmen, ich hab so Angst, heute war ich ganz allein, als du im Kindergarten warst …*« oder: »*Lass mich bloß in Ruhe, du hast heute gar nicht mit mir gespielt!*« oder: »*Ach, ist das schön, dass wir miteinander kuscheln können.*« Das Kind tröstet den Teddy und bestätigt das Gesagte aus vollem Herzen mit einem Seufzer. Dadurch kommt es in eine Metaposition, aus der heraus es sich stärker fühlen und die eigene Situation besser verstehen kann. Vielleicht kann es sogar Lösungen für sich selbst entwickeln, mit dem Teddy als Stellvertreter: »*Das ist so blöd, wenn man sich alleine fühlt, oder? Das nächste Mal nehme ich dich einfach mit in den Kindergarten!*« Oder das Kind beginnt, von sich zu sprechen: »*Echt, du auch? Ich habe mich heute auch allein gefühlt. Aber ich komme doch immer wieder zurück.*« Das, was das Kind dem Kuscheltier antwortet, zeigt indirekt, wie es Sie in solchen Situationen erlebt, welche Reaktion es sich von Ihnen wünscht oder mit welchen Sätzen es sich schon selbst trösten kann.

Unangenehme Gefühle werden immer dann besonders groß, wenn das Kind sich ausgeliefert fühlt und glaubt, an seiner Situation nichts ändern zu können. Es geht also darum, dass das Kind Alternativen erkennt und eigenständig Lösungen finden kann. »Such dir eine der beiden Jacken aus!« motiviert ein eigensinniges Kind viel mehr als »Zieh dir bitte die Jacke an!« Möchte man, dass das Kind etwas malt, sagt man: »Hier habe ich Buntstifte, Filzstifte, Kreide ... ist da für dich etwas dabei? anstatt: »Mal doch mal was Schönes!« Einem trennungsängstlichen Kind, das Angst hat, die Eltern könnten abends einfach weggehen, kann man den Schlüsselbund der Haustüre mit ins Bett geben. Bei Angst vor Albträumen kann ein Traumfänger aufgehängt werden. Hat ein Kind Angst vor Dunkelheit, gibt man ihm eine Taschenlampe zur Hand. Ein Kind, das nicht weiß, wohin mit seinem Ärger, lässt man einen Wutbrief schreiben ... All das gibt dem Kind das Gefühl: *»Ich kann etwas tun und bin meinen Gefühlen nicht ausgeliefert!«* oder: *»Ich kann immer zu meinen Eltern gehen, die helfen mir.«* Das ist Selbstwirksamkeit.

Ältere Kinder erzählen oft nichts – so sagen ihre Eltern. Eine gute Gesprächsatmosphäre entsteht nicht automatisch, oft muss sie bewusst geschaffen werden. Neben der Pflege einer engen Beziehung sowie Zeit, Interesse und einem gemütlichen Umfeld gehört auch dazu, sich zu fragen: Fühlt sich das Kind vielleicht unwohl, wenn man es unentwegt anschaut? Oder spürt es den allzu großen Wunsch der Eltern, alles zu erfahren und wird daraufhin bockig? Lasse ich ihm die Zeit, seine Gedanken in Ruhe zu sortieren? Braucht es einen Spannungsabbau beim Reden? Manche Kinder zum Beispiel müssen beim Erzählen immer etwas anfassen oder sich bewegen – das beruhigt ihre Emotionen. Ermahnt man sie stillzuhalten und schenkt dieser Nebensächlichkeit mehr Aufmerksamkeit als den Erzählungen des Kindes, fühlt es sich möglicherweise zurückgewiesen, oder es bleibt zu angespannt und verstummt wieder. Bei so einem Kind könnte man einen Erzählstein auf dem Tisch deponieren, der jederzeit befühlt werden darf. Oder sich gar nicht erst daran stören, dass das Kind sich viel bewegen will oder beim Erzählen im Kreis geht.

Wenn man mit gutem Beispiel vorangeht und selbst erzählt, was man tagsüber gemacht und wie man sich gefühlt hat, dann bereitet man den Boden, auf dem Offenheit gedeihen kann. Manches Kind antwortet vielleicht nur mit einem verstehenden Blick auf die Schilderungen der Bezugspersonen. Vertrauen und Offenheit brauchen Zeit, und es hat viel mit Respekt zu tun, diese abzuwarten. Respekt ist auch gefragt, wenn das Kind in die Pubertät kommt und seine gewohnte Auskunftsfreude auf einmal versiegt. Eltern fühlen sich dann nicht selten verletzt oder zurückgewiesen und müssen sich erst an die neuen Bedürfnisse des Heranwachsenden anpassen – die nun in Abgrenzung und im Aufbau der eigenen Privatsphäre bestehen. Jede Familie kann ihre ganz eigenen Kommunikationsformen finden:

> Frau J. erzählt:
> *»Über seine Gefühle spricht er nicht sehr gern, er ist sehr verschlossen. Aber ich kann an seinem Gesichtsausdruck erkennen, ob es ihm gutgeht. Und wenn nicht, dann setze ich mich zu ihm, und nach einer Zeit kommen dann meistens versteckte Hinweise auf das, was ihn belastet. Man muss dafür sehr viel Geduld aufbringen, da er sich sehr schnell zurückzieht, wenn es zu viel wird – und von selber erzählt er gar nichts.«*

Das Thema Hochsensibilität mit dem Kind besprechen?

Die eigenen Schwächen und Stärken wahrzunehmen und einzuordnen, schult den Realitätssinn und ist die Basis für ein gesundes Selbstbild. So kann das eigene Empfinden und Verhalten mithilfe des Konzepts der Hochsensibilität teilweise erklärt werden. Dabei stellt sich natürlich die Frage: Was ist normal sensibles Verhalten und was ist hochsensibel im Sinne des vorgestellten Konzepts? Wenn Hochsensibilität dann tatsächlich ein Thema ist, kann dies mit einem älteren Kind durchaus besprochen werden.

Oft ist es sinnvoll, auch die Vorzüge normal sensibler Menschen herauszustellen und den Wert jeder einzelnen Fähigkeit für eine reiche und vielseitige Gemeinschaft zu betonen: *»Es ist toll, dass du so mitfühlend bist. Solch ein Kind wie dich in der Klasse zu haben, ist sehr wichtig für alle. Auch andere Kinder, die andere Fähigkeiten mitbringen, sind für die Klasse wichtig: Denk nur an Simon, der immer so lustig ist, oder Elena, die nie lange böse sein kann.«*

Es ist sorgfältig abzuwägen, ob Sie dem Kind gegenüber die Hochsensibilität erwähnen, denn ein differenzierter Umgang damit ist erst in einem bestimmten Alter möglich. *»Ich bin halt hochsensibel«* – diese Erkenntnis kann auch zu einer Schonhaltung werden. In manchen Fällen aber wirkt das Wissen um diese Wesensart wie eine Erlösung. Vieles macht für das Kind endlich einen Sinn, auch im Nachhinein, und die Gewissheit, dass immerhin 15–20 % ähnlich ticken, gibt großen Auftrieb. Wenn man die Aufmerksamkeit auf die positiven Aspekte lenkt, bringt das dem kognitiv oft weit entwickelten Kind eine enorme Erleichterung und unterstützt die Ausbildung eines angemessenen Selbstbildes.

Ist das Kind kognitiv sehr weit entwickelt und verfügt gleichzeitig über ganz normale, altersgemäße Bedürfnisse, so kann dieser Umstand einen inneren Konflikt auslösen: Kinder, deren ›Kopf‹ deutlich älter ist als der Rest, müssen enorme innere Anstrengungen unternehmen, um die Bereiche einander anzunähern. *»In der Folge*

…(kann) ihre geistige Vitalität sowie ihre emotionale, soziale und schließlich körperliche Entwicklung abgebremst (werden).«[44]

Das Missverhältnis von seelischer und geistiger Reife kann darüber hinaus zu allerhand Überforderungen, falschen Erwartungen und erhöhten Anforderungen durch die Umwelt führen: ›*Du sollst doch so schlau sein*‹ oder ›*Wer so klug daherredet, kann auch mal einstecken*‹ oder ›*Du musst jetzt mal Geduld haben*‹ etc. Emotional reagiert das Kind aber altersgerecht, es ist ein Kind und hat die Gefühle eines Kindes, daher ist es dann enttäuscht oder fühlt sich zurückgesetzt. Wenn dann eine hohe Sensibilität dazu kommt, zieht das Kind unter Umständen auch noch destruktive Schlüsse. In solchen Fällen kann es helfen, dem Kind genau zu erklären, was in ihm vorgeht: dass es einfach unterschiedlich stark entwickelte innere Bereiche hat – ähnlich einem großgewachsenen Kind, das älter aussieht als es ist und an das deshalb immer wieder nicht altersgerechte Erwartungen gestellt werden. Dem Kind wird klar, dass nicht die eigene Unzulänglichkeit, sondern eine unzureichende Wahrnehmung der anderen dazu führt, dass »es« manchmal nicht passt. Diesen Mechanismus zu besprechen, kann den Heranwachsenden entlasten und ihn einem realistischen Selbstbild näher bringen.

Ob Sie dazu das Thema Hochsensibilität oder gar Hochbegabung anschneiden und wie ihr Kind mit diesen Themen umgehen würde, können Sie am besten einschätzen und sollten Sie vorher sorgsam abwägen.

Immer wieder bestärken

Ermutigung ist in der häuslichen Erziehung und später im schulischen Umfeld die entscheidende Variable, um gefühlter Entwer-

---

44 Schlichte-Hiersemenzel, 2006, S. 24 f.; Zitat: S. 10

tung entgegenzuwirken. Viele hochsensible Kinder erinnern sich intensiv und mit allen Sinnen an ihre Misserfolge. Dies ist sogar in bestimmten Gehirnarealen nachweisbar, wie Neurologen bestätigen. Diese Erlebnisse können sich sehr hartnäckig festsetzen. Daher brauchen leicht zu entmutigende Kinder manchmal einen kleinen Schubs, um etwas Neues auszuprobieren: Vielleicht eine neue, interessante Umgebung, gänzlich neue Herausforderungen oder verlockende Angebote.

Herr J. aus Z. erzählt von seinem Jüngsten (4):

»Wir waren in Bayern mit unseren drei Kindern im Urlaub – unser Jüngster war bis dahin ein leicht zu entmutigender Junge, der sich nicht so recht etwas zugetraut hat. Wir bemerkten eine Wandlung mit ihm noch während der Ferien: Die Umgebung, die Natur, die vielen neuen Erlebnisse, sportliche Aktivitäten fernab von zu Hause, kleine Mutproben wie auf der Achterbahn mitfahren, eine Sommerrodelbahn mit mir herunterfahren oder mit dem Sessellift in die Berge herauf … all das schien ihn sehr stolz zu machen. Abends hielten wir beim Zubettbringen seine Erfolge regelmäßig fest … im Kindergarten war man später sichtlich überrascht über seine Veränderung – er hatte einen großen Schub Ermutigung und zu seiner Entwicklung einen positiven Impuls erfahren.«

Es gibt Methoden, die positive Wirkung solcher Erfolgserlebnisse zu verlängern und jederzeit wieder abrufbar zu machen. Dazu werden ganz gezielt Sinneseindrücke eingesetzt, um bestimmte Gefühlszustände hervorzurufen. In der Verhaltenstherapie und beim NLP (Neurolinguistischen Programmieren) nennt man diese **Anker**, da sie gewünschte Emotionen zuverlässig abrufbar machen. Anker können Gesten, Wörter, Gerüche, Lieder oder Berührungen sein und entstehen einerseits durch Zufall: Jedes Mal, wenn ich zum Beispiel Lavendel (Anker) rieche, denke ich an die Schwangerschaft mit meinem ersten Kind. Bei »Your Song« von Elton

John (Anker) überkommen mich hingegen romantische Gefühle aus der Kennenlernphase mit meinem Mann. Andererseits kann jeder Elternteil Anker ganz einfach selbst setzen, ja therapeutisch nutzen: Hat ein Kind gerade ein Erfolgserlebnis, können Sie dieses Hochgefühl festigen und für die Zukunft abrufbar machen, indem Sie ganz gezielt dieses Gefühl mit einem Sinneseindruck koppeln. Man könnte direkt im Anschluss an einen Triumph, ein großes Glück oder bestandene Mutprobe ein bestimmtes (neues) Lied im Auto spielen, das Kind erstmalig freudig in die Luft werfen oder eine Berührung einführen, wie über den Kopf streichen oder am Ohr ziehen. Wichtig ist es, dass diese Eindrücke irgendwie besonders und neu sind, also nicht schon vielfach mit allen anderen möglichen Gefühlen verbunden sind.

Mit positiven Ankern können wir uns auch selbst ermutigen. Nach einer großen beruflichen bestandenen Herausforderung habe ich auf dem Nachhauseweg im Auto ein bestimmtes Lied von Robbie Williams wieder und wieder gehört. Noch Jahre danach löst es bei mir ein unbestimmtes Hochgefühl und Glücksgefühle aus.

Positive Gefühle löst auch das Stimulieren des **Selbst-Akzeptanz-Punkts** aus: Er befindet sich unterhalb des linken Schlüsselbeins. Reibt man die Stelle mit drei Fingern der rechten Hand solange, bis es sich unangenehm anfühlt, ist der korrekte Punkt, um die Selbstachtung zu aktivieren, stimuliert.

Vertrauen verdienen und glaubwürdig sein

Die beste Grundlage dafür, um Selbstvertrauen zu entwickeln, ist das Vertrauen in die eigenen Eltern. Kinder brauchen die Gewissheit, dass ihre Eltern ohne Wenn und Aber zu ihnen stehen, damit sie zu sich selbst stehen können. Wenn Kinder wissen, dass ihren Eltern ihr Verhalten und ihre Art nicht peinlich sind, sie sich nicht dafür entschuldigen oder sich gar vor anderen Menschen für ihr Kind rechtfertigen, ist das großartig. Doch, ganz ehrlich: Wie schnell sind Sätze wie: »*Ich weiß auch nicht, was mit ihr los ist*« oder: »*Antworte doch endlich!*« gesagt.

Eltern können sich für solche für sie heiklen Fälle ein paar Sätze zurecht legen, mit denen sie deutlich machen, dass sie zu ihrem Kind und seiner Individualität stehen: »*Er braucht einfach etwas Zeit.*« »*Danke, sie möchte nur zuschauen.*« oder »*Er kennt Sie ja noch gar nicht!*«

Und wenn man einmal nicht loyal war, kann man sicher sein, dass das Kind das gemerkt hat und sich seine Gedanken darüber macht. Sie tun Ihrem Kind einen sehr wertvollen Dienst, wenn Sie das später aufgreifen und erklären. Ebenso sollten schnell dahin gesagte falsche Schuldzuweisungen und Unehrlichkeiten vor anderen im Beisein des Kindes vermieden werden, da das die ›Kleinigkeiten‹ sind, die den Glauben an die Eltern erschüttern können.

Zweite Fähigkeit: Beziehungs- und Empathiefähigkeit

Die Ausbildung dieser Fähigkeit wird umso leichter, je intensiver der Heranwachsende bis dahin eine stabile Beziehung zu seinen primären Bezugspersonen erlebt hat. Der enormen Wirkung von Beziehung hat der US-amerikanische Psychologe und Psychotherapeut Carl Rogers in der Entwicklung seiner Klientenzentrierten Gesprächstherapie und dem Ausbau der humanistischen Psychologie Nachdruck verliehen. Sein Beitrag ist heute fester Bestandteil der Gesprächsführung in Therapien und Pädagogik. Beziehung ist unabdingbar und entscheidend sowohl in der Erziehung als auch für erfolgreiches Lernen.

Wenn man den Hintergrund des kindlichen Verhaltens versteht, kann man angemessener darauf reagieren. So kann z.B. ein vermeintlich grenzüberschreitendes Verhalten vieles sein: Hilferuf, Protest gegen selbst erlittene Grenzüberschreitung, Ausdruck von Hilflosigkeit oder auch bloße Sprachlosigkeit. Glücklicherweise hat ein hochsensibles Kind ja mindestens einen hochsensiblen Elternteil, dem diese empathische Art der Erziehung eher leicht fällt. Trotzdem ist es für Eltern oft eine Herausforderung. Der hochsensible Heranwachsende erlebt seine Gefühle mit hoher Intensität und bringt sie oft ebenso zum Ausdruck, in Konflikten begleitet von einem stark ausgeprägten Gerechtigkeitssinn. Mit Empathie und der Frage nach dem Warum kann solch ein Gefühlschaos in Grenzen gehalten und das Kind sogar gestärkt werden. Gerechtigkeit, Vorhersehbarkeit und Regelmäßigkeiten stabilisieren die Emotionen. Ganz besonders schön ist das sinnlich erfahrbare Ritual. Wie auch immer es gelebt wird, ob beim gemütlichen Sonntagsfrühstück, kuscheln vor dem Fernseher, beim regelmäßigen Haare kämmen oder gemeinsamen Singen, es bedeutet für hochsensible Kinder einen sicheren Weg zu Stärke und Stabilität.

Authentisch und einfühlsam auftreten

Hochsensible Kinder spüren instinktiv, ob sich ihre Eltern respektvoll und aufmerksam verhalten und ob sie das, was sie sagen, auch wirklich meinen. Sie spüren zum Beispiel auch, wenn ihnen ihre Gefühle ausgeredet werden sollen, ebenso wie sie sehen, welche Erwartungen ihre Eltern an sie stellen. Sie merken auch, ob ihre Bedürfnisse dabei berücksichtigt werden oder nicht. Bei Unstimmigkeiten suchen sie tendenziell die Ursachen bei sich selbst, machen sich viele Gedanken und nähren ihre Selbstzweifel. Beobachten Sie Ihr Kind genau. Zum Glück sind ihnen diese Irritationen meist deutlich ins Gesicht geschrieben, und wir können gegensteuern.

Alle Arten von Verunsicherungen wie auch schockierende Ereignisse sieht man dem Kind oft an, und sie sollten auch angesprochen werden. Georg Parlow[45] erzählt von seinem kleinen Sohn, der ein grausames Märchen gehört hatte und nun sichtlich geschockt wirkte:

> *»›Na, das war aber heftig mit dem Ersticken, gell?‹ Dankbar schaute er zu mir auf und dann meinte er mit fast unhörbarer Stimme und verlegenem Gesichtsausdruck: ›Ich möchte Ersticken spielen.‹ […] Zuerst ging er in die Täterrolle, und ich war das unglückliche Opfer. Er steckte mich unter eine Bank und heizte mit imaginärem Holz mächtig ein. Meine Aufgabe war es, dramatisch zu stöhnen, vergeblich um Hilfe zu rufen und bühnenreif zu sterben. ›Noch einmal!‹, rief mein Sohn, als ich aus dem Ofen herauskroch. So bei der zehnten Wiederholung änderte er den Skript – knapp bevor ich ein weiteres Mal erstickte, tauchte eine neue Figur auf, ein Retter, ebenfalls von meinem Sohn verkörpert. Er verjagte die Hexe und zog mich gerade noch rechtzeitig unter der Bank hervor. Auch diese Variante spielten wir einige Male durch, bis mein Sohn den Wunsch nach einem Rollentausch äußerte. Jetzt war ich die böse Hexe und der kleine Bub schmachtete unter der Bank, um dann von mir als Retter befreit zu werden. Nach einigen Durchläufen […] war das Ersticken plötzlich uninteressant.«*

Elterliche Authentizität ist auch als Vorbild wichtig: Wollen Eltern beispielsweise vermitteln, welche positiven Seiten die Hochsensibilität hat, empfinden sie diese aber insgeheim selbst als Last und sind ihrerseits von Selbstzweifeln geplagt, würde das Kind diese Inkongruenz sofort spüren, es wäre eventuell enttäuscht über die

45 Autor des Bestsellers »Zart besaitet«, 2003

Unehrlichkeit der Bezugsperson und jedenfalls verunsichert hinsichtlich der Ausbildung des eigenen Selbstbildes. Eltern sind für ihre Kinder nur dann verlässlich, wenn sie das, was sie sagen, auch meinen. Auch Gestik und Mimik sollten zu den Worten passen. Aber wem gelingt das immer? Wer hat sich nicht auch schon seinem Kind mit den Worten »*Ja, mein Schatz!?*« zugewandt und innerlich gebebt: »*Was ist denn jetzt schon wieder??*« Doch Ihr Kind spürt diese innere Unstimmigkeit genau und mag sich denken: »*Warum spricht Mama überhaupt mit mir, wenn ich sie so nerve?*« Authentische Eltern könnten in so einem Fall sagen: »*Hast schon gemerkt, dass ich genervt bin, stimmt´s? Ach, eigentlich habe ich gerade keine Zeit und wollte noch meine Arbeit fertig machen. Deswegen war ich gerade so ungeduldig. Lässt du mich noch ein bisschen? Ich bin in 10 Minuten ganz bei dir, o.k.?*«

Ehrlichkeit und Authentizität schlagen sich auch in einer angemessenen Wortwahl nieder. Falsche Bezeichnungen, Abwertungen oder Oberflächlichkeiten werden vom Kind sogleich registriert, und oft reagiert es darauf mit Enttäuschung. Gespielter Respekt oder falsches Lob sind nicht nur wirkungslos, sondern können überaus destruktiv sein, denn sie verfälschen den sich ausbildenden Realitätssinn des Kindes.

Natürlich brauchen alle Heranwachsenden die Empathie ihrer Eltern – hochsensible Kinder haben davon selbst häufig ganz viel und gleich zu Beginn ihres Lebens. Es ist darum notwendig, ihnen den souveränen Umgang mit (viel) Empathie vorzuleben und beizubringen, wie sie auch mit einem Zuviel an Empathiefähigkeit umgehen können. Zu seinem Selbstschutz braucht das hochsensible Kind Anleitungen, wie es sich bei Bedarf abgrenzen kann, denn nicht alles, was es wahrzunehmen in der Lage ist, möchte es auch sehen und verarbeiten müssen. Durch den Gebrauch von Bildern kann ein Kind lernen, sich in einer Situation zu schützen. Sagen Sie zum Beispiel: »*Spanne dir in Gedanken einen Regenschirm auf und lass all das, was auf dich einprasselt, an diesem Schirm abprallen.*« Allein schon der gedankliche Aufruf dieses Bildes kann von den vielen Eindrücken und Emotionen ablenken und innere Sicherheit vermitteln.

Praxisvorschlag/Exkurs: Hochsensible Eigenschaften und Medienkonsum

Aufgrund mancher typischer Eigenschaften ergeben sich für die Eltern hochsensibler Kinder hinsichtlich des Medienkonsums besondere Aufgaben und Chancen. Mit ihrem großen Gerechtigkeitsempfinden und ihrer Empathie können Hochsensible emotional so sehr in einen Film oder in ein fesselndes Computerspiel hineingezogen werden, dass sie dabei nicht alleine gelassen werden sollten.

Auf der anderen Seite sind diese Kinder tendenziell vorsichtig und haben ein sehr feines Gespür dafür, was ihnen guttut und was nicht. Diese Erfahrung haben vor allem Eltern hochbegabter Kinder immer wieder bestätigt. Zwölfjährige, die mit den Worten »*Jetzt habe ich aber Kopfschmerzen*« den Rechner freiwillig abdrehen oder die sagen: »*Ich bin doch nicht blöd und geh gleich nach dem Vokabellernen an den Computer. Dann lösche ich mir doch meine Festplatte,*« sollte man bestärken und ihnen das dazu gehörige Wissen über solche Mechanismen bereitstellen. Den Heranwachsenden beim Medienkonsum gut im Auge zu behalten und gleichzeitig weitgehende Freiheit für eigene Erfahrungen zu gewähren, scheint sich bei Familien hochsensibler und hochbegabter Kinder zu bewähren. Das ist sehr individuell zu regeln. Denn auch die offiziellen Altersbeschränkungen für Medien aller Art tragen der Tatsache nicht genug Rechnung, dass jeder Mensch anders reagiert. Dabei sind es vor allem die zwischenmenschlichen Situationen und Szenen, die ihnen zu schaffen machen, nicht so sehr die Monster oder andere gruseligen Gestalten.

Hochsensible Kinder abstrahieren früh, was eine große Chance darstellt – , wie **Frau U.-I. aus H.** mit diesem Bericht anschaulich macht:

> *»Ich war mit meiner Tochter (7) in einem großen Elektronikmarkt, und wir streiften durch die Gänge, jeder für sich. Am selben Abend erzählte sie mir beim Zubettbringen, dass sie zufällig ein fürchterliches Cover – anscheinend ein PC-Spiel ab 16 – gesehen hätte und dass sie nun dieses Bild von einem Grusel- Mädchen verfolgen würde und Angst hätte einzuschlafen. Wir gingen am nächsten Tag wieder dorthin und schauten uns gemeinsam das Cover an: es hatte tatsächlich einen subtilen Horror. Ich fing an, die Macher dieses Bildes zu loben, wie toll sie das Mädchen doch geschminkt hätten, wie mit Mehl überschüttet und wo sie wohl die ganzen Spinnweben her hätten, vielleicht Kleister? Und stell dir mal die Situation vor, als sie das Bild gemacht haben: alle haben am Set bestimmt gelacht und sich gedacht: Oh, wie gruselig, während das Mädchen selbst fast anfing zu lachen, im letzten Moment dann aber dieses Horror-Gesicht aufsetzte. Das Gesicht meiner Tochter entspannte sich langsam, sie konnte sogar nochmal kurz hingucken, grinste… Wenn uns seither irgendetwas unheimliches begegnet, spinnt meine Tochter nun gewohnheitsmäßig irgendeine Geschichte dazu und nimmt sich damit selbst den Schrecken.«*

Eltern können die große Vorstellungsgabe und das Einfühlungsvermögen ihres Kindes immer wieder in konstruktive Bahnen lenken. In diesem Fall hat das Mädchen sich in die künstliche Set-Atmosphäre hineinversetzt, anstatt ein passiver Konsument zu bleiben.

Wertschätzung und Respekt vorleben

Hochsensible Kinder betrachten ihre Empathiefähigkeit im Allgemeinen als etwas ganz Natürliches und schließen auch hier von sich auf andere. Daher sind sie ehrlich verwundert oder sogar sehr irritiert, wenn nahestehende Menschen dieses Einfühlungsvermögen nicht aufbringen. Denn Hochsensible sind erst einmal davon überzeugt, dass das, was sie wahrnehmen, offensichtlich ist. Dies zu ignorieren kann dann nur bedeuten, so folgern sie, dass die anderen etwas absichtlich verleugnen oder dass sie bestraft werden oder des Zuspruchs nicht wert sind; in jedem Fall bedeutet es für sie eine große Irritation. Es ist daher sehr wichtig, ihre Empathie anzuerkennen, ebenso wie ihre Bedürfnisse und Ansichten.

Das Kind mit seinen Gefühlen, Bedürfnissen und Meinungen zu respektieren bedeutet nicht, ständig nachzugeben. Wichtig ist, seine überschießenden Emotionen auszuhalten, anzusprechen und ihnen dadurch einen Rahmen zu geben. Damit wird dem Kind signalisiert, dass es in Ordnung ist und respektiert wird, und gleichzeitig ist der Erwachsene authentisch.

Dieses Vorgehen erfordert Selbstreflexion und Disziplin seitens des Erwachsenen. Eines ist klar: Gefühle lassen sich nicht abstellen oder ausreden, und man kann sie auch nicht verbieten. Werden sie nicht mit Hilfe der Eltern oder anderer Bezugspersonen ordentlich integriert, zu dem Zeitpunkt, wo sie auftauchen, so kommen sie später in wahrscheinlich viel unpassenderen Lebensumständen zum Vorschein. Jesper Juul weist immer wieder darauf hin, wie wichtig es ist, die Elternkompetenz in diese Richtung weiterzuentwickeln, weil das der gesamten Familie zugutekommt: »*Das Schlüsselwort heißt Beziehung. Ihre Qualität entscheidet über unser Wohlbefinden und unsere Entwicklung als Mensch. Kinder werden mit allen wesentlichen menschlichen Qualitäten geboren und haben daher auch dieselbe Verletzlichkeit und*

Überlebensfähigkeit wie Erwachsene. Eltern zu sein bedeutet, eine Rolle im Leben einzunehmen, die uns vor große Herausforderungen stellt.«[46]

Eine seiner Kernthesen, die er in zahlreichen Publikationen (2002, 2004, 2007) darlegt, und Herzstück seiner mittlerweile international erfolgreichen Seminare »*FamiliyLab – die Familienwerkstatt*« lautet, wie gesagt, dass Kinder sich immer den positiven wie auch negativen Erwartungen anpassen. Das bedeutet, dass Eltern, die ihr Kind wirklich mögen und wertschätzen, die sich ihrer Vorbildwirkung bewusst sind und eine Trainingsfläche für sein Verhalten in der Welt bieten, die das Gute erwarten und Schlechtes nicht überbewerten und dabei authentisch sind, diese positive Einstellung in die ganze Familie übertragen können: in die Kommunikation untereinander, in die Bilder, die jeder Einzelne vom anderen hat und schließlich in das Selbstbild eines jeden Familienmitglieds, besonders in das der Jüngsten.

Optimistisch vorangehen

Elaine Aron fand heraus, dass hochsensible Kinder hinsichtlich ihrer Fähigkeiten tendenziell von einem »depressiven Realismus« ausgehen, d.h. sie schätzen sich außerordentlich realistisch ein und erkennen dabei ihre Schattenseiten überdeutlich, während weniger sensible Menschen dazu tendieren, sich zu positiv zu betrachten. Den eigenen Wert hin und wieder durch eine rosarote Brille zu sehen, ist ein sehr wirksames Mittel, um Mut zu fassen und das Selbstvertrauen zu stärken. Dieses legitime Vehikel haben unsere hochsensiblen Kinder oft nicht und brauchen daher die Ermutigung, sich mit ihren normalen Schattenseiten anzufreunden. Besonders deutlich treten diese Schwachstellen in Krisenzeiten

---

46 Jesper Juul, http://www.familylab.de

der Entwicklung zu Tage wie Trotzalter oder Pubertät. Elterliche Schuldzuweisungen können hier die Tendenz zu Selbstzweifeln dramatisch verstärken. Andererseits haben Eltern in diesen Zeiten umso mehr Gelegenheit, ihrem Kind gut zu tun: Indem sie die Situation mit Gelassenheit und Optimismus betrachten.

Auch in der Beurteilung des Verhaltens anderer können hochsensible Kinder aufgrund ihrer Empfindsamkeit zu pessimistisch werden:

> Frau E. mit Sohn (9):
>
> *»Henri erlebt seine Schultage oft als sehr negativ. Wenn ich ihn frage, wie sein Tag war, berichtet er mir davon, wie sehr die anderen Kinder ihn geärgert haben, wie ungerecht die Lehrer waren und dass ihm überhaupt auch verschiedene Körperstellen wehtun. Rückfragen bei der Lehrerin ergeben dann häufig ein ganz anderes Bild. Zum Beispiel war es letztens so, dass Henri sich von einem Jungen angegriffen gefühlt hat aufgrund eines Blickes, der Henri gar nicht galt. Damit Henri sich auch die positiven Dinge vergegenwärtigt, die ja auch passieren, haben wir eingeführt, dass er jeden Abend bewusst darüber nachdenkt und uns erzählt, für welche fünf Dinge er dankbar ist. Das fällt ihm noch schwer, aber mein Mann und ich gehen mit gutem Beispiel voran und erzählen, welche fünf guten Dinge wir am Tag erlebt haben.«*

Das Thema Ermutigung zieht sich durch alle Lebensbereiche und hat bei empfindsamen Kindern eine ganz besondere Brisanz[47], denn sie bildet eine wichtige Grundlage, auf der sich die Persönlichkeit später weiterentwickelt. Optimismus und Zuversicht sind

---

47 Betty Hart und Todd Risley (2003) führten über zweieinhalb Jahre eine Untersuchung in amerikanischen Familien durch, in der sie die emotionale Qualität der Gespräche (+/- Ermutigung) mit den Kindern untersuchten und sie nachher dem Grad des über die Jahre erworbenen Selbstbewusstseins gegenüberstellten (vgl. Hart, 2002). Die positive Korrelation von ermutigender Kommunikation und Selbstwert war signifikant, und das schon für einen Querschnitt normal sensibler Kinder.

wertvolle Eigenschaften, bei deren Entwicklung wir unsere Kinder unterstützen können. Eltern geben den Blick aufs Leben vor. Resilienzfördernde Einstellungen wie das Positive im Unglück zu erkennen, nicht neidisch zu sein, immer wieder andere Perspektiven einzunehmen, die Mitmenschen wohlwollend zu betrachten und sich nicht über ihre Unzulänglichkeiten aufzuregen, übertragen sich auf unsere Kinder.

Hochsensible Kinder neigen dazu, sich die Sorgen und Nöte aller zu eigen zu machen. Da ist es ist wichtig, ihnen frühzeitig die Grenzen ihrer Verantwortung zu zeigen: »*Darum kümmern wir Erwachsene uns, das ist nicht deine Aufgabe.*« Es entlastet die Kinder, ihre Sorgen – seien sie begründet oder nicht – ausdrücken zu dürfen, wie **Frau S.** bestätigt:

> *»Um ihn so weit zu bringen, waren viele, viele Gespräche nötig, Gespräche, in denen er gelitten hat, weil ihn keiner versteht, weil andere ihn immer wieder ärgern und genau an den Stellen angreifen, wo er verletzlich ist. Es hat ihn Kraft und Verständnis gekostet, aber es scheint sich gelohnt zu haben … denn in meinen Augen sind HSP (Anm.: Highly Sensitive Person) verständiger und geistig und seelisch/moralisch weiter entwickelt und können einen Schritt gehen, den andere Kinder in ihrem Alter noch nicht können (›Gut, dann nehme ich mich jetzt zurück!‹). Auch wenn es anstrengend ist, immer die gleichen Themen auf dem Tisch zu haben und zu denken: ›Geht denn da nix voran?‹ Doch, es geht! Und dieses Ergebnis motiviert mich, weiter so mit ihm zu arbeiten, für ihn da zu sein.«*

Aber neben allem Verständnis erweisen sich eigene Unbeschwertheit, Leichtigkeit und eine deeskalierende Haltung als ebenso hilfreich, denn: »*Außer ihrer Sensibilität besitzen hochbegabte Kinder in der Regel eine lebhafte Phantasie. Wenn sie zu anderen in Beziehung treten, sind subtile, verdeckte, ablehnende Bemerkungen und Einstellungen für sie oft ein Anlass sich auszumalen, was alles dahinterstecken könnte. […] Man muss ihnen helfen zu lernen, ihre Gedanken und Ängste zu kontrollieren und von anderen Gesagtes so zu interpretieren, wie es gemeint ist.«*[48]

Eine eigene, optimistische Haltung der Eltern strahlt in allen Lebensbereichen auf die Kinder ab. Sie lernen von ihren Vorbildern, ihrerseits das Leben auch einmal auf die leichte Schulter zu nehmen und seine positiven Seiten zu betonen.

Dritte Fähigkeit: Selbstbestimmtheit und Ausbildung des Realitätssinns

Bei allen elterlichen Hilfestellungen zur Entfaltung des Kindes darf der Gedanke der Selbstbestimmtheit nicht zu kurz kommen. Denn abgesehen davon, dass man Kinder heute nicht mehr so einfach zwingen kann, müssen sie eigene Erfahrungen machen dürfen und dadurch lernen, einen realistischen Blick auf sich und andere zu entwickeln. Dadurch werden sie immer mehr in die Lage versetzt, eigene Entscheidungen zu treffen und ihre Handlungsspielräume kennenzulernen. Im Laufe dieses Prozesses entwickeln Kinder eine Vorstellung davon, was sie können, was von ihnen erwartet wird und wie sie mit Hindernissen umgehen können. Diese Erfahrungsprozesse bedeuten Scheitern und Erfolg haben, hinfallen und wieder aufstehen und scheinen leider immer mehr zum Luxus zu werden, da sie viel Zeit in Anspruch nehmen.

Was bei hochsensiblen Kindern positiv zu Buche schlägt, ist ihre Fähigkeit, sich schon früh ziemlich gut selbst einschätzen zu können, auch wenn diese Fähigkeit als »depressiver Realismus« an anderer Stelle hinderlich sein kann. Tatsächlich, so bestätigt auch Elaine Aron anhand ihrer Befragungen, sind das Vertrauen in die

---

48 Webb et al., 1998, S. 38

Selbstbestimmtheit der Kinder sowie der Umgang mit Scham die zentralen Bausteine bei der Erziehung hochsensibler Kinder. Weil diese Kinder eher vorsichtig sind und eine feine Intuition haben, können die Eltern ihnen einen sehr weiten Entscheidungsrahmen stecken. Sie wissen erstaunlich gut, was sie können und wo ihre Grenzen sind, erfassen schnell, was sie riskieren können und was sie besser lassen. Je mehr ihnen vertraut und zugetraut wird, desto besser!

Diese Erfahrung macht auch Frau U.-M. mit ihrer 7-jährigen Tochter:

»Am Ende glaube, nein weiß ich mittlerweile, steht und fällt das glückliche Zusammenleben mit einem Kind – gerade mit diesen Kindern – damit, bereit zu sein, ihm schon sehr sehr früh zu vertrauen, dass es selbst urteilen und Entscheidungen finden kann, was gut für es ist und was es braucht. Entgegen dem Bild, das wir aus unserer Erziehung oder der ›Optik des Kindes‹ vor uns haben – es zuzulassen und sich dafür bei den großen Menschen einzusetzen. [...] Wir haben gelernt und lernen jeden Tag neu, ihr hier mehr persönliche Kompetenz zuzutrauen, als für ihr Alter draußen vorstellbar ist. ›Sie ist doch erst ...?‹«

Hochsensible und/oder hochbegabte Kinder brauchen das Vertrauen ihrer Eltern in ihre Kompetenz. Denn ihre Stärken wie realistische Selbsteinschätzung, frühes Abstraktions- und Urteilsvermögen oder ihre angeborene Vorsicht und Voraussicht brauchen Raum zur Entfaltung.

Hochbegabte Kinder sind oft, nicht immer, auch sozioemotional weit entwickelt. Sie sind dann gerne unter älteren Kindern und Jugendlichen, sowohl in ihrer Freizeit als auch eventuell in der Schule durch einen Klassensprung. Sie meistern oft die Pflichten der Älteren, deshalb sollten ihnen konsequenterweise auch deren Rechte zugestanden werden. Dies anzuerkennen, erspart Ihnen und Ihrem Kind viel Ärger.

Frau E.:
»Julius (12) darf weitgehend seine Aktivitäten selbst bestimmen, selbst entscheiden, wie viel Zeit er für Schulaufgaben oder Testvorbereitung investieren will. [...] Computer und Spielzeit sind begrenzt – auch streng begrenzt –, allerdings hat er auch selbst schon realisiert, dass er nicht gut drauf ist, wenn er zu lange ›daddelt‹. Auch diese Erfahrung macht er und kommuniziert sie uns. Er erkennt, dass zu wenig Schlaf ihm einen schlechten Folgetag beschert. Er darf unbedingt eigene Erfahrungen, auch schlechte, machen, wir stehen bei allen Dingen hinter ihm, auch wenn es darum geht, bessere Wege im Umgang mit Misserfolgen zu finden.«

Für hochsensible und/oder hochbegabte Kinder ist es besonders wichtig, selbst ergründen zu dürfen, wer sie sind und was sie wollen, ohne sich von fremden Vorstellungen einschränken zu lassen. Ohne diese Freiheit geraten sie schnell in eine »bockige« Abwehrhaltung, oder sie versuchen im Gegenteil, den Eltern alles recht zu machen. In beiden Fällen erkennen sie aber ihre eigenen Fähigkeiten und Grenzen nicht mehr richtig.

Scham als Disziplinierungsmaßnahme einzusetzen galt im Sinne früherer Erziehungsziele und -methoden als wirksam, um Gehorsam zu erzwingen. Heute steht natürlich fest, dass Scham großen Schaden anrichtet, insbesondere bei hochsensiblen Kindern. Während sich Schuldgefühle, die schwächere Form der Scham, auf eine konkrete Aktion beziehen und Spielraum lassen, das Getane wiedergutzumachen, bezieht sich Scham auf das Innere und den Wert des Menschen. Scham entsteht auch in Familien, in denen Frotzeleien zum Alltag gehören. Sie werden zwar humorvoll vorgebracht, enthalten aber nicht selten eine Botschaft, die Feindseligkeit ausdrückt. Hochsensible Kinder spüren genau, ob es sich um einen sanften, liebevollen Spaß handelt oder nicht. Wird dann auch noch von ihnen erwartet, unbeschwert zu lachen, werden sie verwirrt. Merkt man dies, so kann man sie bestärken: »*Hast recht, so nett war das jetzt nicht und lustig war es eigentlich auch nicht.*« Zuzugeben, dass das Kind mit seiner Wahrnehmung richtig liegt, ist fair und erkennt die besondere Fähigkeit des Kindes an. Mit ehrlicher Kommunikation und der Bestätigung dessen, was sie ohnehin überdeutlich sehen und spüren, können sich hochsensible Kinder gut entwickeln.

Authentische und wertschätzende Kommunikation zu Hause gewinnt umso mehr an Bedeutung, je weniger es sich Kinder außerhalb der häuslichen Umgebung erlauben können, authentisch zu sein. Ein Junge (12) berichtete einmal in der Beratung, er sei regelmäßig erschöpft von der Show, die er täglich abziehen müsse. »*Ich finde Schule eigentlich nur deswegen total anstrengend.*« Diese »Show« ist bis zu einem gewissen Grad aber notwendig und erlernbar, um in der Gemeinschaft Gleichaltriger bestehen zu können.

Hochsensible Kinder beziehen leicht alles auf sich – eine Eigenart, die natürlich auch viele weniger sensible Kinder aufweisen. Trotzdem: hochsensible Kinder können immense Schuldgefühle entwickeln, wenn sie sich beispielsweise die alleinige Schuld an einem Konflikt in der Schule oder in der Familie geben. Damit solche Gedanken nicht unnötig in ihnen arbeiten, muss man sie in Gesprächen relativieren: »*Ich habe das Gefühl, du machst dir Sorgen und glaubst, dass es etwas mit dir zu tun hat. Stimmt das?*«

Die bereitwillige Übernahme von Verantwortung und der Hang zu Selbstkritik werden später beim Heranwachsenden zu einer großen Stärke: Konflikte entstehen durch Senden und Empfangen von Informationen durch alle Beteiligten. Den Eigenanteil erkennen zu können, eröffnet Handlungsmöglichkeiten, wo sonst nur Ärger, Frustration oder Anklagen wären. Hochsensible Kinder können also diese anfängliche Schwäche, die Neigung zu Schuldgefühlen, in eine große Stärke, nämlich Konfliktfähigkeit, verwandeln. Nicht selten werden sie schon in jungen Jahren zu Streitschlichtern in Klassenverbänden.

Alles, was über Streit und Konflikte hinausgeht und zu Mobbing wird, bedarf jedoch der Hilfe von außen.

Praxisvorschlag: Wie spreche ich mit dem Lehrer über Mobbing?

Eltern sind in der Regel selbst sehr verletzt und fühlen sich oft hilflos, wenn ihr Kind zur Zielscheibe von Mobbing wird. Dennoch ist es nötig, dass Sie das Gespräch mit dem Lehrer suchen und um Unterstützung bitten. Dabei können Sie diese Gespräche aus einer Position der Stärke heraus angehen, selbst wenn Sie sich in dem Moment insgeheim ebenso schwach oder verunsichert wie Ihr Kind fühlen.

Auch wenn Ihr Kind augenscheinlich das Opfer sein mag, die Möglichkeit offenzulassen, dass es selbst auch etwas dazu beiträgt (*»Haben Sie beobachtet, was mein Kind tut, um das eventuell zu provozieren?«*), eröffnet eine souveräne Haltung. Erstens kann das tatsächlich der Fall sein und zweitens bleibt dem Lehrer so Raum, seine Beobachtungen mitzuteilen. Seine Wahrnehmung ist gefragt, es wird Wertschätzung ausgedrückt und Druck herausgenommen – gleich zu Beginn des Gesprächs.

Im Weiteren sollte man klarmachen, dass die Auswirkungen des Mobbings auf das Kind nicht akzeptabel sind: *»Mein Kind leidet/hat morgens Bauchschmerzen/hat Angst zur Schule zu kommen. Was können wir gemeinsam dagegen unternehmen?«*

Außerdem hilft es klarzustellen – wenn dem tatsächlich so ist – dass alle Beschwerden am Wochenende wie weggeblasen sind. Somit hat das Problem dann eindeutig mit der Schule zu tun.: *»Ich* *kann als Mutter/Vater mein Kind stärken, was aber hier in der Schule passiert, darauf habe ich nur bedingt Einfluss. Was könnten Sie tun und was denken Sie, wie können wir Eltern Sie dabei unterstützen?«* Das signalisiert Ihre Kooperationsbereitschaft.

Verurteilen Sie andere Schüler nicht, nennen Sie zunächst keine Namen, sondern agieren Sie lieber aus einer konstruktiven Position heraus: *»Es gibt Kinder, die haben es möglicherweise im Moment selbst nicht leicht. Mir kommt es so vor, als ob sie ihren Kummer gerade an unserem Kind auslassen. Was glauben Sie?«*

Laut Beobachtungen von Lehrern gibt es tatsächlich immer mehr Kinder in problematischen Lebenssituationen wie Trennung der Familie, Scheidung, Gewalt oder Vernachlässigung, die ihre Not in die Schule mitbringen. Auch sie sind Opfer und brauchen verantwortungsvolle Erwachsene.

Mit einer lösungsorientierten, klaren Haltung der Situation und allen beteiligten Kindern gegenüber hilft man seinem Kind am meisten. Dazu braucht es erst einmal die Feststellung des Stands der Dinge, ohne dass das gemobbte Kind als Petze dasteht. Sie können mit dem Lehrer die nächsten Schritte klären: *Wollen wir kurzzeitig in e-Mail-Kontakt treten, wo ich Ihnen berichte, was passiert oder wie der Stand der Dinge ist? Ist es sinnvoll, mit den anderen Kindern zu sprechen? Sprechen Sie mit Ihren Kollegen, ob sie etwas beobachten?*

Und bei aller Klarheit ist es in einem solchen Gespräch auch authentisch, die Sorge um sein Kind und die eigene Betroffenheit über die Ereignisse sowie die Dankbarkeit für die zugesicherte Unterstützung des Lehrers offen zu zeigen.

In manchen Fällen, so wurde berichtet, ging nach einem solchen Gespräch der Erwachsenen geradezu ein Ruck durch das Kind, weil es sich endlich nicht mehr alleine mit dem Problem fühlte, weil endlich etwas geschah, auch wenn es zunächst nur die größere

Aufmerksamkeit des Lehrers sein mag. Selbst die Ausstrahlung des Kindes kann sich positiv verändern und dadurch in der Folge weniger Angriffsfläche bieten.

Vierte Fähigkeit:
Umgang mit Gefühlen und Impulskontrolle

Im Laufe der Kindheit und Jugend entwickelt sich auch mit Hilfe der Erziehung ein moralisches Empfinden, ein Wertesystem, das unser Tun und Handeln bestimmt. Die Psychologin Graznya Kochanska (1998) fand in zahlreichen Experimenten heraus, dass hochsensible Kinder weit häufiger als nicht hochsensible solch ein Wertesystem schon sehr früh verinnerlicht haben. Sie führt das auf deren Fähigkeit zurück, Geschehnisse intensiver wahrzunehmen, gründlicher zu reflektieren sowie ihr Verhalten zu hemmen.

Bereits im Alter von 3–5 Jahren lernen Kinder den Umgang mit ihren Gefühlen. Dabei ist entscheidend, wie ihre Bezugspersonen starke Gefühle aushalten, wie und ob sie Gefühle bewerten und ob sie ein gutes Vorbild in puncto Impulskontrolle abgeben. Es ist sehr bedeutsam, wie Kinder diese Entwicklungsphase verlassen, denn die in dieser Phase gebildeten Reaktionsmuster werden im Gehirn gespeichert und im weiteren Leben in ähnlichen Situationen als Verhaltensmuster abgerufen. Gerät man etwa in Wut, reagiert man dann mit alten gespeicherten Mustern wie ausflippen, beleidigt oder hilflos sein, anstatt geeignetere, erwachsene Verhaltensweisen anwenden zu können.

Mit Hilfe der Eltern können selbst sehr starke Emotionen akzeptiert und integriert werden. Ganz praktisch beruhigen sich die meisten Kinder am besten, wenn ihre Gefühle in Worte gefasst werden, wie ein Vater berichtet: »*[...] aber ich mache eigentlich jedes Mal die Erfahrung, dass O. das Gespräch hilft. Wenn ich ihr ein Formulie-*

rungsangebot mache für ihre Traurigkeit.« Andere Kinder werden durch Berührungen, Musik oder Rituale beruhigt, wieder andere brauchen einfach Zeit. Eltern berichten, dass sie ihr Kind in seiner größten Wut rückwärts zählen lassen oder es mit einem alarmierten »*Sei mal kurz still!*« aus der Wutspirale holen können.

Bestrafungen umgehen

Bei begangenen Fehlern, welcher Art auch immer, neigen hochsensible Kinder dazu, sehr unglücklich zu sein, eine große Reue zu empfinden und sich selbst zu bestrafen. Wenn Eltern dann auch noch auf einer Strafe bestehen, vielleicht um konsequent zu bleiben, wirkt sich das sehr kontraproduktiv aus: Dieses Zuviel an Bestrafung drücken die Kinder durch überschießende Reaktionen wie unkontrollierte Wutanfälle, Weinen oder Zittern aus, durch aufbrechenden Hass oder starke Gefühle der Ohnmacht.

Befragte Eltern bestätigten, dass Strafen sehr viel kaputt machen und sie instinktiv darauf verzichten würden. Bei vorher bekannten logischen Konsequenzen könnten die Kinder im Vorhinein sehr gut selbst abschätzen, ob sie ein Risiko eingehen wollen. Sollen Kinder folgen, ist die Wirkung einer vertrauensvollen und respektvollen Beziehung immer vorzuziehen. Das führt viel eher zum Ziel als Strafe.

Der kleine Max (6) hörte bei seinem Vater gar nicht mehr – der Vater hatte viel Stress und war oft ungeduldig und auch ungerecht zu seinem Sohn. Die Mutter dagegen erlebte gerade eine sehr stimmige Phase mit ihrem Kind. Bei derselben Anweisung, »Max, zieh dich bitte an, wir gehen«, reagierte der Junge verweigernd beim Vater und kooperativ bei der Mutter.

Natürlich gibt es Situationen, wo das Kind vollkommen unkontrolliert wütend, enttäuscht oder traurig reagiert. Die von Aron befragten Eltern gaben an, dass man nach ihrer Erfahrung solchen Eskalationen vorbeugen kann, indem man altersentsprechende, eindeutige Regeln aufstellt und dabei schon im Vorfeld die Bedürfnisse des Kindes berücksichtigt.

Familienregeln gemeinsam aufstellen

In meinen Interviews zeigte sich, dass Eltern ihren hochsensiblen Kindern ganz instinktiv ein großes Mitspracherecht einräumen. Sie diskutieren viel – innerhalb eines Rahmens, der vorher festgesetzt wurde. Familienregeln, die fair sind und gemeinsam zum Wohle aller ausgehandelt wurden, stehen dann fest und brauchen später kein neuerliches Hinterfragen oder Verhandeln. Sie bieten allen Familienmitgliedern eine stabilisierende Vorhersehbarkeit und wichtigen Orientierungsrahmen. Eltern stellen ein friedliches Zusammenleben sicher, indem sie sich selbst an die Familienregeln halten (Vorbild), ihren Kindern vertrauen, dass sie sich daran halten (Positive Erwartung) und ihnen Zeit geben, um die Regeln zu befolgen (Berücksichtigung des kindlichen Alters), denn:

Auf spontane Planänderungen flexibel zu reagieren ist nicht unbedingt eine Stärke hochsensibler oder hochbegabter Kinder. Sie profitieren daher besonders von festen Regeln und Strukturen. Wenn sie mit einer geliebten Tätigkeit überraschend aufhören müssen oder wenn ein Ortswechsel verlangt wird, kommt ihnen ein zeitlicher Vorlauf sehr entgegen. Darüber hinaus haben sie oft das Bedürfnis, das Kommende in Gedanken durchzuspielen und **möchten** nicht von neuen Situationen überrascht werden.

So manche vermeintliche Überreaktion lässt sich vor diesem Hintergrund besser verstehen: Sie zeigt uns, dass sich das Kind in dem Moment überfordert fühlt. Mit einem zeitlichen Vorlauf, rechtzeitigen Ankündigungen und Vorbereitungen passiert das nicht. In einem von den Eltern festgesteckten Rahmen, der die Emotionen und Bedürfnisse der Kinder berücksichtigt, kann der Heranwachsende sich zuverlässig orientieren und auf seine Eltern gerne hören. Das erspart so manche Machtkämpfe und lässt der Familie viel mehr Energie für die schönen Dinge des Lebens.

Vom frühen Abstraktionsvermögen und Achtsamkeit profitieren

Immer wieder kommt es zu unvorhersehbaren Situationen, die nicht vermieden werden können. Wenn das beim Kind zu starken Reaktionen führt, so dürfen diese zwar sein, nicht jedoch das Kind und die ganze Familie beherrschen. Lernprozesse werden dann wichtig, wie das Abstrahieren von der eigenen Person, die Einbettung in die Gemeinschaft und Strategien, um beides in Einklang zu bringen.

Dazu braucht es eine »nicht wertende Beobachtung des eigenen Verhaltens und, dem vorausgehend, der eigenen emotionalen Befindlichkeit. Dazu bedarf es einer Distanzierungsfähigkeit, zu der Schülerinnen und Schüler aus Sicht der Entwicklungspsychologie spätestens ab dem elften Lebensjahr in der Lage sind.«[49]

---

49 Kaltwasser, 2008, S. 26

Dieses **Abstraktionsvermögen** bilden hochsensible Kinder häufig schon sehr früh aus. Das eröffnet ihnen die Möglichkeit, über ihre Gefühle zu siegen. Ihre starke Emotionalität im frühen Kindesalter wird durch ihre hohe Fähigkeit zur Reflexion wieder ins Gleichgewicht gebracht. Mit Hilfe von Erwachsenen zu lernen, sich selbst zu beruhigen, ist eine wichtige Leistung der Persönlichkeitsbildung, die erst mit einem stabilen Selbstwertgefühl und realistischer Selbstbewertung möglich wird.[50] Alles, was bis dahin an Persönlichkeitsbildung stattfand, wird dazu benötigt. Für Hochsensible hat dieser Prozess oft einen besonderen Spannungsbogen, da sie ein stabiles Selbstwertgefühl oft erst mühsam entwickeln müssen, andere Fähigkeiten wie Abstraktionsvermögen oder auch Empathie ihnen jedoch oft in die Wiege gelegt sind.

Im Allgemeinen sind Impulskontrolle und Frustrationstoleranz heute bei Kindern schwächer ausgebildet. Die Oberstudienrätin und psychologischer Lehrercoach Vera Kaltwasser führt das auf die allgemeine Tendenz zurück, Bedürfnisse schnell zu befriedigen, anstatt sich für einen mühsamen Triebaufschub zu entscheiden, der das Erlernen der Frustrationstoleranz ermöglichen würde. Was sich zum Erlernen dieser Fertigkeiten sehr bewährt hat und worauf Kaltwasser und andere hinweisen, ist **Achtsamkeit**. »*Im Grunde genommen ist Achtsamkeit ein ziemlich einfaches Konzept. Seine Kraft liegt in der praktischen Umsetzung und Anwendung. Achtsamkeit beinhaltet, auf eine bestimmte Art und Weise aufmerksam zu sein: bewusst im gegenwärtigen Augenblick und ohne zu bewerten.*« (Jon Kabat-Zinn)[51] Kaltwasser hat ein wirksames Achtsamkeitstraining für Schulkinder entwickelt, das an einem Frankfurter Gymnasium zunächst als Studie, dann als fester Bestandteil des pädagogischen Konzepts Einzug gehalten hat. Es wird im nächsten Kapitel zur Sprache kommen.

---

50 Roth, 2011, S. 53 ff.

51 Kaltwasser, 2008, S. 21

Achtsamkeit in der Erziehung wie auch sich selbst gegenüber ist schon allein wegen der Vorbildfunktion gar nicht hoch genug einzuschätzen: Wie ist mein persönliches Verhältnis zu Wut und Affekten? Kann ich sie zulassen – auch bei meinem Kind? Bin ich ein Vorbild darin, meine Gefühle und Impulse zu kontrollieren? Nichts wirkt so stark wie unser Vorbild! Die elterlichen Reaktionen vermögen, wie schon beschrieben, allzu starke Gefühle zu neutralisieren, abzumildern oder umzulenken. Achtsamkeit ist vor allem eine große Hilfe bei Stress und kann bei Kindern, die einerseits schnell in Stress geraten und andererseits ihre Körpersignale sehr deutlich lesen können, sofern man sie dazu ermutigt, das geeignete Mittel der Wahl sein. Einige Adressen dazu finden Sie im Anhang.

Mit Hilfe von Emotionen motivieren

Die größere Bandbreite und Intensität der Wahrnehmung hochsensibler und hochbegabter Kinder kann auch genutzt werden, um gezielt Aufmerksamkeit herbeizuführen und differenzierte Ausdrucksmöglichkeiten zu entwickeln. Ist das Kind zum Beispiel mit Worten schwer zu erreichen, kann man durch leichte **Berührungen** oder visuelle Reize Botschaften übermitteln. Ein bloß gerufenes »*Putz dir bitte die Zähne!*« beispielsweise wirkt viel weniger motivierend, als wenn man das Kind beim Sprechen berührt und freundlich ansieht.

Mit **Musik** kann man viele Kinder gut ansprechen. Sie kann dazu dienen, Rituale einzuleiten, Aktionen zu beschleunigen, Lernprozesse zu aktivieren und Interesse zu wecken oder auch, positive Stimmungen hervorzuholen, indem man positive Gefühle mit einem entsprechenden Lied ankert. Sie kann auch Trost und Sicherheit vermitteln. Als Beispiel sei hier das Lied »*Heile, heile Gänschen*« erwähnt, das dem Kind, das sich gerade wehgetan hat, suggerieren soll, alles sei bald wieder in Ordnung. Musik ist gerade für hochsensible Kinder eine einzigartige Quelle der Freude und Motivation und kann sogar mit geistigen Anforderungen verknüpft werden: »(...) *Die modernen Neurowissenschaften, die Lernpsychologie und selbst die Merktechniken antiker Redner bezeugen, dass ein sinnliches Lernen über Rhythmus, Klang und das Erfahren des eigenen Körpers und der eigenen Stimme die besten Ergebnisse erzielt. Das gilt für jede Art von Inhalt, den man mit Musik leichter, nachhaltiger und vor allem mit mehr Freude lernt. Das liegt daran, dass nicht nur die analytisch-sprachlichen Potenziale (linke Hirnhemisphäre) der Kinder aktiviert werden, sondern auch die visuell-emotionalen (rechte Hirnhemisphäre).*«[52]

Das überaus erfolgreiche Bildungsprojekt ›Junge Dichter und Denker‹ macht sich diese Tatsache auf spielerische Art und Weise zu Nutzen. Dabei werden alle möglichen Lerninhalte wie diverses Vorschulwissen, das Einmaleins bis hin zu deutschen Literaturklassikern von Kindern gesungen und gerappt. Über Emotionen bleiben die Inhalte einfach gut im Gedächtnis und entfachen Begeisterung.

> Herr Z. erzählt:
>
> »*Meine Tochter (7) hatte es sich zum Sport gemacht, den ›Erlkönig‹ von Goethe in dem gleichen Tempo wie die Kinder auf der CD mitsingen zu können und hat keine Ruhe gegeben, bis sie nicht alles genau so ohne Stocken mitrappen konnte.*«

Das ging ganz vielen so, denn: ›Junge Dichter und Denker‹ schaffte sogar einen Eintrag ins Guinessbuch der Rekorde, als 1.650 Kinder den ›Erlkönig‹ gleichzeitig rappten.

»*Die Idee, mit Musik zu lernen, von der Poesie bis zur Mathematik den Lehrstoff musikalisch zu verpacken, damit Lernen wieder Spaß macht, ist so*

52 Vgl. http://jdd-musik.de/ueberuns/

überzeugend wie genial – genau wie die Jungen Dichter und Denker.« sagt Thomas D, Musiker der Gruppe Die Phantastischen Vier und Mentor des Projekts.

Neben Musik kann man bei sensiblen Kinder auch ihren Hang zu schrägem Humor wunderbar zur Motivation und Inspiration einsetzen. So berichtet die Lehrerin einer Hochbegabtenschule aus Colorado, dass sie, um eine unliebsame Handlung einzuleiten, zum Beispiel mit einem albernen Akzent sprechen würde, was »*die Schüler förmlich zwingen würde mitzumachen*«.[53]

Die Mutter eines hochbegabten Jungen berichtete, ihr Sohn (16) würde es lieben, in Mittelaltersprache zu sprechen oder sie auf Latein zu »beschimpfen«.

Und Frau R. berichtet von ihrem Familienhumor:

»Wir lieben Loriot und auch H. P. Kerkeling – die Kinder verstanden diesen Humor schon von ganz klein auf. Monthy-Python-Filme oder ›The Simpsons‹ ebenso. Ich finde, diese Art von Humor bedient irgendwie Herz und Verstand und verzichtet auf plattes Lächerlichmachen oder Schadenfreude. Das gefällt uns allen sehr.«

Petra Moira Schmidt, Inhaberin der Praxis »Raum für neues Lernen«[54] bestätigt:

»Lachen ist nachweislich das beste Entspannungsmittel – wo gelacht wird, ist kein Raum für hochsensible Grübeleien, depresssive Verstimmungen und Ängste, deswegen haben Humor und Lachen in unserer Arbeit einen besonderen Stellenwert.«

Mathias Jeschke liefert mit seinem Kinderbuch »Der Wechstabenverbuchsler« ein herrliches Beispiel dafür, wie viel Spaß **Sprache**

53 Zitiert in: Trappmann-Korr, 2011, S. 73

54 http://www.lernberatung-und-training.de

machen kann, besonders Kindern, die den humorvollen Umgang mit Sprache und die lustigen Versprecher ganz besonders lieben und zum Anlass nehmen, die Worte weiterzuspinnen, eigene Versprecher zu produzieren und Buchstaben bewusst zu setzen: »*Ja, faumle ich balsch herum, reche ich sprichtig herum. Wie eine Mederflaus wenn die krechen spönnte.*«[55]

Fünfte Fähigkeit: Selbstberuhigung und Umgang mit Stress

Die Resilienzforschung identifiziert Stress eindeutig als *den* krankmachenden Faktor. Eine gereifte Persönlichkeit vermag sich selbst zu schützen, um sich psychisch gesund zu halten. Die gerade auch für die Schule sehr wichtige Kompetenz der Selbstberuhigung ergibt sich fast von selbst, wenn die Persönlichkeitsentwicklung bis dahin geglückt ist. Das zur Stressbekämpfung nötige Abstraktionsvermögen entwickeln hochsensible Kinder in der Regel früher als normal sensible. Und das erforderliche positive Selbstbild haben sie, wenn es gut ging, durch eine positive Erwartungshaltung seitens der Eltern früh aufgebaut.

Weil Stress bei hochsensiblen Kindern rascher einsetzt, haben sie in der Regel auch früh lernen müssen, sich selbst zu regulieren. Sie verfügen dann über Wahlmöglichkeiten, sind ihren Stimmungen nicht hilflos ausgeliefert und falls doch einmal, wissen sie, dass auch das zu ihnen gehört und vorbeigeht. Sie betrachten sich selbst mit nüchternem Blick und kennen ihre Grenzen. Dabei zeigen schon von klein auf alle Kinder die Tendenz, sich selbst zu helfen. Und wenn sie diesen Instinkt weiter ausbilden durften, macht sich das später sehr bezahlt. Hochsensible Kinder stehen im Allgemeinen in sehr

---

55 http://www.mathiasjeschke.de/bücher/bücher-für-kinder/

gutem Kontakt zu ihrem Körper. Ihre Empfindungen manifestieren sich oft körperlich, und wenn ihnen etwas nicht gut bekommt, sei es psychischer, physischer oder geistiger Art, können sie schnell psychosomatische Beschwerden entwickeln. Diese vermeintliche Schwäche ist in Wahrheit eine Stärke. Ihre innere Stimme fordert nämlich dann die Einheit von Körper, Geist und Seele ein und trägt dadurch zur Stärkung der Resilienz bei. Viele der befragten Eltern bestätigten, dass sie diese großartige Fähigkeit ihrer Kinder identifiziert und anerkannt hätten.

Hochsensible Kinder haben nicht nur nach außen, sondern auch nach innen ganz feine Antennen und spüren instinktiv, was ihnen guttut. Mit Hilfe der Erwachsenen kann diese Gabe gepflegt und immer besser genutzt werden. Ein Mensch, der schon von sich heraus die starke Tendenz hat, die Teilbereiche Körper, Geist und Seele aufeinander abzustimmen, kann über diesen Mechanismus gezielt positiven Einfluss auf sich selbst nehmen. Wenn ein hochsensibles Kind ein psychisches Problem hat, beeinflussen vitalstoffreiche Ernährung, Sport und Bewegung an der frischen Luft den Körper so positiv, dass das rasch auf die psychische Situation einwirken kann. Ebenso kann sich ein geistiges Problem, etwa Unterforderung in der Schule, schnell körperlich niederschlagen. Passende Anforderungen und Ermutigung stellen die Balance wieder her und beseitigen dann auch körperliche Beschwerden. Hat ein hochsensibles Kind ein Schulproblem *und* Bauchschmerzen, so erkennt es vielleicht durch Achtsamkeit, dass beides zusammenhängt. Ohne Achtsamkeit kann es länger dauern, die Zeichen richtig zu deuten. Damit diese Stärke unserer hochsensiblen Kinder voll zur Geltung kommen kann, muss das enge Wechselspiel von Körper, Geist und Seele anerkannt werden.

Laut Roth bestehen die drei Grundsysteme der Persönlichkeit aus der Stressverarbeitung, der Selbstberuhigung und der Selbstbewertung. Erst dann könnten sich Impulskontrolle, Bindung, Empathie und Realitätssinn herausbilden. Genau diese drei Grundsysteme sind bei hochsensiblen Kindern wegen ihrer verstärkten Reizoffenheit, des leicht zu erschütternden Selbstbildes, ihres Hanges zu Selbstzweifeln und Perfektionismus zwar zunächst anfälliger, danach aber umso stabiler. Das Muster bleibt immer das Gleiche: Nach anfänglichen Schwierigkeiten sind hochsensible Menschen bei richtigem Umgang mit ihrer Anlage später umso stärker.

Die höhere Resilienz bestätigte auch Elaine Aron und kam zu dem Schluss, dass hochsensible Kinder im Kleinkindalter zwar viel mehr Anleitung zur Selbstberuhigung benötigten als normal sensible[56], sie dafür ab Schulkindalter umso schneller zur Selbstregulierung fähig werden und mit viel Kreativität unerwartete Lösungen entwickeln würden.

> Frau E.: *»Ich halte es für sehr notwendig, die Gefühle und auch Körpersymptome des Kindes ernst zu nehmen und mit ihm darüber zu sprechen. Außerdem ist es für mich wichtig, meinem Kind zu vermitteln, dass es so wie es ist, richtig ist! Weiterhin ist für mich sehr wichtig, dass das Kind seine Bedürfnisse wahrnimmt und sie auch äußern und erfüllen kann. Wichtig finde ich auch, darauf zu achten, dass das Kind Rückzugsmöglichkeiten hat oder ihm welche zu schaffen.«*

---

56 Aron, 2011, S. 280 ff.

Im Umgang mit besonders sensiblen Kindern scheint es die herausragende Aufgabe zu sein, ihnen beizubringen, wie sie auf ihre Bedürfnisse hören lernen, und wie sie auf ihre Gefühle und Stimmungen Einfluss nehmen können. Kaltwasser weist darauf hin, dass Kinder diese Chance auf sich selbst zu hören, also achtsam zu werden, noch vor Einsetzen der Pubertät ergreifen sollten, bevor das altersgemäße Chaos im Kopf überhand nimmt und womöglich problematische Strategien gewählt werden, um der jugendlichen Stressanfälligkeit und dem Gedankenkarussell zu entgehen, wie etwa mit erhöhtem Computerkonsum oder anderen Formen der Realitätsflucht.[57] Anfänglich brauchen hochsensible Kinder dabei ihre Eltern oder andere Bezugspersonen, die für sie auf die Wahrung ihrer Grenzen achten. Verfügen sie noch nicht über einen ausreichenden Selbstschutz, so benötigen sie eine Tagesstruktur – auch zur Sortierung ihres überaus reichen Innenlebens –, mit vielen Regelmäßigkeiten und Hilfen zur Selbstorganisation.

Rituale sind dabei von unschätzbarem Wert und spielen in allen Familien, die ich interviewt habe, eine wichtige Rolle. Sie geben Sicherheit und sind stets vorhersehbar – Wohltaten für die hochsensible Seele. Schwierige Übergangssituationen werden durch Routinen und Rituale leichter, denn viele negative Gedanken und Gefühle kommen dann gar nicht erst auf, weil ein erfreuliches und sinnvolles Verhalten schon automatisiert worden ist.

Familie H. mit zwei Kindern:

»Wir genießen unser Sonntagsfrühstück und machen es uns ganz gemütlich. Wenn unsere Kinder woanders übernachten oder morgens einen Termin haben, kann es dann schon mal Tränen geben, wenn sie nicht dabei sein können; unsere Couch ist Rückzugsmöglichkeit und Kuschelort: Wenn

---

57 Kaltwasser, 2008, S. 49–51

es jemandem nicht gutgeht, er oder sie getröstet werden muss oder sich wehgetan hat, gehen wir zur Couch; singen zur Beruhigung oder zum Trost oder um Quatsch zu machen.«

Herr O. mit einer Tochter:

»Ein rhythmisierter Alltag verhilft [...] zur Ausgeglichenheit und scheint mir das beste Mittel zur Deeskalation. Ausreichend Schlaf, Ruhepausen, rechtzeitige und als Familie gemeinsam eingenommene Mahlzeiten helfen ihr zur Ausgeglichenheit. Wir lachen viel miteinander, wir tanzen und singen, manchmal malen wir mit der ganzen Familie.«

Selbstwirksam und stark kann werden, wer von sich aus Herausforderungen annimmt. Um wirklich zufrieden und motiviert zu sein, müssen allerdings die unbewussten Motive mit den bewussten Zielen übereinstimmen. Dann ist der Erfolg an sich schon Belohnung genug und äußere Belohnung ist nicht mehr nötig.[58] Über Belohnung wäre zwar kurzfristig etwas zu erreichen, doch es wird dabei ein ungünstiger Mechanismus trainiert, nämlich: Ich tue etwas – auch gegen meinen Willen – und bekomme dafür etwas. Bei diesem Tauschgeschäft lernt das Kind nicht einzuschätzen, was es selbst will, wofür es sich anstrengen möchte, wo es sich überwinden möchte, um Notwendiges zu erledigen, kurzum, welchen Einsatz es für welches Ziel selbst erbringen will.

Man könnte entgegnen: Das Kind hat sich anzupassen, denn schließlich soll der Alltag auch für die Eltern funktionieren. O.k., für manche Situationen muss das sicher so sein. Geht es aber darum, die Selbstwirksamkeit des Kindes zu unterstützen und zwar auf lange Sicht – es soll ja später in der Ausbildung oder im Studium auch ohne unsere Belohnung motiviert sein –, so sind Belohnungen eher kontraproduktiv.

---

58 Roth, 2011, S. 90

In manchen Fällen jedoch sind kleine, als Ausnahme gekennzeichnete Belohnungen zur Motivation Hochsensibler sehr sinnvoll: Wenn es darum geht, sich zu überwinden, um etwas Neues auszuprobieren. Denn hochsensible Kinder haben oft sehr viele Bedenken und Unsicherheiten, die sie eventuell zurückschrecken lassen und sie daran hindern können, neue positive Erfahrungen zu machen. Eine kleine in Aussicht gestellte Belohnung kann helfen, diese Hürde zu überwinden.

III

HOCHSENSIBEL STARK UND ERFOLGREICH IN DER SCHULE

»Auf die Entfaltung der Persönlichkeit hat jeder Mensch kraft seiner Menschenwürde ein unverlierbares Recht.«

Oswald von Nell-Breuning

VORAUSSETZUNGEN GELINGENDEN LERNENS

Die Bedeutung des Hattie-Reports

Die weltweit einzigartige Studie ›Lernen sichtbar machen‹ (2009, auf Deutsch 2013)[59] des Australiers John Hattie, Professor für Erziehungswissenschaften, ist ein wahrer Meilenstein in der Geschichte der Bildungsforschung. In 15 Jahren Forschungsarbeit an der University of Melbourne fand Hattie auf einer Datenbasis von sage und schreibe 50.000 Einzelstudien heraus, welche Faktoren auf das Lernen Einfluss nehmen und wie sie zueinander in Beziehung stehen. Als Extrakt seiner XXL-Studie konnten insgesamt 138 Lerneinflüsse identifiziert und nach ihrer Wirksamkeit klassifiziert werden.

Die nach Hattie wirkungsstärksten Einflüsse für den Lernerfolg sind:

- Vorwissen der Schüler,
- Strukturiertheit und klar definierte Regeln im Unterricht,
- Unterrichtsklima/Lehrer-Schüler-Beziehung,
- aktivierende Lernstrategie,Fördermaterialien für schwächere und stärkere Schüler, Feedbackmaßnahmen, die über die Notengebung hinausgehen,

59 Nach »Lernen sichtbar machen« geht »Lernen sichtbar machen für Lehrpersonen« (2014) noch einen Schritt weiter und leitet aus den Forschungsergebnissen ganz konkrete Handlungsempfehlungen für Lehrpersonen ab.

- systematische Elternarbeit (Impulse zu mehr Interesse, bejahender Haltung, Empathie für schulische Belange und Belastungen, Hilfe bei Erziehungsunsicherheit).

Als die eindeutig wirkungsschwächeren Einflüsse erwiesen sich ausgerechnet die strukturellen und immer wieder diskutierten Faktoren:

- Nichtversetzung,
- Klassengröße,
- Lerngruppenhomogenität,
- offene Arbeitsformen,
- jahrgangsübergreifender Unterricht u. Ä.

John Hattie kristallisierte zwei Haltungen heraus, die sicher zum Erfolg führen:

- Erfolgreiches Lernen bedeutet Unterrichtsgestaltung mit den Augen der Lernenden. Dazu gehört die Kompetenz von Lehrpersonen, sich in die Lernprozesse hineinzuversetzen und diese aus der Sicht der Schüler wahrnehmen zu können (Empathie): »*If the teacher's lens can be changed to seeing learning through the eyes of students, this would be an excellent beginning.*«[60]
- Erst wenn Lernprozesse der Schüler für den Lehrer sichtbar sind, d. h. wenn bekannt ist, welchen Effekt man erzielt – »visible learning« –, kann dieser sein Lehren darauf ausrichten und es optimieren. Ebenso wie Schüler ein gehaltvolles Feedback mit dem Impuls zum Weitermachen brauchen, benötigt die Lehrkraft eine Evaluation.

Hattie führt außerdem den Nachweis, wie wichtig Persönlichkeit und Verhalten des Lehrers sind:

---

60 Hattie, 2009, S. 252

- Statt immer neuer Strukturen im Schulwesen kommt es auf starke, selbstwirksame Lehrer mit großer Vorbildfunktion, mit Führungsqualitäten und Verständnis für die Lernprozesse und für die einzelnen Schülerpersönlichkeiten an.
- Der Lernerfolg hängt maßgeblich davon ab, wie stark das Lehren auf die Lernenden abgestimmt wird: »*Im Zentrum steht ein Lehrer, für den allerdings seine Schüler im Zentrum stehen. Er muss ihr Lernen sehen können, um sein Lehren daran orientieren zu können.*«[61]
- selbstkritische Auseinandersetzung mit der eigenen Arbeit durch Schülerfeedback, Lernstandserhebungen, gegenseitige freiwillige Lehrerhospitationen, kollegialen Austausch und Reflexion über den eigenen Unterricht.

Die Ergebnisse des Australiers John Hattie sind auf große Teile der westlichen Welt anwendbar, »*richtet sich doch auch in 3/4 aller europäischen Schulen [...] der Unterricht noch immer nicht an den Impulsen und Bedürfnisse der Schüler aus – für die der Unterricht paradoxerweise doch sein soll! –, sondern am Lehrplan.*«[62]

Die Aussagekraft von Schulnoten

Ganz pauschal verbindet man Schulerfolg mit guten Noten. Sie sind die Eintrittkarte in die Berufswelt, in Universitäten und sonstige Bildungseinrichtungen. Aber sind künftige Arbeitgeber wirklich so gut beraten, die Qualifikation der jungen Menschen anhand ihrer Noten zu beurteilen, und bekommen Universitäten mit dem Numerus clausus tatsächlich die für ein Studium am besten Geeigneten? Vielleicht ja, vielleicht aber auch nicht. Schulerfolg könnte auch so

61 Felten, 2014

62 Corinna Sporer, Lernen fürs Leben. In: Gehirn & Geist, Nr. 3, S. 46

definiert werden, dass sich mit dem Gelernten ein Wissenszuwachs verbindet, der dauerhaft im Langzeitgedächtnis verankert bliebe. Doch wie nachhaltig ist dieses Wissen tatsächlich? »*In jedem Fall dürfte die qualitative und quantitative Darbietung des Stoffes darüber mitentscheiden, wie viel wir ins Langzeitgedächtnis mitnehmen.*«[63] Wie gut und detailliert wir uns erinnern, ist häufig an Emotionen geknüpft, mit deren Hilfe Wissen schneller aufgerufen werden kann. Gefühle entscheiden darüber mit, wie gerne wir in die Schule gehen und wie erfolgreich wir sind. Daher können Noten nicht eins zu eins als Maßstab für Intelligenz betrachtet werden.

Über die Wirkung von Noten wird viel diskutiert. Nach heutiger Meinung sind sie nun einmal das Kriterium, das Schulerfolg messbar und vergleichbar macht. Sehr viele Kinder wollen Noten haben. Doch diese bewerten eine vermeintlich rein kognitive Leistung, in die aber kognitive *und* emotionale Größen mit einfließen. Die gewünschte Vergleichbarkeit ist somit nur teilweise gegeben. Deshalb ergänzen manche Lehrer ihre Noten mit einem persönlichen Feedback. Dadurch ist die Beurteilung mehr als eine Zahl und erleichtert es dem Schüler, sich realistisch einzuschätzen. Diese Art des Feedbacks gibt überdies weitere Impulse zur Motivation, wie auch John Hattie festgestellt hat. Noten stellen eine Konkurrenzsituation zwischen den Schülern her, die im positiven Fall natürlich Quelle der Motivation ist. Es gibt jedoch Kinder – und hochsensible gehören oft dazu –, für die bedeutet Wettkampf Stress, der sich leistungsmindernd auswirkt. Noten sind also nicht immer Ansporn. Besonders bei manchen hochbegabten Schülern ist zu beobachten, dass sie Noten nicht als Kriterium anerkennen.

Grundschullehrer berichteten, dass sich mit der Einführung der Notenvergabe ab der 3. Klasse die Atmosphäre im Klassenraum schlagartig ändert und der allgemeine Druck steigt. Schlimmer

---

63 Roth, 2011, S. 311

noch sei der Übergang in die 5. Klasse. Ein unbefangenes Arbeiten sei dann kaum noch möglich, denn sie sähen sich fortan damit konfrontiert, dass sich die Kinder bei ihnen gut verkaufen sollten. Von zu Hause würden sie oft dazu angehalten, nicht zu viele Fragen zu stellen, um sich nicht als Kind ohne Gymnasialempfehlung zu outen.

Die Problematik der Notenvergabe zeigt sich auch nach Abschluss der Schule. Zwar sind gute Noten Voraussetzung für den Eintritt in viele Bildungseinrichtungen, doch für den Eintritt ins Berufsleben werden zunehmend Kriterien der Persönlichkeit nachgefragt wie etwa Belastbarkeit, Problemlösungskompetenzen, Kreativität oder Selbstbewusstsein.

Psychologisches Geschick des Lehrers

Wie auch immer man Schulerfolg definiert – anhand einer gelungenen Persönlichkeitsentwicklung, guter Noten, eines möglichst umfangreichen Wissens – in jedem Fall wird dieser erst möglich, wenn der Schüler angstfrei lernen und sich entfalten konnte.

Dazu brauchen Schüler Lehrer, die sich auf sie einlassen können, die zu ergründen versuchen, warum der Schüler sich so und nicht anders verhält. Weiß er, dass sich der Klassenclown übers Quatschmachen dringend benötigte Aufmerksamkeit sichert? Dass eine Schülerin schon Albträume hat, wenn sie nur das Wort Mathe hört? Dass das hochbegabte Kind sich zurückgezogen hat, weil über seine Beiträge gelacht wurde? Warum der haltsuchende Schüler, dessen Vater gerade die Familie verlassen hat, sich nicht mehr konzentrieren kann? Und die schüchterne Schülerin, die panische Angst davor hat, rot zu werden und sich immer mehr in ihr Schneckenhaus verkriecht?

Doch auch wenn Theoretiker wie Lernpsychologen oder Neurobiologen sowie erfahrene Praktiker sich längst darüber einig sind, dass die Lehrerausbildung um die Vermittlung von psychologischen Kenntnissen erweitert werden müsste, ist die Umsetzung offensichtlich nicht so einfach. Stattdessen werden immer wieder Reformen auf den Weg gebracht, die einen Rattenschwanz an Bürokratie und täglichem Mehraufwand für den einzelnen Lehrer nach sich ziehen, kritisiert Michael Felten, seit 30 Jahren Gymnasiallehrer in Köln.[64] Dadurch fehlten Zeit und Energie für die wirklich wichtigen Dinge. Je sensibler und nachdenklicher ein Kind ist, desto mehr ist es auf einen wertschätzenden Lehrer angewiesen. Und damit sind selbstverständlich nicht nur die hochsensiblen Kinder gemeint, sondern all jene, die Rückschläge zu verkraften haben, die Selbstvertrauen verlieren oder die zu Hause und bei Gleichaltrigen kaum Rückhalt haben.

Die Frage ist, wie Interaktionen in der Schule erfolgreich gestaltet werden können. Es bringt nichts, die Verantwortung hin und her zu schieben. Meckernde, unzufriedene, fordernde, wenig Verantwortung übernehmende Eltern erziehen ebensolche Kinder. Ausgebrannte, unzufriedene, vielleicht sogar zynische Lehrer sind auch nicht bereit, Verantwortung zu übernehmen. Woher sollen die Kinder dann lernen, verantwortungsvoll zu leben?

In der schulischen Erziehung finden wir ähnliche Herausforderungen wie in der häuslichen. Eine gelingende schulische Entwicklung des Schülers umfasst auch hier:

- Selbstachtung und Motiviertheit,
- Beziehungsfähigkeit und Empathie,

---

64 Felten plädiert in seinen verschiedenen Publikationen und diversen Projekten aus praktischer Sicht für eine stärkere Beziehungskultur an Schulen und für starke Lehrerpersönlichkeiten.

- Selbstbestimmtheit und Realitätssinn,
- Umgang mit Gefühlen und Impulskontrolle,
- Selbstberuhigung und Umgang mit Stress – Selbstwirksamkeit.

Diese Fähigkeiten, deren Grundlagen im Elternhaus gelegt und die in der Schule weiterentwickelt werden, bilden die psychischen Voraussetzungen für den Schulerfolg.

Gelingende Persönlichkeitsentwicklung aller Schüler

Ein souveräner, selbstwirksamer Lehrer beeinflusst die Stimmung in der Klasse maßgeblich. Die meisten Schüler werden mit ihm kooperieren. Lehrer sind wichtige Vorbilder, weil sie eine ganze Gruppe erreichen und sich dadurch eine starke Dynamik entfalten kann. Bei sehr jungen Kindern ist es leichter, zum Vorbild zu werden, bei älteren müssen sich Vorbilder ihre Position schon erwerben.

Unsere hochsensiblen und/oder hochbegabten Kinder können eine Autorität oft nur dann als solche anerkennen, wenn sie sich als Vorbild eindeutig qualifiziert hat. Sie haben ein feines Gespür für Unstimmigkeiten, und viele von Ihnen neigen von klein auf dazu, Autoritäten zu hinterfragen. Wenn das, was sie wahrnehmen, und das, was ausgesprochen wird, nicht übereinstimmen, wird das Kind verunsichert oder wütend. Nach außen hin zeigen hochsensible und/oder hochbegabte Kinder ihre Irritationen ganz unterschiedlich deutlich: Von völligem Rückzug bis hin zu offener Konfrontation gibt es viele Reaktionsweisen.

Frau L. erzählt von ihrer 7-jährigen Tochter:

»Meine Tochter hat eine starke Beobachtungsgabe und ein sehr gutes Urteilsvermögen und stellt dadurch sehr große Ansprüche. Sie fühlt sich regelmäßig von einer Lehrerin provoziert, die die Schüler ihrer Meinung

nach nicht ernst nehme, ja sogar für dumm verkaufe. Sie begann, offen zu rebellieren: saß im Schneidesitz auf ihrem Stuhl, machte Quatsch und begann, die Lehrerin zu veräppeln. Mein Kind galt fortan als unangepasst und frech. Ich muss gestehen, dass ich die Wahrnehmungen meiner Tochter zutreffend fand und sie ihr nicht ausreden wollte, wohl aber habe ich versucht, ihr zu vermitteln, dass man seine Gefühle nicht immer so offen zeigen sollte.«

Dieses Beispiel zeigt, wie sehr die Beziehung zum Lehrer das Verhalten der Kinder prägt. Dabei kann der Lehrer durchaus die Souveränität aufbringen, sich selbst und sein Tun zu hinterfragen oder sich die Mühe machen, herauszufinden, warum das Kind sich so und nicht anders verhält.

In Beratungssituationen habe ich schon oft miterlebt, was Enttäuschungen über die mangelhafte Integrität eines Lehrers beim Kind anrichten: Es fühlt sich ohnmächtig, und die Gefühle des Ausgeliefertseins gehen tief. Bei hochbegabten ›Problemkindern‹ stellt sich im Laufe der psychologischen Diagnostik regelmäßig heraus, dass sie ihre Motivation und den Glauben an die Sinnhaftigkeit des Schulbesuchs auch dadurch eingebüßt haben, dass sie unfair behandelt wurden oder dass Versprechen regelmäßig nicht eingehalten wurden. Sollen alle Schüler ins Boot geholt werden, braucht es viel Feingefühl und Umsicht. *»Auch Psychologie gehört ins Klassenzimmer, nicht nur der Methodenordner! Und dafür schaffe ich mir Freiräume: mein Feingefühl zu schärfen, ein Bewusstsein zu entwickeln für die eigenen Gefühle beim Unterrichten wie auch die gefühlsmäßige Resonanz auf Schülerseite. Dann steigen auch die Chancen, dass mein pädagogischer Eros nicht länger in Missverständnissen, Ärger und Überforderung ertrinkt.«*[65] Diese Auseinandersetzung des Lehrers mit sich selbst kommt allen zugute, nicht nur den hochsensiblen und/oder hochbegabten Schülern. Fairness und Taktgefühl sind notwendige Investitionen

65 Felten, 2012, S. 41

in alle Schüler – keine unmäßig eingeforderten Sonderrechte einer Randgruppe. Und sie steigern auch die eigene Lehrzufriedenheit!

Verhalten hochsensibler und hochbegabter Schüler richtig einordnen

Da die Persönlichkeitsentwicklung der Schüler ein wichtiges Kriterium für gelingendes Lernen ist, braucht es von Lehrerseite die feste Überzeugung, dass Individualität die Gemeinschaft bereichert. Die Praxis zeigt, dass die Umsetzung nicht leicht ist und die innere Funktionsweise und das Erleben von hochsensiblen und hochbegabten Kindern nicht sehr bekannt sind.

Hochbegabung beginnt statistisch gesehen bei einem IQ ab 130. Betrachtet man ein hohes geistiges Potenzial eher als Teil der Persönlichkeit, dann spielt der genaue IQ gar nicht mehr so eine große Rolle. Fest steht, dass es ca. 15 % Hochsensible, jedoch nur 2–3 % Hochbegabte im engeren Sinne gibt. Es können also nicht alle Hochsensiblen auch hochbegabt sein. Aber auch ein Kind mit einem IQ von 120 weicht bereits mit 20 IQ-Punkten vom Durchschnitt ab, was sich unter Umständen in seinen Emotionen und in seinem Verhalten niederschlägt. Und ein Kind, das 20 Punkte unter dem Durchschnitt liegt, hat ebenfalls andere emotionale Bedürfnisse als die Mehrheit. Erst, wenn man ein tendenziell ganzheitliches Hochbegabungskonzept zugrunde legt – eines, das auch nach der psychischen Seite von besonderer Begabung fragt –, macht es Sinn, zusätzlich den IQ festzustellen.

Ob Lernen gelingt oder nicht, hängt nach Erfahrung der Lerntherapeutin Petra Moira Schmidt[66] bei ihren hochsensiblen

66 Auf der Homepage ihrer Praxis für Neues Lernen in Ottersberg hat Frau Schmidt die folgenden Informationen aus ihrer Erfahrung mit hochsensiblen Schülern bereitgestellt; http://www.lernberatung-und-training.de

Kindern immer wieder davon ab, wie sie behandelt werden, wie fair sich Lehrpersonen verhalten, wie gerecht es zugeht und wie authentisch sie Schule erleben.

Zum besseren Verständnis nun eine Reihe von **»typischen« Verhaltensweisen hochsensibler und hochbegabter Kinder**, die im Kontext der Schule wichtig sind. Sie sollen jedoch nicht als Checkliste verstanden werden. Worauf es wirklich ankommt, ist, den inneren Antrieb dieser Kinder zu begreifen. Aus diesem können durchaus unterschiedliche Verhaltensweisen folgen.

Je nach individuellem Temperament können hochsensible Schüler die **Tendenz zum Träumen** haben. Dies kommt daher, dass sie durch geistige, emotionale, sensorische oder zwischenmenschliche Reize oft sehr in Beschlag genommen werden.

Die ständige Reizaufnahme führt bei hochsensiblen Kindern dazu, dass sie **schnell unter Stress** stehen. Dies kann unterschiedliche Auswirkungen haben: So können sie entweder einen starken Bewegungsdrang entwickeln und dadurch zappelig wirken oder sie werden aggressiv oder aber sehr still und in sich zurückgezogen. Diese Schutzmechanismen der Kinder werden gelegentlich als AD(H)S missverstanden. Der entscheidende Unterschied zwischen ADHS und Hochsensibilität ist, dass sich hochsensible Kinder sehr gut konzentrieren können – wenn das Thema ihren Interessen entspricht.

Auch die Geräuschkulisse im Klassenraum kann hochsensible Kinder in ihrer Konzentration beeinträchtigen und sie daran hindern, ihre Leistungsfähigkeit zu entfalten.

Ein wichtiger Punkt ist die **mündliche Mitarbeit**, die aus mehreren Gründen häufig nicht gut ist: Tendenz zum Träumen, intensives Nachdenken, Schwierigkeiten, die Aufmerksamkeit einer großen Gruppe von Menschen auf sich zu ziehen. Hier kann man ihnen sehr helfen, indem man ihre Grenzen respektiert, ihnen aber auch behutsam hilft, diese zu erweitern. Das ist wichtig, denn diese Erfahrungen wirken sich bis ins spätere Berufsleben aus.

Ihr **ganzheitliches Denken** lädt sie dazu ein, die verschiedensten Aspekte eines Themas zu betrachten, was dazu führt, dass sie manchmal Dinge äußern, die für die anderen (noch) keinen Bezug zum Thema haben. Dadurch vermitteln sie den Eindruck, sie seien unkonzentriert, schwer von Begriff oder durcheinander. Ein empathischer Lehrer kann das entschlüsseln:

> Lehrerin an einer berufsbildenden Schule/Lerncoach aus Frankfurt:
>
> *»Interessanterweise haben viele Kolleginnen und Kollegen oft Probleme mit den Cleversten der Klasse – ohne dass die alle hochbegabt sein müssen (das weiß ich ja nicht immer). Sie reagieren auf spitzfindige Beiträge, indem sie die Schüler unterbuttern. Ich hingegen freue mich immer, wenn jemand um drei Ecken denken kann. Mir ist dann nur wichtig, dass ich das für die anderen Schüler ›übersetze‹ und sie mit auf die Reise nehme. Ich habe in meiner Klasse einen Schüler, der ›nur‹ einen IQ von 120 hat und so dermaßen konfuse und abstrakte Redebeiträge brachte, dass ihm gerade zu Beginn kaum jemand folgen konnte außer mir. In den Arbeiten hat er sich grundsätzlich verzettelt und eine 5 geschrieben, da er mit der Zeit nicht hingekommen ist. In den letzten anderthalb Jahren habe ich ganz kleinschrittig mit ihm daran gearbeitet und inzwischen ist er viel klarer und strukturierter und bringt einfach enorm gute Sachen in den Unterricht ein. Sogar seine Schrift ist ordentlicher geworden.«*

Das gründliche Nachdenken führt auch dazu, dass logische Widersprüche von diesen Kindern zwar schnell erkannt werden, dies dann aber zu Problemen führen kann:

> *»Zuletzt ergab eine empirische Untersuchung der Universität Münster, dass begabte Kinder mitunter gerade deshalb Lernschwierigkeiten entwickeln, weil sie besonders sensibel auf logische Widersprüche in der Orthografie reagieren. Ursache ist häufig auch eine asynchrone Entwicklung von*

Denkgeschwindigkeit und motorischer Umsetzungsfähigkeit – der Kopf ist einfach schneller als die Hand.«[67]

Auch kann der Kopf schneller als der Sprechapparat sein – manche Kinder stottern sogar vorübergehend.

Oder ihr **Perfektionismus** schlägt ihnen ein Schnippchen und hindert sie daran, sich spontan mündlich zu beteiligen.

Zudem werden sie **leicht verunsichert**, weil sie jedes Sich-Lustigmachen, jeder abwertende Blick sehr verletzen oder nervös machen kann, selbst dann, wenn das abwertende Verhalten nicht gegen sie selbst gerichtet ist, sondern gegen einen Mitschüler.

»Einfach nur zu reden, um Aufmerksamkeit zu bekommen, ist ihnen fremd. Bevor sie sich zu Wort melden, wollen sie ganz sicher sein, dass sie einen sinnvollen Beitrag leisten können. Sie melden sich zwar nur selten, können dann aber meistens einen qualitativ guten Beitrag leisten. Lehrern genügt das aber oft nicht, sie fordern zu mehr Beteiligung auf. Wenn aber jeder Verbesserung der mündlichen Mitarbeit die Erwartung der Lehrer nach noch besserer mündlicher Mitarbeit gegenübersteht, dann lassen die ständigen Anforderungen keine Zeit, sich über das Erreichte zu freuen und daraus Sicherheit zu gewinnen.«[68]

Häufig denken hochbegabte Kinder, dass die Lösung, die ihnen einfällt, unmöglich die richtige sein kann: Sie ist in ihren Augen doch viel zu naheliegend und zu einfach. Sie verkomplizieren daraufhin ihre Antwort und reagieren auf eine Frage, die sie dahinter vermuten. Bei Mitschülern und Lehrern kann dadurch der Eindruck entstehen, sie wären nicht bei der Sache oder hätten komische Ideen, obwohl das Gegenteil zutrifft: Sie haben sehr gründlich nachgedacht. Man kann sich vorstellen, wie blamiert sich das Kind dann fühlt, obwohl es eigentlich eine sehr gute Denkleistung vollbracht hat.

---

67 Christian Fischer, Clever, kreativ – erfolgreich? In: Geist & Gehirn, Nr. 3, S. 54

68 http://www.fuer--dich.de/Schuelerprobleme.html

Lerntherapeuten weisen darauf hin, dass herkömmliche Lerntechniken gerade bei besonders sensiblen Kindern nicht gut greifen. Viel besser könnten sie Aufträge bearbeiten, wenn kreative und visuelle Methoden angewandt werden und der Stoff abwechslungsreich dargeboten würde. Das bestätigen auch zahlreiche Lehrer, die Kunst in all ihren Ausprägungen erfolgreich zur Motivation einsetzen. Kunst setzt Gefühle frei, mit denen sich schneller denken lässt, Dinge besser gespeichert und schneller aufrufbar werden.

Das Gefühl von Zugehörigkeit schützt vor Stress, gibt Sicherheit, Mut und Zuversicht. Weil sich nun viele der hochsensiblen und hochbegabten Kinder anders verhalten, bieten sie körperlich oder verbal immer wieder eine Angriffsfläche – vor allem in unbeaufsichtigten Situationen wie z. B. den Pausen. Sie verhalten sich nicht nur anders, tatsächlich sind sie das ja auch. Sie begreifen schnell und müssen sich oft selbst beschränken, um nicht auffällig zu werden. Oft haben sie andere Interessen als die meisten Gleichaltrigen. Und sie haben oft auch einen für ihr Alter reifen Humor, den viele Gleichaltrige nicht verstehen und also auch nicht lustig finden. Auch weisen sie häufig eine Abgeklärtheit im sozioemotionalen Bereich auf, wodurch sie Spielchen durchschauen, Oberflächlichkeiten oder Unehrlichkeiten nicht nur erkennen, sondern sogar ansprechen und dadurch unbequem werden. Gelegentlich verhalten Sie sich wie ein belehrender oder wohlwollender Erwachsener, was dann schräg oder einfach seltsam wirken kann.

Wenn man genau hinschaut, kann man diese **Diskrepanz von geistiger und körperlicher Reife** manchmal geradezu sehen. Der Satz: »*Bei unserem Kind scheint ein alter Geist in einem kleinen Körper gefangen zu sein*«, begegnete mir bei den Interviews immer wieder. Man kann sich vorstellen, dass das schmerzlich sein kann. Aus diesem Grund lässt bei vielen hochbegabten Kindern das Gefühl des Zerrissenseins nach, wenn sie diesen inneren Widerspruch durch eine andere, besser zum Kopf passende Umgebung auflösen, etwa, indem sie mit älteren Kindern zusammenkommen oder wenn sie eine Klasse überspringen. Dies kann verhindern, dass das Kind sich allzu sehr verstellen muss:

»Ein Ausnahmetalent konnte bereits vor der Einschulung fließend lesen. Zwei Wochen nach seinem Schuleintritt las das Kind dann auf einmal stockend. Auf meine Frage, wieso ihm das Vorlesen plötzlich offenbar schwerfalle, antwortete der Erstklässler: ›Die anderen lesen doch genauso.‹«[69]

Da sie häufig von Mitschülern geärgert werden, geraten Hochsensible besonders oft in den Fokus der Aufmerksamkeit, so dass manche Lehrer die Verantwortung bei ihnen suchen. Wie schnell sind Kinder dann in einer Schublade, die ihnen überhaupt nicht entspricht, anstatt die dringend benötigte Unterstützung des Lehrers zu bekommen.

Auch **Prüfungsängste** treten bei hochsensiblen Kindern gehäuft auf. Vor Referaten, Klassenarbeiten oder Tests werden sie nicht selten nervös, wollen alles perfekt machen und setzen sich dadurch unter Druck. Hochbegabte Kinder haben zudem oft mit überzogen hohen Erwartungen zu kämpfen, denen sie gerecht zu werden versuchen. Auch die Vorstellung, Intelligenz setze sich automatisch durch, ebenso wie die Einstellung »*Na, der soll erst mal zeigen, was er draufhat*«, produzieren zusätzlichen Stress.

Hochsensible Schüler verfügen jedoch auch über Zähigkeit und Durchhaltevermögen und reagieren oft sehr schnell auf positive Impulse. Wenn sie Verständnis und Unterstützung erhalten, so werden sie den schulischen Anforderungen meist sehr gut gerecht.

69 Christian Fischer, Clever, kreativ – erfolgreich? In: Gehirn & Geist, Nr. 3, S. 54

ERFÜLLUNG DES ELTERNBEITRAGS

Eltern als interessierte, konstruktive Wegbegleiter

Eltern prägen die Einstellungen ihrer Kinder zur Schule. Sie sind Vorbild mit ihrem Arbeitsverhalten, ihrer Einstellung zu Leistung, ihrem Umgang mit Schwierigkeiten und in ihren Werten. Auch was sie über die Schule und über Lehrer sprechen, beeinflusst Kinder natürlich sehr. Im günstigsten Fall bilden Eltern zusammen mit den Erziehern und Lehrern ein Team.

Deshalb ist es sehr wichtig, dass wir als Eltern uns unsere Einstellungen zur Schule sowie unsere eigenen Möglichkeiten bewusst machen.

- Selbstreflexion: Was trage ich zu dem Verhalten meines Kindes und seiner Einstellung zur Schule bei?
- Eigeninitiative: Wie kann ich mein Kind stärken und unterstützen, damit es sich in der Schule gut entwickelt und auch die Lehrkraft entlastet ist?
- Information: Habe ich mich darüber informiert, was Lehrkräfte heutzutage zu leisten haben? Und was sind die Anforderungen, die an mein Kind gestellt werden?
- Verständnis: Wie viel Verständnis habe ich, sowohl für mein Kind als auch für die Lehrperson? Bin ich bereit, mich mit der Gesamtsituation auseinanderzusetzen?
- Interesse: Wie viel Interesse bringe ich der Schulsituation meines Kindes und dem schulischen Leben insgesamt entgegen?

Die Beziehung zwischen Eltern und Lehrkraft kann im günstigsten Fall auf Authentizität, Wertschätzung und Empathie gründen.

Heute müssen Lehrer mehr und mehr Erziehungsaufgaben übernehmen, die eigentlich ins Elternhaus gehören, wie z. B. die Vermittlung von Leistungsbereitschaft, Höflichkeit, gutem Benehmen oder Geduld. Eltern müssen die nötige Arbeitsgrundlage für den Lehrer schaffen, indem sie so gut es geht Aufmerksamkeit, Zeit und Konsequenz den Kindern gegenüber aufbringen und ein gutes Vorbild in puncto Arbeitshaltung und Engagement abgeben.

Neben der Vermittlung dieser schulrelevanten Fähigkeiten Arbeitshaltung und Frustrationstoleranz sollten wir Eltern uns auch vergegenwärtigen, dass das Kind sich sicher und geborgen fühlen muss,um sein Leistungspotenzial entfalten zu können - in der Schule, aber auch zu Hause. Diese Geborgenheit vermitteln wir, wenn wir es mit seinen Eigenheiten liebevoll annehmen. Ein Kind muss sich nicht schon mit fünf auf seinen Sport festlegen. Es muss auch nicht extrovertiert sein, nur weil das angeblich besser ist als introvertiert. Die tägliche Gratwanderung zwischen Zu-sich-selbst-Stehen und Anpassung ist ohnehin die zentrale Aufgabe und wahrscheinlich größte Herausforderung für ein hochsensibles Kind. Als Eltern können wir zusätzlich Druck machen, aber auch Druck wegnehmen und ihm den Rücken stärken.

Je mehr Verständnis das Kind bekommt, desto besser – sei es durch Erwachsene oder durch andere hochsensible Kinder als Spiegel (»*Du bist o.k., ich bin auch so*«), denn das kompensiert das Unverständnis, das sie zwangsläufig in vielen Situationen erleben. Mit der Zeit erkennen die Kinder ihre Bedürfnisse und Fähigkeiten immer besser und lernen zunehmend, für sich selbst zu sorgen.

Den Größeren können wir dann immer mehr Herausforderungen zumuten. Mit zunehmendem Alter und steigender Selbstwirksamkeit können gerade hochsensible Kinder – wahre Meister der Anpassung – sehr kreative Lösungen für sich selbst finden.

In der Schule sind die Einflussmöglichkeiten der Eltern natürlich eingeschränkt. Aber sie dürfen auf ihre Kinder vertrauen und auf das, was sie als Eltern bis dahin an Grundlagen geschaffen haben. Nichtsdestotrotz können Sie auch im schulischen Bereich einen gewissen Einfluss nehmen, indem Sie etwa das Gespräch mit dem Lehrer suchen und sich nicht nur bei Problemen einbestellen lassen. Sie sollten durchaus offen kommunizieren, wenn beispielsweise eine schwere familiäre Situation besteht, die zwangsläufig auf den schulischen Alltag abstrahlt. Sie könnten von großen Geschwistern berichten, in deren Schatten das Kind steht, von besonderen Interessen oder von einer Trennungssituation. Mit diesem Wissen wird dem Lehrer das Arbeiten erleichtert. Er muss nicht alles selbst herausfinden oder gar falsche Schlüsse ziehen. *»Man redet viel von Erziehungspartnerschaft zwischen Schule und Familie – aber dies funktioniert nur, wenn jeder seinen Part auch ausfüllt und ihn nicht dem anderen zuschiebt«*[70], schreibt Michael Felten. Seiner Meinung nach besteht die Elternrolle darin, für anregende Geborgenheit zu sorgen, dem Schulischen viel Aufmerksamkeit und Interesse entgegenzubringen sowie eine bejahende Haltung zu Anstrengung und Fleiß einzunehmen.

Ich möchte ergänzen, dass von Eltern indirekt oft noch weit mehr erwartet wird. Oft leisten sie nämlich so etwas wie Tutorenarbeit: *Wie erstelle ich ein Referat? Wie bereite ich eine Power- Point-Präsentation vor? Wie arbeitet man wissenschaftlich?* Die Vermittlung solcher Fähigkeiten legt die Schule oft in die Hände der Eltern, ohne dies explizit auszusprechen. Leider sind nicht alle Eltern dafür kompe-

70 Felten, 2013, S. 13

tent oder verfügen über die dafür notwendige Zeit. Auch das kann man mit dem Lehrer eventuell offen besprechen, wenn eine gute Gesprächsbasis besteht.

Und die Lehrer? Auch sie leisten eine Menge an Erziehungsarbeit. Eltern können die Erziehungspartnerschaft auch dadurch verantwortungsvoll wahrnehmen, indem sie die Lehrer-Schüler-Beziehung unterstützen. So können sie ihrem Kind z. B. klar vor Augen führen, dass der Lehrer unterschiedliche Gefühle hat, dass er einen herausfordernden Beruf hat, dass er möglicherweise selbst Probleme hat und vieles mehr. Möglicherweise ist er verletzt, wenn ihm niemand zuhört oder wenn man sein Fach nicht mag und das allzu deutlich zeigt. Oder er hat vielleicht sogar Angst, ausgelacht zu werden. Solche Gespräche gehen mit hochsensiblen Kindern sehr gut, denn sie haben ohnehin ein ausgeprägtes Einfühlungsvermögen. Achten Sie auf eine wertschätzende Sprache, wenn Sie über den Lehrer Ihres Kindes sprechen. Kinder geraten in einen Loyalitätskonflikt, wenn sie ihm gegenüber höflich sein und ihren Schulalltag überstehen müssen und andererseits zu Hause die Botschaft bekommen, dass der Lehrer nichts taugt.

Als Eltern können Sie sich vor Augen halten, wie Sie auf die Motivation der Lehrer einwirken. Lehrer haben ja *ihre* Geschichten, die sie zu dem Lehrer werden lassen, der sie sind. Und positive wie negative Erfahrungen haben ihre Spuren hinterlassen. Und so sind natürlich auch die Erfahrungen mit uns Eltern prägend für ihr Verhalten. Hier können wir ansetzen. Auch Lehrer brauchen Unterstützung, Zuspruch und Ermutigung – warum nicht von den Eltern ihrer Schüler? Es ist doch für unsere Kinder von enormer Bedeutung, dass engagierte Lehrer weiter machen. Natürlich freuen sie sich über Dank und Anerkennung.

Förderlich für die Beziehung zwischen Lehrern und Eltern ist auch das Verständnis für die Rahmenbedingungen: Wie ist die Situation an Schulen heutzutage? Einzelkämpfertum der Lehrer,

Reformwut von allen Seiten, Schulinspektoren mit Dokumentationsaufträgen, ministerielle Qualitätsprüfer, Auseinandersetzungen mit Eltern, immer mehr verhaltensauffällige Schüler, grundsätzliche Kämpfe um die ganz banalen Dinge und Werte des Zusammenseins? Kein Wunder, so Felten, »*dass auffällig viele Pädagogen vorzeitig verhärten, ihre Arbeit nur noch mit zynischem Unterton verrichten, womöglich gar resignieren und ins Burnout geraten. Kein Wunder, dass es zu wenig engagierten Lehrernachwuchs gibt.*«[71] In der Schulstudie der Universität Freiburg von 2004[72] zeigten 35 % (!) der untersuchten Lehrer akute Symptome von Verausgabung, Erschöpfung und Resignation. Nicht nur Schüler haben Angst davor, bloßgestellt oder ausgelacht zu werden, auch Lehrer. Ein wichtiger Faktor dabei ist der Druck durch die Elternschaft. Die Studie kam unter anderem zu dem Schluss, dass nur eine enge Zusammenarbeit aller Beteiligten hilft, den aufreibenden Schulalltag zu bewältigen. Dazu ist viel Verständnis für die andere Seite nötig, ebenso wie eine klar definierte Aufgabenteilung.

Also, was denken Lehrer? Laut des AXA Kindersicherheitsreports 2013[73] haben Lehrer und Erzieher folgende Wahrnehmungen:

- 79 % stimmten zu, dass Eltern ihren Kindern heute viel mehr durchgehen lassen und nicht mehr so stark auf Umgangsformen achten,
- 72 % meinen, Eltern könnten Kritik an ihrem Kind schlecht annehmen,

---

71 Felten, 2012

72 Auszug aus einer Zusammenfassung der Freiburger Schulstudie, 2004 von Joachim Bauer: »*Der entscheidende Ansatz zur Verbesserung an den Schulen liegt [...] in Hilfestellungen, die zu einer Verbesserung der innerschulischen Beziehungsgestaltung führen. [...] das geht nicht ohne eine verstärkte Zusammenarbeit der Eltern mit der Schule.*« Vgl. http://bit.ly/1GnO6s7

73 http://www.axa.de/kindersicherheitsreport-2013

- 64 % stimmten zu, dass sich Kinder heute zu wenig in ihrer Freizeit bewegten.
- 48 %, dass Kinder heute eine beschützte Kindheit mit guter Erziehung bekämen, allerdings stimmten auch
- 41 % zu, dass Kinder zu wenig Geborgenheit erfahren würden.
- Auch das Interesse und die Unterstützung hinsichtlich der schulischen Angelegenheiten sei sehr unterschiedlich ausgeprägt.

Frau I., Grundschullehrerin aus Bayern, gab an:

»Eltern sollen Vertrauen haben in ihre Kinder. Insgesamt müsste viel mehr Druck von den Kindern genommen werden, den Eltern selbst produzieren. Ich erlebe immer wieder, dass ab der 4. Klasse der Druck von den Eltern stark zunimmt, wo alle nur noch aufs Gymnasium gucken. Kinder sollen dann tatsächlich Zusatzaufgaben an den Wochenenden machen oder Aufsätze schreiben. Auf einmal heißt es: Gehe besser nicht mehr in den Tafelkreis (Anm: Mittel der Differenzierung zur Vertiefung des Unterrichtsmaterials), sonst denkt Frau I., du hättest es nicht verstanden. Seit ich selbst Kinder habe, verstehe ich diese Sorge natürlich noch viel besser, und ich denke, Transparenz ist da ganz wichtig, den Eltern also zu erklären, warum ich etwas so oder so mache. Und die Eltern schaukeln sich ab der 4. Klasse auch gegenseitig hoch. In meinen Augen ist vor allem eins wichtig: den Kindern Schutz und Geborgenheit zu geben und ein seelisches Polster aufzubauen für die weiterführenden Schulen.«

Herr W., Schulleiter aus der Schweiz:

»Elternarbeit ist eine der zentralsten, wichtigsten, anstrengendsten und oft auch ernüchterndsten Bereiche des Lehrpersonenalltags. Schöne Erlebnisse, sie sind rasch erzählt, sind etwa Feedbacks nach Schulvorstellungen: ›Schön, wie Sie mit unseren Kindern Musik machen und was sie aus ihnen herausholen‹ und auch manchmal nach offenbar treffenden Formulierungen in Schulzeugnissen: ›Toll, wie Sie unser Kind in wenigen

Sätzen treffend beschreiben.‹ Sonst hatte ich jeweils als Junglehrer mit der Akzeptanz zu kämpfen: ›Sie haben selber keine Kinder und deshalb keine Ahnung‹ oder musste antike Vorstellungen von Unterricht bezogen auf heutige Verhältnisse richtigstellen oder korrigierend wirken, im Sinne einer Gegendarstellung. Etwas vom Schwierigsten war der Umgang mit der Erkenntnis, dass Kinder sehr oft Probleme der Erwachsenen 1:1 übernehmen oder problematische Muster gelernt haben, welche dann in der Schule ins Zentrum rückten bei Elterngesprächen.«

Es wird deutlich, dass Wertschätzung und Vertrauen leider noch viel zu oft fehlen. Gereizte Stimmung auf Elternabenden, schnippische Gegenreden, desinteressierte Eltern oder solche, die in die Schülerschelte des Lehrers einstimmen und dabei nicht nur ihr eigenes Kind im Stich lassen, sondern ihre Verantwortung als Eltern nicht wahrnehmen, all das ist häufig zu finden. In der Grundschule spürt man meist noch gegenseitiges Wohlwollen und gemeinschaftliche Anstrengung, doch diese verlieren sich leider oft an den weiterführenden Schulen. Ich persönlich war von der hohen Bürokratisierung und Verrechtlichung der Eltern-Lehrer-Beziehung am Gymnasium sehr negativ berührt, ist dies doch Ausdruck eines tiefen Misstrauens und offenbar vieler schlechter Erfahrungen – und das, wo die Eltern der Fünftklässler ja noch unbeschriebene Blätter sind. Da werden ganze Regelwerke ausgegeben, die Eltern vor Antritt einer Klassenfahrt zu unterzeichnen haben, um das Miteinander-Auskommen irgendwie juristisch zu regeln.

Jede Art der Entfremdung und des Misstrauens zwischen Eltern und Lehrern geht leider zulasten der Kinder. Eine konstruktive Haltung kann man zwar nicht einfordern, wohl aber durch eigene Konstruktivität und eigenes Interesse zu initiieren versuchen, indem man beispielsweise signalisiert, dass man sowohl am Schulalltag interessiert ist, als auch an einer guten Arbeitsbeziehung zum Lehrer und durchaus auch an ihm selbst als Mensch. Kinder brauchen das Interesse der Eltern an dem, was sie machen, genauso wie der Lehrer. Nur wenn der Lehrer sich als Person und in seiner Arbeit anerkannt und gesehen fühlt, können Gespräche vertrauensvoll und konstruktiv verlaufen. Wir können den Lehrern auch danken für außer der Reihe geleistete Arbeit, für besondere Aktionen oder Klassenfahrten. Lehrer sind dann regelmäßig freudig erstaunt, weil sie das selten erleben.

Es sind unsere Kinder, die darauf angewiesen sind, dass die engagierten Lehrer nicht entmutigt werden und weitermachen. Deswegen ist eine wichtige Aufgabe der Eltern, die gute Beziehung zwischen dem Kind und seinen Lehrern so gut es geht zu unterstützen.

Eltern als Vermittler und Übersetzer

Eine funktionsfähige Lehrer-Kind-Beziehung kann von den Eltern unterstützt werden, indem sie zum Beispiel in Sprechstunden vom Kind berichten, welche Interessen es hat, was ihm am Unterricht besonders gut gefällt, wer seine Freunde sind und vieles mehr. Eltern können auch konkrete Vorschläge machen, wie folgender Vater.

> Herr S., Vater von 4 Töchtern:
>
> *»Die Lehrerin unserer Tochter Madlene (8 Jahre) berichtete von ihr, dass sie im Erzählkreis der Klasse kaum etwas sagt. Mein Mann machte daraufhin den Vorschlag, dass sie als eines der ersten Kinder drangenommen wird, die etwas berichten, da sie die Berichte der anderen Kinder möglicherweise erst verarbeiten muss, bevor sie selbst etwas erzählen kann. Es funktionierte!«*

Geben Sie beim Elterngespräch dem Lehrer die Möglichkeit, neue Facetten Ihres Kindes kennenzulernen.[74] Ganz besonders dann, wenn es vorher schon Missverständnisse gab und das Verhalten des Kindes mit möglicherweise unzutreffenden Ursachen in Verbindung gebracht wurde. Das Thema Hochsensibilität oder Hochbegabung offen anzusprechen, kann riskant sein, denn Sie wissen nicht, auf welche bereits vorgefasste Meinung Sie stoßen, und schnell geraten Sie in eine Ecke der Rechtfertigung, denn:

Nicht jeder Lehrer hat Verständnis dafür, wenn Eltern ihr Kind und sein Verhalten vor dem Hintergrund seiner besonderen Empfindsamkeit oder Hochbegabung erklären. Viele Lehrer befürchten, dass eine Sonderrolle eingefordert werden soll, die im normalen, hektischen Schulalltag nicht vorgesehen ist. Deswegen sollten Eltern gut überlegen, was sie kommunizieren. Obwohl die Schule die gesetzliche Pflicht hat, förderliche Lernbedingungen für alle Schüler zu schaffen, so ist Vorsicht dabei geboten, dies bei den Lehrern einzufordern.

Eltern sollten sich die Situation des Lehrers vor Augen führen, bevor sie ein Gespräch anbahnen. Wie mag sich ein Lehrer fühlen, wenn ihn aufsässige Schüler attackieren oder seine guten Absichten falsch ankommen? Es ist entscheidend, seine Perspektive zu berücksichtigen und sich zu überlegen, welche schulischen Rahmenbedingungen ihn vielleicht im Moment belasten. Hat er gerade wochenlange Schulinspektionen über sich ergehen lassen

74 Nach Roth sei es für Lehrer unabdingbar, den familiären Hintergrund und die Persönlichkeit des Kindes zu erfassen, um effizient unterrichten zu können, vgl. Roth, 2011, S. 308 ff.

müssen, zermürbende Gefechte geführt oder ein unerfreuliches Gespräch mit dem Schulleiter hinter sich? Auch die Wahl des richtigen Zeitpunkts ist wichtig. So empfiehlt es sich, nicht gerade in der Abiturzeit oder während einer Projektwoche ein schwieriges Gespräch anzubahnen.

Statt mit Erklärungen oder Forderungen empfiehlt es sich, mit offenen Fragen zu beginnen. Dann beschreibt man sein Kind und formuliert seine Bedürfnisse. Daran erkennt der Lehrer die Ernsthaftigkeit und dass es uns darauf ankommt, dass es dem Kind gutgeht. Kritik am Lehrer ist ein sehr sensibles Thema, mag sie auch aus Elternsicht gerechtfertigt erscheinen. Aber wir wissen nicht, wie stark sein persönliches Maß an Kritikfähigkeit bereits erreicht ist und mit welcher Reaktion wir dann zu rechnen hätten.

Neben dem eigenen Geschick und Einfühlungsvermögen gibt es manchmal auch glückliche Umstände, die uns in die Hände spielen.

> Frau C. bestätigt:
>
> *»Beim ersten Elternabend habe ich bereits Kontakt zur Lehrerin unserer Tochter gesucht und versucht, ihr die ›Besonderheiten‹ unserer Tochter näherzubringen. Ich rannte offene Türen ein, denn auch die Lehrerin ist Mutter einer hochsensiblen und hochbegabten Tochter.«*

Manchmal hilft es auch, besonders auf die Nachteile der Veranlagung des Kindes hinzuweisen. Der Blick des Lehrers öffnet sich damit erst für die Vorzüge des Wesenszuges (»*So schlimm ist es doch auch nicht, dafür …*«). Das klassische »Helferkind«, das für eine angenehme Atmosphäre sorgt, ist zwar oft hochsensibel. Andererseits sind häufig gerade die hochsensiblen und hochbegabten Kinder die vermeintlich »schwierigen«. Oft helfen Verständnis und Anerkennung für die Leistung des Lehrers, damit man den Weg zum Verständnis für das eigene Kind ebnen kann. Es ist schwierig, bei der starken Heterogenität der Klasse den Unterricht zu differenzieren, es ist schwierig, aufmerksam für die inneren seelischen Zustände einzelner Schüler zu bleiben, wenn manche Kinder laut stören oder dem Unterricht überhaupt nicht folgen können.

Wie zu Hause über den Lehrer gesprochen wird, hat natürlich Einfluss auf das Verhalten des Kindes. Bemüht man sich hier krampfhaft um Ausgewogenheit, so kann es passieren, dass hochsensible Kinder mit ihrem feinen Gespür nicht nur den Zwiespalt der Eltern spüren, sondern ihnen auch gleich vorwerfen, dass die Eltern nicht auf ihrer Seite seien.

Der Schüler bringt seine Intelligenz, seinen Fleiß und seine Motivation in die Schule mit. Auch hier haben Eltern einen sehr großen Einfluss. Lust am Lernen und Neugier sind naturgegeben; die Kunst ist, diese zu erhalten. Die Entfaltung dieser Komponenten funktioniert am besten in einer guten Beziehung zum Lehrer, kann jedoch in einer destruktiven Beziehung zum Erliegen kommen. *»Arbeitshaltung und Wissensvermittlung sind nicht mit dem IQ identisch. Sie müssen entwickelt werden. Und daran ist der Lehrer erheblich beteiligt.«*[75] Der Schüler kann nicht einfach auf seinen Anteil am gelingenden Lernen zugreifen, da dieser stark von äußeren Einflüssen abhängt. Was aber von ihm erwartet werden kann, ist die grundsätzliche Einstellung, dass Schule nun einmal Arbeit und Anstrengung ist. Michael Feltens Zitate zum morgendlichen Elternratschlag stimmen nachdenklich: Im Jahr 1960: *»Pass gut auf und benimm dich!«*, und 2010: *»Tschüss und viel Spaß!«* Bei dem Versuch, dem Kind bloß nicht zu viel Druck zu machen, bleibt mit der Haltung von 2010 ganz unbeabsichtigt die Vermittlung einer Anstrengungsbereitschaft auf der Strecke. *»Der Erwerb von Allgemeinbildung in hoch entwickelten Gesellschaften ist eben über weite Strecken kein Kinderspiel, sondern erste harte Arbeit – zumal in Fächern, die einem nicht liegen; bei Lehrern, zu denen man keinen Draht bekommt; in der Pubertät, wo die Lust am Bildungskrempel*

75 Felten, 2013

der Erwachsenen vordergründigeren Reizen weicht. Außerdem ist Schule aus gutem Grund auch eine kollektive Veranstaltung – spätestens jetzt sollten junge Menschen lernen, ihre individuellen Bedürfnisse mit den Notwendigkeiten einer Gruppe auszutarieren.«[76]

Der heutigen Erziehung liegen viele unterschiedliche Vorstellungen und Lebensmodelle zugrunde,[77] was sich in einer äußerst heterogenen Schülerschaft niederschlägt. Die Kinder bringen unterschiedliche Erfahrungen, Bedürfnisse und auch Kompetenzen mit in die Schule, schon bevor der eigentliche Bildungsauftrag beginnen kann.

Diese Unterschiede auszugleichen und möglichst allen Kindern gerecht zu werden, stellt Lehrer vor kaum zu bewältigende Herausforderungen. Je unterschiedlicher die Schüler sind, desto mehr müsste differenziert werden. Das geht aber erst, wenn die Grundbedingungen fürs Lernen geschaffen sind: Regeln und gemeinsame Wertvorstellungen, an die sich möglichst viele gebunden fühlen, ein Umgang, der für alle normal ist, ebenso wie ein einigermaßen einheitliches Vorwissen. Zu all dem können Eltern wesentlich beitragen.

---

76 http://www.lehrerstuhl.de/tag/precht/

77 Eine ausführliche Zustandsbeschreibung der heutigen Familien findet sich bei Largo, 2010, S. 7–26

ERFÜLLUNG DES SCHÜLERBEITRAGS

Motivation

Um Motivation entwickeln und langfristig aufrechterhalten zu können, braucht es Selbstachtung, Selbstvertrauen, Selbstwirksamkeit sowie Optimismus. Erfolgserlebnisse gehören dazu und die Fähigkeit, sich den Erfolg selbst zuzuschreiben. Das gilt für die Ausübung des Lehrerberufes ebenso wie für die Erfüllung der Pflichten von Schülerseite.

Es kommt also darauf an, inwieweit das Kind seine Persönlichkeit schon entwickeln und festigen konnte. Je selbstwirksamer es bis zum Schulbeginn geworden ist, umso eher kann es seine innere Motivation aufrechterhalten. Motivation ist ein individuelles Geschehen, das auf Anregungen von außen sehr gut anspricht.[78] Gerald Hüther geht noch weiter und sagt, ob Kinder konzentriert bei einer Sache bleiben oder nicht, hänge wesentlich davon ab, welche emotionale Unterstützung sie erfahren. Denn Lernen sei keineswegs ein rein kognitiver Vorgang – Aufmerksamkeit oder Motivation würden vielmehr stark von Gefühlen gesteuert.[79] Ermutigung und Entmutigung wirken bei hochsensiblen und/oder

---

78 Wie komplex dieses Zusammenspiel funktioniert, hat Julius Kuhl erforscht: Seine ganzheitliche Theorie der Persönlichkeits-System-Interaktionen (PSI-Theorie) versucht, menschliche Handlungsregulation zu beschreiben. Sie soll auf einer Interaktion von Kognition, Motivation, Emotion, Wahrnehmung, Lernen und Gedächtnis beruhen (Dörner, 2002, S. 32). Es wird evident, dass Motivation ein multikausales Erklärungsmuster verlangt, was praktisch gesehen alle Beteiligten in die Verantwortung nimmt.

79 Zitiert von: Corinna Sporer, Lernen fürs Leben. In: Gehirn & Geist, Nr. 3, S. 46

hochbegabten Kindern sehr schnell. Es hat sich gezeigt, dass ihre Motivation ganz entscheidend von den Menschen abhängt, mit denen sie zu tun haben.

Unter dem Gesichtspunkt der Lernmotivation ist es gerade bei hochsensiblen Kindern enorm wichtig, schwierige häusliche Situationen mit ihnen zu besprechen und zu relativieren. Denn sie neigen dazu, sich für alles verantwortlich oder schuldig zu fühlen, und das raubt natürlich Kraft. Vertrauenswürdige Bezugspersonen können nicht nur die Eltern sein, sondern auch andere Ansprechpartner wie Schulsozialarbeiter oder Schulseelsorger oder Lehrer. Felten betont immer wieder die hohe Empathiefähigkeit, die es braucht, um »*meinen Schülern gegenüber anregend und aufbauend zu sein. Wie finde ich heraus, warum ein Kind ständig den Unterricht stört? Gerade im Bereich der psychologischen Kompetenzen besteht in der Lehrerausbildung einiger Nachholbedarf.*«

Wie lässt sich Motivation theoretisch erklären? Ist sie stärker von außen oder von innen bestimmt? Lässt sich Motivation primär aus der Vergangenheit erklären, aus der Gegenwart oder ist sie doch eher zukunftsorientiert? Die moderne Leistungsmotivationsforschung konzentriert sich dabei vor allem auf kognitive Ansätze, wie die **Attributionstheorie nach Bernard Weiner**.[80] Danach nehmen Menschen zuerst eine ganze Reihe von Bewertungen vor, wie z.B.: Hängt mein Erfolg vom Glück oder meinem eigenen Können ab? Und erwarte ich Erfolg oder Misserfolg? Diese Beurteilungen bzw. Einschätzungen bestimmen den Grad der Motivation. Hochsensible Kinder gehören tendenziell eher zu den misserfolgsängstlichen Schülern, die dazu neigen, dass ein Misserfolg ihr negatives Selbstbild verfestigt und eine negative Erwartungshaltung entsteht. Dies kann langfristig ihre Motivation schwächen. »*Hält ein Schüler sich für unfähig und Erfolg für Glückssache, gibt es für ihn auch keinen Grund, sich*

80 Vgl. Schlag, 2006, S. 13 ff. und S. 89–94

auf die nächsten Herausforderungen vorzubereiten. Es entsteht ein Kreislauf von Vermeidung und Misserfolgen.«[81]

Positive Erfahrungen und Ermutigungen dagegen können gerade bei hochsensiblen Kindern sehr schnell wahre Wunder bewirken.

> Herr W., Schulleiter aus der Schweiz:
>
> *»Einen gelungenen Versuch machte ich während eines Jahres an der Oberstufenschule in Spiez, Kanton Bern. Ein Freifach mit dem Namen ›Haltung, Stimme, Persönlichkeit‹ erhielt genügend Anmeldungen, um durchgeführt werden zu können.*
>
> *Mit einer Gruppe aus hauptsächlich hochsensiblen, begabten, mehrheitlich zurückhaltenden Jugendlichen konnte ich erfolgreich arbeiten und sie ermutigen, Selbstachtung zu entwickeln und ihre Hochsensibilität als Geschenk anzunehmen.*
>
> *Das scheueste Mädchen der Gruppe hatte später anlässlich der Feier zum Schulabschluss einen großartigen Auftritt als Sängerin auf einer Bühne mit 1000 Zuschauern.«*

Die Motivation fürs Lernen wird von mehreren Lernmotiven gesteuert: Das **kognitive Lernmotiv** (nach Hurrelmann auch die intellektuelle Selbstachtung) definiert »*das Bestreben, die eigene Tüchtigkeit in allen jenen Tätigkeiten zu steigern oder möglichst hoch zu halten, in denen man einen Gütemaßstab für verbindlich hält*«.[82] Diese Gedanken wurden im Risiko-Wahl-Modell von John Atkinson[83] aufgegriffen. Dieser meint, eine Person sei nur zu dem Maße motiviert, zu dem sie das Ziel für lohnenswert erachte. Ist weder das Ziel erstrebenswert noch das Gefühl der Selbstwirksamkeit, d.h. die subjektiven Erfolgsaussichten, gegeben, so sinkt die Motivation gleich aus beiden Gründen.

---

81 Langfeldt, 2006, S. 55

82 Heckhausen, 1974, S. 194

83 Atkinson, 1964

»Das Missverhältnis zwischen inneren Möglichkeiten und äußeren Anforderungen kann zu Enttäuschungen, Rückzug, Angst vor Misserfolgen und zu einem negativen Leistungsselbstbild führen.«[84] Bestätigt wird das Modell von Atkinson aus heutiger neurobiologischer Sicht z. B. vom Neurowissenschaftler Michael Merzenich. (Vgl. http://feldenkraisleipzig.com/category/hirnforschung) *»Ebenfalls entscheidend für erfolgreiches Lernen ist die Tatsache, dass das Gehirn sich nur verändert, wenn ihm etwas wichtig erscheint. Das heißt, wir brauchen echte Motivation bei dem, was wir tun und lernen wollen. Wir müssen uns engagieren und auf die Aufgabe einlassen, wir müssen unsere Aufmerksamkeit fokussieren und bewusst erleben, was mit uns geschieht. Das ist tatsächlich eine neurologische Angelegenheit, weil das Maß der Motivation darüber bestimmt, welche Neurotransmitter ausgeschüttet werden! Wir können uns über die Möglichkeit von Veränderung bewusst sein oder eben nicht. Und diese Bewusstheit macht einen Unterschied bezüglich dessen, was herauskommt. In Feldenkrais-Stunden wird damit konkret gearbeitet.«*

Kognitive Lernmotive spielen eine herausragende Rolle. Werden diese zu wenig angesprochen, so spricht man von Unterforderung. Durch diese wird die Motivation sehr geschwächt. Dies ist bei hochsensiblen oder hochbegabten Kindern durch angemessene Anforderungen, und seien sie auch nur hin und wieder, gut zu beseitigen. **Und doch scheint das Mitgefühl mit überforderten Schülern größer als mit unterforderten – und das obwohl der Mechanismus der gleiche und der Effekt ähnlich zerstörerisch ist**.

Das kognitive Lernmotiv könnte für hochbegabte Kinder sogar mit dem zweiten, **dem sozialen Lernmotiv** verbunden werden. Dazu meint Michael Felten: *»Ich setze die Guten auch oft als Helfer ein, die ihren Mitschülern dann die Basics erklären. Das machen sie sehr gern, denn Kinder suchen auf zwei Ebenen Anerkennung, durch Leistung (Anm: kognitives Lernmotiv) und durch die soziale Erfahrung, dass sie für andere nützlich sein*

---

84 Schlag, 2006, S. 25

können (Anm.: soziales Lernmotiv)«[85] Das soziale Lernmotiv speist sich aus dem Bedürfnis nach Zugehörigkeit, nach guten Beziehungen zu Lehrern und Mitschülern und aus dem Bedürfnis nach Geborgenheit. Sind diese Bedürfnisse nicht ausreichend erfüllt, so wirkt dies negativ auf die Leistungsmotivation. Und genau dies passiert hochsensiblen und/oder hochbegabten Kindern immer wieder. Selbst wenn sie Freunde haben und wenn alles in Ordnung zu sein scheint, haben sie doch häufige Irritationen zu verarbeiten, aufgrund derer sie sich von Zeit zu Zeit alleine fühlen. Die Andersartigkeit ihrer Interessen trägt weiter dazu bei. In dem Zwiespalt zwischen dem Bedürfnis nach Zugehörigkeit einerseits und dem unabhängigen Verfolgen der eigenen Interessen und Fähigkeiten andererseits zu stecken, kann sehr irritierend sein.

Am erfolgversprechendsten ist bei allen Menschen, auf die **intrinsische Motivation** zu setzen. So bezeichnet man eben die Motivation, die den individuellen Bedürfnissen entspringt, die Spaß und Begeisterung bewirkt, die Sinn gibt und die keine Impulse von außen benötigt. An die intrinsische Motivation gezielt anzuknüpfen, erfordert viel Einfühlungsvermögen, eine tragfähige Beziehung und die Bereitschaft, sich überraschen zu lassen: *»Sie wissen ja, wie sehr ich begabte Kinder schätze, sie zu beobachten, mich beeindrucken zu lassen, mit ihnen zu entdecken, was noch alles in ihnen steckt«*, sagte eine erfahrene Grundschullehrerin. Die intrinsische Motivation der Schüler hin und wieder anzusprechen, beflügelt und motiviert sie, auch in unvermeidlichen Durststrecken durchzuhalten. Und natürlich können Eltern an die intrinsische Motivation ihres Kindes anknüpfen, etwa indem einem trockenen Schulthema am Wochenende ein spannender Praxisbezug hinzugefügt wird.[86]

---

85 Felten, ZEIT-Interview, N°13, 21.3.2013

86 Webb et al., 1998

Wichtig für die Motivation der Kinder ist auch die persönliche Einstellung der Eltern zu Anstrengung, die sie zu Hause vorleben. Dazu gehört z. B., dass auf Hausaufgaben nicht mit Mitleid reagiert wird, sondern diese als Selbstverständlichkeit angesehen werden.

Intelligenz

Der niederländische Psychologe Franz-Josef Mönks, einer der Väter der deutschen und europäischen Begabtenforschung und -förderung, sagt: »*Persönlich liegt mein Interesse an den Faktoren, die neben der Motivation, dem Umfeld und der Kreativität eine Rolle spielen, um aus einem hochbegabten Menschen auch einen erfolgreichen und glücklichen Menschen zu machen.*«[87] Das passiere über die optimale Interaktion von Familie, Schule, Freundeskreis und Persönlichkeitsfaktoren (hohe Intelligenz, Kreativität, Motivation), und es würde dabei eine Variable geben, »*die der Begabungsförderung niemals zuträglich sein kann, und das ist* **der Druck**, *der auf Kinder und Jugendliche ausgeübt wird, wenn es um Talent und Begabung geht*«.[88]

Dieser Druck nährt sich aus einer Reihe von Mythen wie etwa ›Intelligente Schüler kommen automatisch leichter durch die Schule‹.

87 http://bit.ly/1ZUeSih

88 Christian Fischer, Clever, kreativ – erfolgreich? In: Gehirn & Geist, Nr. 3, S. 54

Die Wissenschaftler Aljoscha Neubauer und Elsbeth Stern[89] haben die folgenden Forschungsergebnisse zu Tage gebracht:

Intelligenz ist wichtig

Statistisch gesehen spielt Intelligenz unter allen beobachtbaren Eigenschaften die entscheidende Rolle für Erfolge in Schule oder Beruf. »*Natürlich kommt es vor, dass weniger intelligente Schüler bessere Schulleistungen erbringen als intelligentere. Das zeigt aber nur, dass es der Schule nicht gelungen ist, vorhandene Intelligenzressourcen zu nutzen.*«

Intelligenz ist kein Selbstläufer, sondern muss gefördert werden

Oft findet man das Vorurteil, Hochbegabte müssten ganz automatisch und jederzeit herausragende Leistungen erzielen. Würde sich Begabung tatsächlich so problemlos durchsetzen, so wären die psychosozialen Beratungsstellen nicht so stark von Hochbegabten besucht. Tatsächlich haben 15 % der Hochbegabten sehr schlechte Noten. Dazu kommt eine noch viel höhere Anzahl, die schlichtweg übersehen wird[90] und eine nicht zu beziffernde Menge an weit überdurchschnittlich intelligenten Schülern (IQ 120 – 130), die in der Schule kaum mittelmäßige Leistungen erbringen.

Moderne Gesellschaften, so Neubauer/Stern, benötigen viele Menschen, »*die geistig flexibel sind, die Neues erfinden und entdecken, die bereit sind, Verantwortung zum Wohle aller zu tragen. Überdurchschnittliche Intelligenz ist dazu eine notwendige Voraussetzung*«. Dabei sei der Blick nicht nur auf die Hochbegabten zu lenken, sondern auf die 15 – 20 % der deutlich überdurchschnittlich Begabten (ab einem IQ von 115 – 120). Viel Potenzial läge an den Schulen brach, weil diese Kinder

---

89 Vgl. ZEIT-Interview, N°13 vom 21.3.2013: Die Psychologen lehren an der ETH Zürich (Stern), bzw. an der Universität Graz (Neubauer).

90 Rost, 2009

nicht ausreichend gefördert werden oder weil sie keinen Zugang zu gewissen Bildungseinrichtungen haben, wie z. B. Arbeiter- und Einwandererkinder.

»*So können auch Personen, die laut IQ nicht hochbegabt sind, geistige Höchstleistungen erbringen*«, bestätigt Mönks.[91]

Das Zusammenwirken von Genen und Umwelt gibt den Ausschlag

Im Hinblick auf die Frage, ob Intelligenz angeboren ist oder erworben wird, werden in Pädagogik, Psychologie und Politik regelrechte Schlachten geschlagen.

Für die einen ist die »*akademische Begabung eine Gabe, mit der wir geboren werden*«.[92]

In Zwillingsstudien, so Stern/Neubauer, konnte aber nachgewiesen werden, dass Intelligenzunterschiede nur zu 50–80% erblich bedingt seien. Diese große Varianz erkläre sich damit, dass »*je mehr Chancen die Teilnehmer einer Studie hatten, ihr genetisches Potenzial in Intelligenz umzusetzen, desto stärker [...] das Erbe*« durchschlage.

Es scheint also für die weiteren Überlegungen wichtig zu sein, Intelligenz in zwei Bereiche zu unterteilen: den genetisch bedingten und den durch Förderung zu entwickelnden. Diese Unterscheidung nahm zum ersten Mal der Intelligenzforscher Charles Spearman (1863–1954) vor. Sein Schüler Raymond Cattell formulierte dann 1963 daraus das Konzept der kristallinen Intelligenz (»Expertenwissen«), das ist das Wissen, das durch Förderung und Übung entsteht sowie das Konzept der fluiden Intelligenz, d.h. die Fähigkeit, auf der Basis bestimmter genetischer Bedingungen schnell und effektiv

---

91 Aus einem Interview mit dem Zentrum für Begabungsförderung in Deutschland, vgl. http://bit.ly/1ZUeSih

92 Zitiert in: Rüdell, 2010, S. 11

Informationen verarbeiten zu können.[93] Um die Dimension der Intelligenz zufriedenstellend erfassen zu können, müssen dabei stets *beide* Formen berücksichtigt werden.

Die Bedeutung der Frühförderung wird gleichzeitig über- und unterschätzt

Die Frühförderung der kristallinen Intelligenz bringt aus wissenschaftlicher Sicht gar nichts. Auch die These, sogenannte Lernfenster würden sich ansonsten unwiderruflich schließen, ist nach Neubauer/Stern widerlegt. Kleinkinder brauchen zu ihrer guten Entwicklung – und damit auch ihrer fluiden Intelligenz – vor allem Nestwärme, Urvertrauen und Bezugspersonen, die ihnen zugewandt sind. Im Kindergarten sollte daher nicht die Wissensvermittlung, sondern der spielerische Umgang mit den Fähigkeiten der Kinder sowie die Einübung von sozialen Kompetenzen im Mittelpunkt stehen.

Es ist aber erwiesen, dass das Vorwissen für den Schulbeginn entscheidender ist als Intelligenz.[94] Vorhandenes Wissen mit neuem zu verknüpfen, schafft ein immer größeres Netzwerk im Gehirn. Das Vorschulalter ist die Zeit, wo die Kinder alles aufsaugen – auch ohne spezielle Frühförderangebote, wo sie ganze Bücher auswendig können oder ellenlange Liedtexte rezitieren. Das ist natürlich sehr von den häuslichen Angeboten abhängig. Hier fallen hochbegabte Kinder dadurch auf, dass sie neues Wissen sofort vernetzen wollen.

---

93 Langfeldt, 2006, S. 32

94 Roth, 2011, S. 309 ff.

Die Mutter eines 10-Jährigen schrieb:

»Frühförderung wie Lesen hat neue Welten für ihn erschlossen (obwohl er nie eine Leseratte war – es ging eher darum, sich Wissen anzueignen), ein Schachcomputer oder ein Elektrobaukasten eine Herausforderung, Legotechnik seine Welt – alles, was er an geistiger Nahrung bekommen konnte, war eine Wohltat für ihn – so einem Kind Wissen vorzuenthalten wäre einfach nur – gemein.«

Intelligenz ist messbar

Stern und Neubauer verwenden den klassischen Begriff der geistigen Intelligenz, die sich mit Tests messen lässt, in denen schlussfolgerndes Denken, sprachliche und mathematische Fähigkeiten, räumliches Vorstellungsvermögen und Gedächtnisleistungen erfasst werden.[95] Der ermittelte Intelligenzquotient (IQ) wird dann zur Vergleichsgruppe der Bevölkerung in Beziehung gesetzt und bleibt bei Testwiederholungen relativ stabil.[96]

Zwei Drittel der Bevölkerung zeigen dabei einen IQ von 85–115, rund 17 % von mehr als 115 und gelten damit als überdurchschnittlich intelligent. 3 % erreichen einen IQ ab 130 und werden als hochbegabt bezeichnet.

Kreativität und soziale Intelligenz hingegen sind Talente, die mit Intelligenztests nicht erfasst werden können, über die intellektuelle Entwicklung aber mindestens genauso viel Auskunft geben. Dieses Verständnis von Intelligenz umfasst auch »*diejenigen geistigen Fähig-*

---

95 Alfred Binet (1857–1911) führte den Begriff des Intelligenzalters ein, mit Hilfe dessen ein Entwicklungsvorsprung bzw. -rückstand festgestellt werden konnte. William Stern (1871–1938) führte den Intelligenzquotienten (IQ) in die Psychologie ein, der sich aus Intelligenzalter (IA) und Lebensalter (LA) bildet.

96 Dieser Vergleich macht bei ganz jungen Kindern noch keinen Sinn, da er nur sehr bedingt aussagefähig ist. Kinder können sich innerhalb kürzester Zeit sehr verändern. Eine kritische Auseinandersetzung mit Intelligenztests nicht nur hinsichtlich ihrer Aussagekraft, sondern auch ihres Effekts auf Kinder findet sich z. B. beim Institut für Leistungsentwicklung.

keiten, die sowohl zur Anpassung an die Umwelt als auch zu deren Selektion und Veränderung nötig sind«.[97] Intelligentes Handeln wird also erst in Zusammenhang mit seiner Umwelt und Kultur wirksam.

Jedoch bleibt in der Wissenschaft bis heute strittig, ob das Emotionale zum Intelligenzkonzept dazu gehört. Neubauer und Stern zum Beispiel bezeichnen die Begriffe der sozialen oder emotionalen Intelligenz als unbrauchbar.

Es kommt auf die Schule an

Schulische Bildung und geistige Anregungen jeder Art entwickeln die Intelligenz stetig weiter. Bis zum 10.–12. Lebensjahr, also grob bis zur 6. Klasse, unterliegt der IQ noch größeren Schwankungen. In dieser Zeit hat die Schule besonders großen Einfluss darauf, was ein Kind lernt und ob es sein genetisches Potenzial entfalten kann. Aus Sicht von Neubauer und Stern ist daher eine Aufteilung der Kinder auf Gymnasien und andere weiterführende Schulen erst ab der 6. Klasse sinnvoll. Spätentwickler hätten dann die Möglichkeit, doch noch aufzuholen.

Schlaue Kinder brauchen gute Lehrer

Die heutige Hochbegabtenforschung teilt mehrheitlich diese Auffassung. Schüler benötigen Zeit und Raum, um ihrer Kreativität freien Lauf zu lassen und mit Hilfe eigener Erfahrungen neue Lösungen zu entwickeln. Sie brauchen dafür eine unterstützende Umgebung sowie eigene Anstrengungsbereitschaft. Hochbegabte Kinder bekommen von Lehrern leider oft die Botschaft: »*Halte dich zurück und warte ab.*« Wenn sie das dann verinnerlicht haben und sich immer mehr zurückziehen, auch emotional, kommt die zweite Botschaft: »*Wenn du jetzt nicht zeigst, was du angeblich draufhast, kann ich nichts für dich tun.*« Das Kind fühlt sich doppelt

---

97 Sternberg, 1997, S. 1030, Übersetzung von: Langfeldt, 2006, S. 32

zurückgewiesen, zieht sich weiter zurück, und die Begabungen werden tatsächlich irgendwann nicht mehr so leicht erkennbar.[98] Wie schnell das passiert, ist ganz unterschiedlich und hängt auch vom Grad der Sensibilität ab.

Intelligenz setzt sich also nicht automatisch durch. Man könnte einwenden: »*Na, dann bringt das Kind seine Intelligenz halt nicht ein, ist das so schlimm?*« Intelligenz ist keine abrufbare Größe, sondern entfaltet sich gemeinsam mit der Gesamtpersönlichkeit. Werden Persönlichkeitsmerkmale unterdrückt, negativ angesehen oder lächerlich gemacht, so ist dieser Teil des Menschen unterdrückt. Das ist vor allem persönlich schlimm, da sich diese Entfremdung von sich selbst später in Krankheit, Depressionen oder späteren destruktiven Beziehungen äußern kann.[99] Und tragisch für eine Gesellschaft, wenn sie Begabungen und Potenziale der zukünftigen Generation nicht nutzen kann.

Der demographische Wandel dürfte es immer nötiger machen, Potenziale frühzeitig zu erkennen und diese Erkenntnisse der Bildungsforschung politisch und flächendeckend umzusetzen. Glücklicherweise gibt es viele äußerst engagierte Lehrer, die auch ohne institutionelle Unterstützung diese längst sehr erfolgreich anwenden.

Fleiß

Wie wir gesehen haben, ist es nicht einfach, Intelligenz, Motivation und Fleiß voneinander abzugrenzen. Alle drei werden sowohl von den genetischen Anlagen des Schülers als auch von Erziehung

98 »*Es fällt auf, dass ein ›Sich-weg-Machen‹ gehäuft bei hochbegabten Schülern der 5./6.Klasse auftritt [...]. Diese Kinder zeigen ernste Anzeichen von Resignation in einer Entwicklungsphase, in der Freude am Zuwachs von intellektuellen Fähigkeiten und das Sich-Messen in der Gruppe als wesentlich für die Persönlichkeitsentwicklung gelten.*« (Rüdell, S. 28)

99 García, 2012; Fietze, 2010

und Vorerfahrungen geprägt. Das erklärt nach Meinung G. Roths, warum Motivation und Fleiß signifikant mit dem Bildungsgrad der Eltern korrelieren.[100]

Obwohl Motivation und Fleiß gerade beim hochsensiblen Kind leicht entfacht werden können, treffen diese auf die aus Kindersicht immer wichtiger werdende Meinung der Mitschüler. Hier sind Jungen klar im Nachteil, denn die Einstellung zum Fleiß ist in Deutschland deutlich geschlechtsspezifisch ausgeprägt: Während er bei Mädchen toleriert wird, gilt er bei Jungen als uncool, was ihre Leistungen signifikant verschlechtert.[101] Noch stärker ist dieser Effekt bei hochsensiblen und hochbegabten Jungen: Nach Meinung der gleichaltrigen Wortführer sollte ein Junge weder emotional noch sensibel, noch besonders intelligent, wissbegierig oder motiviert sein.

Mit diesen Bewertungen vor Augen fühlt sich der hochsensible und hochbegabte Junge in einem Zwiespalt: Einerseits fühlt er sich unterlegen und seiner Peergroup nicht richtig zugehörig, andererseits fühlt er sich überlegen und reifer als die Gleichaltrigen. Mit wachsender Bedeutung der Peergroup wird er unter Umständen Eigenanteile immer mehr unterdrücken, indem er sich zurückzieht oder Theater spielt und sich anpasst, obwohl er die in seinen Augen unreifen Interaktionen der anderen durchschaut. Dieses tagtägliche Verleugnen kostet Kraft.

Ein wichtiger Faktor ist auch hier das Vorbild in der frühen Kindheit - sowohl von den eigenen Eltern, als auch von anderen

100 Roth, 2012, S. 17

101 Roth, 2011, S. 206

Erwachsenen. Wenn Sie selbst Ihrem Kind vermitteln, dass es sich lohnt, fleißig zu sein, schaffen Sie ein Gegengewicht zu dem in der Pubertät wachsenden Einfluss der Peergroup.

ERFÜLLUNG DES LEHRERBEITRAGS

»Der erste Schritt zum Lernen ist die Liebe zum Lehrer.«

Erasmus von Rotterdam

Lehrer haben formal zunächst die Aufgabe, in einem staatlich beaufsichtigten Rahmen Wissen zu vermitteln. Deutsche Lehrer verfügen über reichlich Fachwissen und sind Experten der Fachdidaktik. Fast niemand würde das in Frage stellen, wie auch eine Umfrage unter Eltern im Auftrag des Allensbach Instituts[102] beweist: Bei der Wissensvermittlung erhalten die Schulen tatsächlich ein überwiegend positives Zeugnis. So gaben 63 % der Befragten an, Schule bemühe sich besonders um die Vermittlung von Rechtschreibung und Grammatik, zu 43 % um gute Allgemeinbildung, zu 65 % um gute Englischkenntnisse und zu 68 % um gute Mathematikkenntnisse. Was jedoch die Persönlichkeitsbildung anging, so wünschten sich 65 % der Eltern eine stärkere Vermittlung von Konzentrationsfähigkeit und Selbstbewusstsein, 63 % mehr Hilfsbereitschaft, 61 % mehr Leistungsbereitschaft. Und immerhin noch 57 % der Eltern wünschten sich eine stärkere Vermittlung von Höflichkeit und guten Manieren in der Schule!

---

102 »Auch Lehrer müssen lernen«. Interview mit der Kindheitsforscherin Prof. Sabine Andresen. In: SPIEGEL Wissen 1/2014. Andresen lehrt an der Universität Frankfurt und leitet zusammen mit dem Sozialwissenschaftler Klaus Hurrelmann die World-Vision-Kinderstudie, für die regelmäßig Tausende Kinder im Alter zwischen sechs und elf Jahren zum subjektiven Kindeswohl befragt werden.

Muss Schule das überhaupt leisten? Ja, auch, sagt die Erziehungswissenschaftlerin Sabine Andresen. Auch wenn die beiden Bereiche Bildung (Schule) und Erziehung (Elternhaus) in Deutschland traditionell voneinander getrennt sind, so überschneiden sie sich doch: Bildung findet selbstverständlich auch in der Familie statt und unterstützt die Wissensvermittlung in der Schule. Und Erziehung muss auch in der Schule erfolgen. Doch leider besteht keine Einigkeit darin, wer wofür zuständig ist. Ärger wächst auf allen Seiten, wenn scheinbar maßlose Forderungen, Einmischung oder nicht erfüllte Pflichten im Raum stehen.

Auch darüber, wie diese Fähigkeiten dem Schüler zu vermitteln sind, besteht Uneinigkeit. In diesem Spannungsfeld der unklaren Kompetenzverteilung bewegen sich Schüler, Lehrer und Eltern. Die Verantwortlichkeiten werden zum Leidwesen der Schüler hin und her geschoben. Das zeigt sich für die Lehrer in ganz alltäglichen Situationen: Wie gehe ich als Lehrer mit übergriffigen Schülern um? Wie verhalte ich mich, wenn ich mich verletzt fühle? Wie lerne ich, mich nicht entmutigen zu lassen, obwohl die Anforderungen immer weiter steigen? Wie kann ich eine tragfähige Arbeitsbeziehung zu jedem einzelnen Schüler aufbauen? Da kommt es darauf an, wie viel psychologisches Geschick der Lehrer hat und wie viel seelische Stärke. Solche Fähigkeiten werden in der Lehrerausbildung kaum vermittelt. Leider wird der einzelne Lehrer damit alleine gelassen und der Erwerb psychologischer Kompetenzen zur Privatsache erklärt.

In der World-Vision-Kinderstudie wird regelmäßig nach dem subjektiven Erleben von Kindern gefragt. Dort kam z. B. heraus, wie sehr sich Kinder wünschen, dass Erwachsene fürsorglich sind. Sie brauchen kleine Gesten der Wertschätzung, Trost bei Kummer, sie wollen, dass Erwachsene ihnen sagen, was sie für richtig und was für falsch halten. Die Familienforscherin Sabine Andresen, Leiterin der Studie, betont: »*Nicht in Form von Befehlen, nicht bevormundend, sondern mit Argumenten. Das Herausfordernde ist das Ausbalancieren, das Aushandeln. Es ist wichtig, die Meinung des Kindes wertzuschätzen. Das heißt nicht, dass es auch entscheidet, aber es sollte angehört werden. Die Erfahrung, dass es etwas zählt, die eigene Stimme einzubringen, ist ganz wichtig für Kinder. Gerade die Schulen haben da noch viel Handlungsbedarf.*«

Vieles bleibt der Lehrperson überlassen, die heute über Gebühr gefordert wird und die für die eigene psychische Gesundheit auch noch selbständig zu sorgen hat.

Eine gute Beziehung zu den Schülern herstellen

Die Lehrer-Schüler-Beziehung ist ein klassisches Machtverhältnis: Als Erwachsener übt der Lehrer eine Vorbildfunktion aus. Er hat die Macht zur Disziplinierung. Er kann durch gute Noten, Wertschätzung und Aufmerksamkeit belohnen und durch Tadel, schlechte Noten oder Ignorieren strafen.

Während in der Grundschulzeit noch mehr Wert darauf gelegt werden kann, die Integrität der Kinder zu schützen, achtsam mit ihnen umzugehen und zu jedem Schüler eine Beziehung herzustellen, soll sich der Schüler mit zunehmendem Alter um die Gunst des Lehrers selbst bemühen – oder aber es zum Preis möglicher unangenehmer Konsequenzen lassen. Das ist eine Überforderung, an der viele Kinder scheitern, meint Michael Felten: »*Die Forderung nach mehr Beziehungshaftigkeit ist keineswegs ein Plädoyer für permanentes Schüler-Lehrer-Gerede; es geht vielmehr um die ganze Palette von Aktivitäten, mit denen ein Lehrer seinen Schülern zeigt, dass ihm ihr spezielles Vorankommen wichtig ist.*«[103]

---

103 Felten, 2012, S. 39

Für den Lehrer stellen sich immer wieder folgende Fragen:

- Was ist alterstypisches, entwicklungsgemäßes Verhalten? Das erfordert Wissen über Entwicklungspsychologie.
- Was ist Verhalten, das sich aus der jeweiligen Persönlichkeit des Schülers erklärt? Das erfordert viel Empathie und das Zulassen von Individualität, auch wenn sie persönlich nicht angenehm ist oder den Betrieb aufhält.
- Was ist schlichtweg Reaktion auf eigenes Verhalten? Das erfordert eine gute Portion Selbstkritik.
- Was ist Verhalten, das von Erziehungsfehlern im Elternhaus herrührt? Dies anzusprechen, erfordert eine vertrauensvolle Beziehung zu den Eltern.
- Was ist Verhalten, das sich durch die Gruppendynamik in der Klasse erklären lässt?

Wichtig ist, dass die Lehrkraft davon überzeugt ist, dass ihr Verhalten großen Einfluss auf ihre Schüler hat. Dies ist Hatties Hauptbotschaft an die Lehrkräfte: Kenne deinen Einfluss!

Den Schülern selbstkritisch und stark begegnen

Die Stärke des Lehrers fördert die Persönlichkeitsentfaltung der Schüler. Wenn der Lehrer weiß, was er kann, wo seine Schwächen und Stärken liegen, kann er als Vorbild fungieren und in reifen Interaktionen mit seinen Schülern zu deren Entwicklung positiv beitragen.

Gleichzeitig wird der Beruf des Lehrers immer anstrengender, aber: »*Die Gesinnung muss man ändern, nicht die Maßnahmen*« (Albert Schweitzer), dann käme zu aller Anstrengung auch Spaß und Erfüllung. Was kann die einzelne Lehrkraft motivieren, an der Weiterentwicklung ihrer Persönlichkeit und ihrer Kompetenzen zu arbeiten? Vor allem Erfolgserlebnisse! Diese motivieren zu Anstrengung, wobei der Erfolg sehr eng mit dem des Schülers verbunden ist. Der Lehrer hat dann die Freude, am Erfolg seiner Schüler teilzuhaben. Positive Entwicklungen kann er als Ergebnis seines Handelns begreifen. Gleichzeitig muss er die Größe haben, auch für Niederlagen Verantwortung mit zu übernehmen. Solche Schüler-Lehrer-Beziehungen gibt es, und sie setzen sehr viel positive Energie frei.

Nach John Hattie sind erfolgreiche Lehrer davon überzeugt, dass ihre Aufgabe darin besteht, ihr eigenes Lehren sowie das Lernen der Schüler wirkungsorientiert zu evaluieren, und dass Erfolg und Scheitern von Schülern davon abhängt, was sie als Lehrpersonen getan oder unterlassen haben. Sie wollen mehr über das Lernen als über das Lehren reden, fassen Beurteilungen von Schülerleistungen als Feedback zu ihrem Einfluss auf, investieren eher in den Dialog als in den Monolog, genießen die Herausforderung, sind überzeugt, dass es zu ihrer Rolle gehört, positive Beziehungen zu entwickeln, und informieren sich über die Sprache des Lernens. Diese Haltung führt zu Motiviertheit, die nach dem Risiko-Wahl-Modell nach Atkinson voraussetzt, dass es der Lehrer das Ziel selbst als erstrebenswert und erreichbar eingeschätzt.

Dafür gibt es viele gute Argumente:

- Ein Lehrer mit hohem Vorbildcharakter schafft ein Klima von Respekt, Wertschätzung, Toleranz und gegenseitiger Hilfsbereitschaft. Diese Achtsamkeit hält sich und andere im Gleichgewicht und reduziert sozialen Stress für alle.
- Ein Lehrer mit Autorität agiert und spricht nicht wie ein Schüler, er beteiligt sich nicht am Lächerlichmachen, sondern reduziert Stress und Angst und führt zur allgemeinen Beruhigung.
- Ein Lehrer, der die eigene Kraft und Selbstwirksamkeit spürt,

ist frei und hat einen wohlwollenden Blick auf den Schüler. Unzulänglichkeiten der Schüler bezieht er nicht auf sich selbst. Fehlerfreundlichkeit kann wachsen.

- Ein empathischer, wertschätzender und respektvoller Lehrer bekommt viel zurück. Denn die Erfolge seiner Schüler bei Persönlichkeitsentwicklung und Leistung fallen auf ihn zurück.
- Ein humorvoller und unaufgeregter Lehrer nimmt Konflikten die Brisanz und Schärfe und kann über einiges hinwegsehen.

Natürlich ist Unterrichten nicht nur eine wunderbare Selbsterfahrung. Es ist harte Arbeit, nicht selten mühselig, löst die unterschiedlichsten Gefühle aus und lässt Lehrer an psychische und physische Grenzen stoßen. Ebenso wenig, wie es die perfekten Eltern gibt, kann es den stets souveränen und entspannten Lehrer geben. Wir sollten niemals vergessen, dass der Lehrer 30 Kindern gegenübersteht, von denen er jedem Einzelnen irgendwie gerecht werden muss. Doch Lehrer sollten sich das Ruder nicht aus der Hand nehmen lassen. Sie sind die Erwachsenen, und es steht in ihrer Macht, das Klima der Klasse zu gestalten. Dazu eine Erfahrung aus einem Gymnasium, 6. Klasse:

> *»Herr M., Mathe- und Sportlehrer galt unter den Schülern als cool, obwohl er überaus viel von seinen Schülern verlangte. Anfangs waren sie noch mehrheitlich etwas eingeschüchtert von seiner starken Persönlichkeit, doch mit der Zeit fühlten sie sich sicher bei ihm, und er zog die Klasse mit.*
>
> *Herr M. versprach seiner 6. Klasse einmal, dass er die Kinder zum Eisessen einladen würde, wenn er zum dritten Mal sein Buch vergessen würde. Ob nun mit Absicht oder nicht: er vergaß sein Buch und hielt sein Versprechen. Damit hatte er Verlässlichkeit und Berechenbarkeit zum Ausdruck gebracht und brachte ihnen nebenbei bei, dass man für seine Fehler geradestehen muss. Auf Elternabenden äußerte er sich stets positiv über »seine« Schüler, kam mit dem Stoff sehr schnell durch und äußerte,*

er habe die Kinder etwas besser persönlich kennengelernt und ein Gespür dafür entwickelt, wo jeder seine Stärken und Schwächen hätte. Das Feedback auf dem Elternabend war enorm: Eltern wunderten sich darüber, dass die Tochter »auf einmal gerne Mathe machte« oder dass der Sohn »sich freiwillig für die Tafel gemeldet hatte«. Die Kinder bedauerten sehr, dass Herr M. die Klasse turnusmäßig abgeben musste.«

Das Gute erwarten und Ressourcen der Schüler erkennen

»Lehrer müssen Schatzsucher sein und nicht Defizit-Ausweiser.«[104]
Margret Rasfeld

Die berufliche Zufriedenheit des Lehrers hängt stark davon ab, wie er das Gegenüber wahrnimmt. Ist die Klasse ein Gegner, eine Masse von Halbwüchsigen? Oder eine Gruppe von wertvollen Individuen? Jede einzelne funktionierende Beziehung zu einem Schüler holt diesen ins Boot. Denn ein Schüler, der selbst Respekt erhalten hat, merkt, dass er die gute Beziehung zum Lehrer riskiert, wenn er sich daneben benimmt. Dadurch entsteht eine Verpflichtung und ein wachsendes Bedürfnis nach Verbindlichkeit und Fairness.

Wenn ein Lehrer an seiner Persönlichkeit arbeitet und darauf achtet, dass es ihm gutgeht, dann kann er sich leichter aus einer festgefahrenen Situation befreien und das verändern, worauf er Einfluss hat. Auf Störungen des Unterrichts kann er mit mehr Gelassenheit reagieren. Felten bezeichnet Verhaltensweisen wie Stören, Rückzug, Faulheit, *»störrische Begriffsstutzigkeit und passive*

104 Einer der Lieblingssätze der Leiterin der Evangelischen Schule Berlin Zentrum, Margret Rasfeld, der Schule, die mit einem von Grund auf neuem Lernkonzept, das auf Vertrauen und Selbstwirksamkeit setzt, zahlreiche Preise gewonnen hat. Vgl. www.ev-schule-zentrum.de

Unauffälligkeit (vielmehr) als biographisch geronnene Entmutigung, getarnt durch sinnvolles Ersatzverhalten«. Mit dieser Sicht würde der eigenen Reaktion die Wucht und den negativen Gefühlen der Boden entzogen: Die Blickrichtung auf die Kinder würde sich ändern und man verstünde nun auch »schwierige« Schüler.

Eine gute Beziehung zu den Eltern herstellen

Wird die Lehrperson hingegen nicht zur Bezugsperson seiner Schüler, ist es für alle Beteiligten schwer, auch für die Eltern. Statt eines Teams, das sich dem gleichen Ziel verschrieben hat, werden dann alle zu Einzelkämpfern oder sogar Gegnern.

Auch die Beziehung des Lehrers zu den Eltern wird immer wieder auf eine harte Probe gestellt, wie die Schilderung einer **Lehrerin an einem hessischen Gymnasium** zeigt:

> *»Zunächst freue ich mich, wenn Eltern mit den Lehrkräften zusammenarbeiten. Es sollte ein regelmäßiger Austausch zwischen Eltern, Schülern und Lehrern stattfinden. Elterngespräche sollten nicht nur dazu dienen, herauszustellen, was Schüler nicht können oder nicht gut machen, sondern auch ihre Stärken und Positives hervorzuheben. Ärgern muss ich mich über die neue Mentalität von Eltern, die am liebsten sofort mit einem Anwalt zum Gespräch kommen und für die IMMER die Schule oder die Lehrer an allem, was nicht gut läuft, schuld sind.«*

Durch negative Erfahrungen auf allen Seiten geht gegenseitiges Wohlwollen schnell verloren, und der Einzelne muss immer wieder viel Souveränität aufbringen, um motiviert zu bleiben. Worüber sich alle Seiten meistens einig sind, ist, dass beim Lernen etwas Großartiges herauskommen soll. Uneinigkeit besteht allein darüber, wer dazu welchen Beitrag leisten soll und wo es Überschneidungen gibt. Es ist also wichtig, dass der Lehrer den Eltern mitteilt, ob und wie sie mithelfen sollen, z. B. beim Auswendiglernen oder um eine Klassenarbeit vorzubereiten. Auch dem Wettbewerb unter Eltern »*Was, ihr habt noch nicht gelernt?*« würde damit Einhalt geboten und viel Druck weggenommen. Hilfreich ist außerdem, wenn Eltern signalisieren, dass sie zu einer offenen Kommunikation über die Lebensumstände des Kindes und der Familie bereit sind.

Wie können wir gemeinsam zum Wohle des Kindes agieren? Eine besondere Herausforderung ist dabei, dass es heute eine große Heterogenität innerhalb der Elternschaft gibt, so dass der Lehrer oft nicht weiß, auf welchen »Elterntyp« er treffen wird. Diese Unterschiede sollten den Lehrer nicht davon abhalten, die Eltern vor allem in Belangen der persönlichen Entwicklung des Schülers einzubinden. Sie sollten sich um ein Klima des Vertrauens bemühen, auch, um sicherzustellen, dass sich der Schüler dem Lehrer im Zweifelsfall anvertrauen kann.

Der Lehrer braucht Souveränität, um sich einzugestehen, wenn er einmal nicht weiter weiß, wenn er zum Beispiel einen Schüler nicht versteht. Er kann dann in Kooperation mit den Eltern auf das psychologisches Wissen einer Erziehungsberatungsstelle zurückgreifen. Eltern brauchen Souveränität, um Kritik am eigenen Kind auszuhalten. Das ist oft sehr schwer für sie, denn der Schulbetrieb tendiert dazu, Schüler schnell als schwierig abzustempeln und als Belastung zu empfinden. Das schmerzt, ärgert, verunsichert oder ruft Widerstand hervor und verbraucht ihren Vorrat an Kritikfähigkeit. Alle am Lernprozess Beteiligten sollten sich bemühen, ihre Offenheit und Dialogfähigkeit zu erhalten und auch erkennen, was sie an weiteren Informationen in Sachen Pädagogik und Psychologie benötigen.

RESSOURCENFÖRDERNDE LERNBEDINGUNGEN

Verantwortungsvolle Elternschaft

Die Persönlichkeitsentwicklung der Kinder beginnt zu Hause. Dort entsteht die Grundlage, auf der sie in der Schule voranschreiten kann. Doch immer mehr Erziehungsaufgaben werden in die Schule verlagert, was die Lehrkräfte von ihrer eigentlichen Aufgabe, der Wissensvermittlung, abhält. Wir Eltern sollten uns vor Augen führen, dass unsere oft stressigen Arbeitsbedingungen unseren erzieherischen Einsatz tatsächlich behindern. Manchmal fehlt uns die Kraft, uns den vielen kleinen und großen Auseinandersetzungen mit unseren Kindern zu stellen und sie konstruktiv zu bewältigen. Doch genau diese Art von Auseinandersetzungen bildet die Fähigkeiten heraus, die sie in der Schule brauchen: Frustrationstoleranz, Geduld und guten Umgang mit Stress. »*Dass es immer mehr verhaltensauffällige und gewaltbereite Schüler gibt, dass viele Schüler im Elternhaus nicht mehr den Rückhalt finden, den sie eigentlich brauchen, dass Konkurrenz und Leistungsdruck zugenommen haben und dass die Unterschiede zwischen den gesellschaftlichen Gruppen sich im Klassenzimmer immer heftiger als Konfliktpotenzial widerspiegeln, diese Diagnose steht außer Zweifel.*«[105]

Die Schülerschaft ist heute sehr heterogen. Kinder mit sehr unterschiedlichen Wertvorstellungen, Verhaltensweisen, sehr verschiedenem Vorwissen und mit den unterschiedlichsten familiären

105 Kaltwasser, 2008, S. 11 und 12

Hintergründen müssen von den Lehrern in einer Klasse integriert werden. Gleichzeitig wird die gesunde Identitätsentwicklung der Kinder zu Recht zum Ziel und Kriterium für Erfolg erklärt. Nur sollten Lehrer damit nicht alleine sein. Bisher hofft unser System noch auf Lehrer, die sich ihrer Berufsehre so verpflichtet fühlen, dass sie freiwillig unbezahlte Extraarbeit leisten. Alle interviewten Lehrer haben ausnahmslos angegeben, dass sie überdurchschnittlich viel Zeit in die Unterrichtsvorbereitungen investieren würden, gleichzeitig aber ihrer Arbeit außerordentlich gerne nachgehen würden. Diese Freude an der Arbeit war einerseits ein Geheimnis ihres Erfolges und andererseits die Quelle ihrer Kraft.

Da so viel von der Persönlichkeit des Lehrer abhängt, wird die Schulwahl zum Glücksspiel: Welchen Lehrer bekommt mein Kind? So mancher junge Lehramtsanwärter fragt sich andererseits vielleicht, ob sich ein Mehreinsatz zum Wohle seiner Schüler überhaupt lohnt? Ist das Ziel, erfolgreiche, reife, zufriedene Schüler auszubilden, Lohn genug? Diesen Zweifeln kann die Elternschaft entgegen treten, indem sie ein konstruktiver und wertschätzender Partner ist.

Ein selbstbewusster, unabhängiger Lehrer

Ob ein Lehrer eine wertschätzende Beziehung zu seinen Schülern aufbauen kann, hängt sehr von den Rahmenbedingungen, aber auch von seinen Überzeugungen und von seiner Persönlichkeit ab. Gelegentlich bringen Lehrer alte Verletzungen aus ihrer eigenen Schulzeit mit, die sie nun mit den neuen Möglichkeiten eines Lehrers heilen wollen. Vielleicht empfinden sie sogar alte kindliche Hilflosigkeit und Handlungsunfähigkeit, obwohl sie eigentlich stark sein müssten. Sich über diese eigenen Gefühle klar zu werden, lässt Lehrer angemessen auf ihre Schüler reagieren. Das ist eine große Herausforderung, die ein hohes Maß an realistischer

Selbstwahrnehmung verlangt. Im Umgang mit Kindern ist unsere psychische Verfassung nicht nur unsere Privatsache, denn sie wirkt unmittelbar auf die seelische Entwicklung der Schüler ein. Doch der Erwerb psychologischer Fertigkeiten gehört leider nicht zur Lehrerausbildung, und so bleibt die Auseinandersetzung mit sich selbst private Angelegenheit des Lehrers.

Doch nicht nur damit sind Lehrkräfte alleine. Viele gaben in den Interviews an, dass es im Kollegium eher unüblich sei, sich auszutauschen, sich bei Niederlagen zu unterstützen oder sich gegenseitig Tipps zu geben. Auch ein Wissensaustausch finde nur selten statt. Im Gegenteil: Ein engagierter Lehrer, der tolle Ergebnisse bei seinen Schülern vorweisen kann, dafür aber auch viel unentgeltlich gearbeitet hat, lege die Latte für alle höher.

Lehrer können aktiv gegen das Einzelkämpfertum angehen, indem sie Kollegen und Eltern wertschätzend einbinden und indem sie ihrer Fortbildung einen hohen Stellenwert einräumen.

Lehrer haben viel zu gewinnen, wenn sie für das Feedback ihrer Schüler aufmerksam sind. Dieses liefern die Schüler, wenn sie zeigen, dass sie den Lehrer mögen, oder wenn sie freiwillig mitarbeiten. Dabei darf man ihr Urteilsvermögen nicht unterschätzen. Nicht immer sind die lustigen Kumpels mit den flotten Sprüchen, die wenig Hausaufgaben geben die beliebtesten Lehrer, sondern eher die, die für Orientierung und Vorhersehbarkeit sorgen und deren Maßstäbe gerecht sind und für alle gelten. Schüler wollen gefordert und ernst genommen werden, denn dadurch spüren sie, dass man ihnen etwas zutraut.

Manche Lehrer versuchen leider, regelmäßig schlechte Leistungen ihrer Schüler mit dem hohen Anspruch des eigenen Unterrichts oder mit der Dummheit der Schüler zu erklären. Es gibt nun einmal Lehrer, die aus unterschiedlichen Gründen nicht gut mit den Kindern umgehen. Erschöpfung, fehlender Zuspruch, keine institutionelle Unterstützung ihrer Arbeit, wenig psychologisches Geschick oder eigene Unsicherheiten können Gründe dafür sein. Andere Lehrer können und wollen sich nicht klar von ihrer Klasse abgrenzen und agieren wie Teenager. Als Vorbilder taugen sie dann natürlich nicht, denn die Schüler mögen das vielleicht vordergründig lustig finden, haben jedoch unterschwellig Angst und verlieren nach und nach den Respekt. Viele Lehrer wollen einfach gemocht werden, was gut zu verstehen ist, doch manchmal wählen sie die falschen Mittel: »*Das Drama des modernen Lehrers ist, dass er mit seiner Rolle als Erwachsener hadert, dass er glaubt, kein Wegweiser sein zu dürfen, dass er unbewusst von seinen Schülern geliebt werden möchte, dass er insgeheim um deren Wohlwollen buhlt, dass er ein Harmonieproblem hat. […] der Lehrer steckt die Leitplanken für alle ab, zeigt aber auch jedem Einzelnen bislang verborgene Potenziale, die oft nur unter Belastung zu Tage treten.*«[106]

Mit dem Erarbeiten ihrer Kompetenzen und ihrer Selbstwirksamkeitserwartung können Lehrer all dem entgegen treten. Stressmanagement hat hier sicherlich besonderen Stellenwert. Eine sehr probate Form, dem Burnout vorzubeugen, ist Achtsamkeit, wie es im Burnout-Prophylaxe-Programm von Kaltwasser erklärt wird.[107]

Die Chancen des systemischen Blicks ergreifen

In Schulklassen entsteht wie in anderen Gruppen auch eine Art Mobilé: Jeder Schüler hat dabei seinen Platz und seine Aufgabe. Die Kinder handeln das untereinander aus und verändern die

106 Felten, 2012, S. 52 und S. 56

107 Vgl. Kaltwasser, 2010 und http://bit.ly/1hSurF4

Plätze je nach Entwicklungsstand, Geschehnissen in der Klasse, wechselnden Sympathien etc. Die Position eines Kindes ergibt sich aus den Bildern, die die anderen Kinder von ihm haben und aus deren Bewertungen. Legt ein Schüler beispielsweise ein problematisches Verhalten an den Tag, gibt er damit ein bestimmtes Bild ab, das von den Mitschülern automatisch bewertet wird: Der eine identifiziert sich, der Nächste wird wütend, einer ist schadenfroh, ein anderer ist vielleicht mitfühlend. Da die Klasse ein System ist, in dem sich alle Kinder mit diesem problematischen Verhalten in irgendeiner Form auseinandersetzen müssen, führen die Bewertungen zu Reaktionen: Das Kind, das zuvor die Rolle des Störenfrieds übernommen hatte, erhält nun weniger Aufmerksamkeit, was ihm einen neuen Handlungsspielraum gibt. Daraufhin verändert sich die Freundschaft zu einem Dritten, der übers Quatsch machen mit dem ehemaligen Störer verbunden war und so fort.

Durch ihre starke Empathie spüren hochsensible Kinder häufig, wenn ein anderes Kind Probleme hat. Sie fühlen die Bedürfnisse und Motive der anderen instinktiv, – und auch die anderen spüren, dass sie wahrgenommen werden. Vielleicht haben Sie schon einmal bemerkt, dass Ihr hochsensibles Kind die schwierigen Kinder wie ein Magnet anzieht oder dass der Lehrer es gerne zu einem unruhigen Kind setzt.

Viele hochsensible Kinder wirken in Gruppen wie ein Staubsauger von Stimmungen: Die inneren Zustände von anderen, die vielleicht versteckt werden sollten, werden dann stellvertretend vom hochsensiblen Menschen ausgedrückt. So braucht man sich nicht wundern, wenn so manches empathische hochsensible Kind fremde Gefühle »übernimmt«. Dieses Talent kann anstrengend und irritierend sein, und Eltern sollten ihr Kind gut darauf vorbereiten.

Ganz entscheidend für die Dynamik in der Klassengemeinschaft ist das Verhalten des Lehrers und wie er Situationen, die Schüler und ihr Verhalten beurteilt. In einer solchen Position ist es ganz besonders wichtig, dass diese Bewertungen einigermaßen gerecht ausfallen, denn nach ihm richten die Kinder unbewusst ihre Bewertung aus. Auch bereitwillig Verantwortung zu übernehmen und das konstruktive Signal zu senden *›Ich kümmere mich‹* wirkt manchmal Wunder. Denn das strahlt auf die Schüler zurück: Sie werden ruhiger und haben weniger Veranlassung, im Sinne des durcheinandergebrachten Mobilés etwa durch Stigmatisierung des störenden Mitschülers ein neues Gleichgewicht zu suchen. Ganz anders verhält es sich, wenn der Lehrer das betreffende Kind anprangert und ihm vielleicht sogar Unrecht tut. Das Bashing ist eröffnet, und nicht selten fühlen sich die Schüler dadurch zu Mobbing ermutigt. Die Klasse systemisch zu betrachten, kann dem Lehrer ganz neue Handlungsspielräume eröffnen und neue Lösungsmöglichkeiten aufzeigen.

Schüler finden zu ihrer Identität

Sicherlich sind die Rahmenbedingungen in den Schulen nicht so, dass sich jeder Schüler optimal entfalten kann. Die Schule ist auf die Bedürfnisse der nicht hochsensiblen Mehrheit ausgerichtet. Die Kinder jedoch, die zu einer Minderheit gehören, können ihre Individualität weniger entfalten und ihre Stärken weniger in die Klassengemeinschaft einbringen. Das kann ihre Persönlichkeitsentwicklung ins Stocken bringen und in der Folge zu verminderter Leistung führen. Die stimmige Persönlichkeitsentwicklung beeinflusst den messbaren Schulerfolg stark. Nur, wie viel Individualität ist in den Klassenzimmern tatsächlich erlaubt und möglich? »*Auf jedes noch so schwierige Kind individuell eingehen – ist das überhaupt realistisch?*«, wird die Erziehungswissenschaftlerin Sabine Andresen gefragt: »*Jedenfalls kann es nicht Ziel sein, eine heterogene Gruppe möglichst homogen zu bekommen. Unterricht lässt sich durchaus so gestalten, dass Kinder individuell in Freiarbeit lernen. Das setzt eine Menge Vorbereitung voraus, der Lehrer muss die Arbeitsmaterialien erstellen, sich genau überlegen, was er mit welchem Kind erarbeiten will – in einigen Klassen sollte auch eine 2. Lehrkraft oder ein Schulpsychologe präsent sein.«*[108]

Nicht immer geht es um zusätzliche Arbeitsmaterialien. Es geht auch darum, die Kinder zu sehen, ihre Individualität anzuerkennen. Kinder, deren Persönlichkeit nicht zum Zuge kommt, die auf mangelnde Toleranz und wenig Raum für ihre Individualität treffen, leiden sehr unter den Konsequenzen des Übersehenwerdens. Leider geht der Gedanke der individuellen Förderung im normalen Schulbetrieb immer wieder verloren, weil er mit Extraaufgaben oder Differenzierung des Unterrichtsstoffs viel eher verbunden wird als mit der Berücksichtigung der individuellen Charaktere.

Erfahrung: Das Innenleben einer Zwölfjährigen

Ein hochbegabtes und hochsensibles 12-jähriges Mädchen war an diversen Schulen gescheitert bzw. das Schulsystem an ihr. Nach mehreren sehr schlimmen Erfahrungen im Regelsystem verließ die Familie ihr Bundesland. An einer neuen Schule lernte das Mädchen dann schrittweise wieder Vertrauen zu fassen, um überhaupt erst wieder in die Schule gehen zu können. Nach ihrem Befinden gefragt, schlug das Mädchen selbst den folgenden Liedtext vor. In ihm würde sich alles finden, was es zu seinem Inneren zu sagen gäbe. Und obwohl es in diesem Text vordergründig um Liebe geht, mag für das Kind etwas anderes wichtig sein: Es scheint einen inneren Dialog mit dem Teil von sich zu halten, den es verleugnen muss.

---

108 Jan Friedmann im Interview mit Sabine Andresen, »Auch Lehrer müssen lernen«. In: SPIEGEL Wissen 1/2014, S. 56

»Ich bau eine Mauer und sprenge die Brücken.
Systematisch jeden Gedanken an dich unterdrücken.
Die Fotos verbrennen und die Lieder zensieren.
Komme, was wolle, ich darf die Kontrolle nie wieder verlieren.

Alles, was sich bewegt, lass ich streng überwachen. Verdächtige Elemente sofort unschädlich machen. Es reicht ein Zeichen der Schwäche, ein Zittern der Finger. Ich brauch kühles Blut, denn es tut mir nicht gut, mich an dich zu erinnern.

Es tut mir nicht gut, mich an dich zu erinnern.

(Refrain)
Und immer wenn mein Herz nach dir ruft und das Chaos ausbricht in mir drin, schicke ich meine Soldaten los,
um den Widerstand niederzuzwingen. Immer wenn mein Herz nach dir ruft und es brennt in den Straßen in mir drin, befehle ich meiner Armee alles zu tun, um es wieder zum Schweigen zu bringen.

Bis es geknebelt, gebrochen ist und weggesperrt und mir endlich gehorcht, mein armes Herz. Ein guter Soldat stellt keine Fragen.

Er läuft Runden im Park, bis die Beine versagen. Die Stirn in den Staub wie ein Ja und ein Amen.

Ein Soldat vergisst alles,
im Falle des Falles auch den eigenen Namen.
Doch ich brauch nur einen Verräter, eine undichte Stelle, einen winzigen Stein für eine gewaltige Welle, ein Funken im Zunder und alles steht wieder in Flammen.

Die ganze Fassade klappt wie ein Kartenhaus in sich zusammen,
klappt wie ein Kartenhaus in sich zusammen.«

(Songtext: Maxim »Meine Soldaten«)

Dass das Mädchen dieses Lied ausgesucht hat, um ihr Inneres zu beschreiben, zeugt von ihrem hohen Abstraktionsvermögen und ist ein prägnantes Beispiel dafür, wie es sich anfühlen mag, sich zu sehr verleugnen zu müssen. Eindrucksvoll ist einerseits die Kraft, die dahinter steht, das zum Ausdruck bringen zu können und andererseits die dahinter zu vermutende Resilienz.

Angst und Reizüberflutung minimieren

Angst ist in der Schule allgegenwärtig: Angst vor dem Versagen, Angst, sich zu präsentieren, sich lächerlich zu machen, nicht dazuzugehören oder Erwartungen nicht zu entsprechen. Das ist nicht vollständig zu vermeiden. Was aber vermieden werden kann, ist, Angst gezielt herbeizuführen, durch Unachtsamkeit oder durch Disziplinierungsmaßnahmen, denn: »*Reizüberflutung und Stress bewirken Angst und mangelnde Konzentration und sind regelrechte Lernverhinderer.*«[109]

Auch die Geräuschbelastung in den Schulen ist in den letzten Jahrzehnten ständig gestiegen. Wenn die Anpassungsfähigkeit ihre Grenzen erreicht hat, können Kinder sich nicht mehr ausreichend konzentrieren und zeigen auch vermehrt (Schul-)Angst. Wichtig ist, Kindern mit zunehmenden Alter diesen Zusammenhangs bewusst zu machen. Denn wenn man die Auslöser des eigenen Unbehagens oder der eigenen Angst kennt, dann versteht man sich selbst besser und kann eventuell gezielt Einfluss nehmen.

---

109 Kaltwasser, 2008, S. 12

WORST-CASE-SZENARIO: SCHULVERWEIGERUNG

Die Summe der Erfahrungen gibt den Ausschlag

Glücklicherweise kommen nur wenige hochsensible und/oder hochbegabte Kinder in der Schule in eine Situation, die sie nicht mehr bewältigen können. Die Übergänge sind fließend, aber »immerhin *20 % der Hochbegabten werden durch die Schule krank gemacht. [...] Diese Schüler, die [...] oppositionell oder depressiv [sind], scheinen nicht mehr lenkbar, werden gemobbt, haben Angst und entwickeln somatische Störungen. Sie werden aus Schulen verwiesen, therapiert, in psychiatrische Kliniken eingewiesen, auf Internate abgeschoben, in Sonderschulen für Verhaltensgestörte überstellt – nicht selten endet die Odyssee dieser Kinder mit dem ›Ruhen der Schulpflicht‹, der Erklärung der öffentlichen Schule, dass sie mit diesen SchülerInnen nicht mehr weiter weiß.*«[110]

In manchen Fällen wird die seelische Not so groß, dass diese Kinder oder Jugendlichen nur noch den Ausweg der Schulverweigerung sehen. Um solch eine Krise als Familie zu bewältigen, muss man nachvollziehen können, wie es so weit kommen konnte. Was geht im Kind vor und welcher inneren Logik folgt es? Die mögliche Dynamik solch eines Worst-Case-Szenarios sei hier exemplarisch geschildert:[111]

---

110 Eckerle, 2009, erprobte in der Oswald-von-Nell-Breuning-Schule II (OvNBS II) die Beschulung dieser Extremgruppe von hochbegabten und schulabsenten Kindern und Jugendlichen, vgl. http://bit.ly/1GQWaMR

111 In die Ausführungen sind Beiträge aus einem Interview vom 12.10.2012 mit der Pädagogin Dorothea Schlegel-Hentrich eingeflossen, die über jahrelange Erfahrung in der Arbeit mit Hochbegabten verfügt.

Individualität findet keinen Platz

Bei Schuleintritt merken diese Kinder, dass ihre Erwartungen nicht mit der Realität übereinstimmen: Das ist ihre erste große Enttäuschung. Viele hatten schon im Kindergarten ein auffälliges Verhalten gezeigt, mit dem sie ihrer Not Ausdruck verleihen wollten, am falschen Platz zu sein und mit den eigenen Bedürfnissen nicht zu passen. Oftmals haben diese Kinder dann bereits sehnsüchtig auf die Schule gewartet und sich große Hoffnungen gemacht, dass dort alles besser wird, dass es dann viel Spannendes zu entdecken gibt und sie nun etwas lernen dürfen. Wenn sich diese Hoffnung nicht erfüllt, gibt es einen ersten Knacks in der Motivation. Oft können die Kinder die geistige Unterforderung und die vielen Irritationen anfangs noch ganz gut kompensieren. Dann kommen vielfältige Erlebnisse und persönliche Erfahrungen mit Lehrern und Mitschülern hinzu, die das Pendel in die eine oder andere Richtung ausschlagen lassen.

Beispiel:

Leon, ein 6-jähriger, hochbegabter und sehr sensibler Junge, kam zum ersten Mal mit seiner Mutter in meine Beratung: Er war seit vier Wochen in der Schule, auf die er voller Ungeduld gewartet hatte. Die letzten Monate im Kindergarten waren nicht einfach für ihn gewesen: Im Stuhlkreis und bei den täglichen Spielen war er zunehmend ungehalten geworden, hatte zu vielem »langweilig« gesagt, gestört und andere Kinder geärgert … Auf der anderen Seite wirkte er sehr verunsichert auf mich, was seine Mutter bestätigte. Morgens im Kindergarten zum Beispiel traute er sich nicht mehr zu grüßen – die Erzieherinnen machten wohl auch keine Anstalten, ihn zu ermutigen. Sein wenig angepasstes Verhalten störte den Ablauf, wurde aber nicht weiter erforscht. Vielmehr musste Leon anscheinend regelmäßig den Stuhlkreis verlassen. Zu Hause, so erzählte die Mutter, kamen immer mehr Wutanfälle und Äußerungen wie »Ich bin doch eh blöd«, »Mich mag

> doch eh keiner«. Die Bedürfnisse des Kindes wurden komplett ignoriert. Es passte sich nicht in den Ablauf ein, daher wurde es separiert. Und niemand machte sich die Mühe zu verstehen, was in Leon vorging. An der Stelle hätte man intervenieren und auf die Bedürfnisse des Kindes aufmerksam machen müssen. Er hätte weniger Schaden genommen und ein größeres Päckchen Resilienz für den Schuleintritt gehabt. Mit dieser Verunsicherung und einem negativen Bild von sich selbst kam Leon nun in die Schule. Hier sollte alles anders werden, hatten ihm die Eltern Hoffnung gemacht. Doch seine künftige Lehrerin war schon vom Kindergarten informiert worden, dass er »schwierig« sei und sich nicht in die Gemeinschaft einfüge. Leon empfand die Schule nicht als die erhoffte Rettung, denn auch hier musste er wieder warten – lesen und schreiben hatte er sich schon selbst beigebracht – auch hier erfuhr er keine Unterstützung. Einmal zerfetzte er mit seinem Bleistift ein ganzes Blatt mit Einsen, die er hatte schreiben sollen. Alles Hoffen, dass es jemanden geben könnte, der ihn versteht, war umsonst.

Leon hat offensichtlich zwei Enttäuschungen zu verkraften: Die Aussicht auf »ein besseres Leben« in der Schule wurde ebenso enttäuscht wie die Hoffnung, wertschätzend wahrgenommen zu werden. Hier ist jetzt Resilienz gefragt: Wie geht das Kind mit diesem Frust um? Wie viel an Enttäuschung hat es bereits erlebt und wie kommt es damit zurecht? Was kann die Familie kompensieren? Die kindlichen Reaktionen können sehr unterschiedlich ausfallen: depressive Verstimmungen, aggressives Verhalten, die Kinder spielen den Klassenclown, verlieren ihre Lernmotivation oder gehen Nebenbeschäftigungen nach. Häufig meldet sich der Körper mit zunächst leichten psychosomatischen Beschwerden, die mit der Zeit anwachsen können. Ihre hohe Sensibilität macht die Situation für sie oft besonders schwierig, weil ihre komplexe Wahrnehmung und ihre gründliche Verarbeitung die Situation in ihren Augen noch irritierender machen.

Zur geistigen Unterforderung addiert sich dann die Überforderung im emotionalen und sensorischen Bereich. Die Kinder haben eine extrem feine und ausgeprägte Wahrnehmung dessen, was sozial um sie herum passiert; es beschäftigt sie sehr und nimmt ihre Aufmerksamkeit und Energie in Anspruch. All das findet vor der ungewohnten Geräuschkulisse in Klassenräumen und auf Schulhöfen statt.

Mangelndes Gefühl von Zugehörigkeit

Das Kind merkt, dass seine Wahrnehmungen von kaum jemandem geteilt werden. Die anderen stören sich anscheinend nicht an dem Krach oder den sozialen Misstönen, nehmen diese unter Umständen gar nicht wahr. So kann dann zur kognitiven Unterforderung und seelischen Überforderung auch noch das beschämende Gefühl kommen, anders zu sein. Im schlimmsten Fall zieht das Kind den Unmut der anderen auf sich und wird gemobbt.

Nicht beachtet zu werden oder sich in sich selbst zurückzuziehen, sind keine guten Optionen, denn das Bedürfnis nach Zugehörigkeit ist da. Je nach Temperament und Vorerfahrungen wird dieses Bedürfnis entweder gleich aufgegeben – das Kind zieht sich zurück und schreibt sich die Situation selbst zu – oder es kämpft um Zugehörigkeit und unterdrückt wichtige Persönlichkeitsanteile, was es in seiner Entwicklung mittelfristig bremst. Es verunsichert ein Kind, wenn es sich fragen muss: ›Warum versteht hier niemand meine Witze?‹ oder: ›Warum ist es den anderen jetzt nicht zu laut, obwohl ich mich kaum noch konzentrieren kann?‹ Ein Kind muss sehr stark sein, um das regelmäßig wegzustecken. Anderssein heißt auch, andere Interessen zu haben. Diese Kinder können die Interessen der Mehrheit nur zu dem Preis teilen, dass sie sich verstellen. Auf jeden Fall schwanken sie zwischen dem Verlangen, sich selbst treu zu bleiben und damit ihre psychische Integrität aufrechtzuerhalten, und dem normalen Entwicklungsbedürfnis, dazuzugehören, also der Notwendigkeit, gewisse Eigenanteile im Sinne der Gemeinschaft zu unterdrücken.

Die schwierige Aufgabe besteht darin, einen gesunden Mittelweg zu finden: sich angepasste Verhaltensweisen anzueignen und sich gleichzeitig zu trauen, die Individualität selbstbewusst zu leben. Damit sind jedoch viele Kinder überfordert, jedenfalls dann, wenn sie ohne eine verständnisvolle Begleitung auskommen müssen.

Die Ausbildung eines positiven Selbstbildes speist sich zu einem großen Teil aus positiven Interaktionen mit der Umwelt. Hochsensible und/oder hochbegabte Kinder haben »komische« Interessen, durchschauen die Intentionen anderer Kinder, was diese irritiert, lehnen Anführer ab, regen sich schnell auf oder weinen leicht – all das macht sie nicht selten zur Zielscheibe von Hänseleien oder Mobbing. Die betroffenen Kinder sondern sich ab, was sich die Mitschüler wiederum mit Arroganz oder mangelndem Interesse erklären. Für das hochsensible Kind steht meist fest: *›Dass es nicht passt, liegt an mir.‹*

Die Schule ist kein selbstbestimmter Ort, und die Tatsache, dass man nicht weg kann, ruft nicht selten Gefühle der Ohnmacht und des Ausgeliefertseins hervor. Manche Kinder sind geistig abwesend oder suchen Zuflucht in einer Phantasiewelt. Ganz entscheidend kommt es dann darauf an, welche Selbstheilungskräfte sie mitbringen.

Irgendwann ist es dann zu viel: Die Anpassung an die Regeln der Mehrheit und die Befriedigung eigener wichtiger Bedürfnisse lassen sich nicht mehr unter einen Hut bringen. Auch jetzt könnte die Situation noch durch Hilfe von außen günstig beeinflusst werden. Ein wohlwollender Lehrer, einfühlsame Eltern oder ein spannender, an den eigenen Bedürfnissen und Fähigkeiten orientierter Unterricht könnten ausgleichend wirken. Rückblickend erkennt man immer wieder entscheidende Weggabelungen: Entweder tritt ein Verbündeter auf, jemand, der das Kind ernst nimmt und es in der Situation auffängt, oder aber die Entfremdung von der Schule schreitet voran.

Fehlende oder abbrechende Beziehung zum Lehrer

Manche Lehrer verstärken das Problem, indem sie das Kind nicht richtig wahrnehmen, nicht sehen, dass es geistig unterfordert ist, nicht erkennen, dass es sich vieles zu Herzen nimmt, dass es sensorisch überreizt und durch die ständigen Mitteilungen des sozialen Umfelds überfordert ist. Und wenn der Lehrer zu dem Schluss kommt, dass die störenden Verhaltensweisen des Kindes an einem defizitären Charakter oder an falscher Erziehung liegen, braucht das Kind Hilfe. Dem können Eltern vorbeugen, indem sie von Anfang an ein vertrauensvolles Verhältnis zum Lehrer suchen und ihn schrittweise für die Bedürfnisse und das Empfinden des Kindes sensibilisieren. Manch ein Lehrer fühlt sich persönlich provoziert, wenn ein Schüler seinen Unterricht durch Träumen oder Stören zu boykottieren scheint und ist dann nicht mehr imstande, dessen Motive zu erkennen. Oft lässt ihm der Schulalltag dafür auch wenig Spielräume.

Für den einzelnen Schüler hat es jedenfalls weitreichende Folgen, nicht korrekt wahrgenommen, sondern missinterpretiert zu werden. Im schlimmsten Fall entsteht eine Abwärtsspirale, bis das Kind zu dem Schluss kommt: »*Mich versteht keiner.*« Ein Lehrer, der diese Not sieht und der dem Kind einfach deutlich macht, dass er es wahrnimmt, kann die Situation sehr schnell positiv beeinflussen. Sie können das als Eltern anregen, indem Sie in Lehrergesprächen die Frage stellen: »*Was schätzen Sie an meinem Kind?*« Machen Sie Raum für den ressourcenorientierten Blick und erwarten Sie das Gute! Ihr Kind braucht jemanden, der an es glaubt und es versteht. Schule hat den Bildungsauftrag, alle zu fördern! Bitten Sie um Unterstützung oder fordern sie diese schließlich ein. Dies ist ein weiterer kritischer Punkt, der über Eskalation oder Entspannung entscheidet: Bleiben die Eltern Verbündete ihres Kindes?

Das Vertrauensverhältnis zu den Eltern bröckelt

Spätestens dann, wenn in der Schule massive Probleme auftreten, kommen Eltern in einen Konflikt: Einerseits müssen sie das Kind in die Schule schicken, andererseits wissen sie, dass es ihm dort nicht mehr gutgeht. Ihr Kind spürt diese Ambivalenz und ist verunsichert. Wenn das Kind weiter Notsignale sendet, sei es in Form von körperlichen Symptomen, von Protest oder von Rückzug, kommt es auf die Reaktion der Eltern an. Sie haben hier die Gelegenheit, ihre Glaubwürdigkeit zu beweisen, indem sie beispielsweise sagen: »*Mein Kind ist schon in Ordnung. Wenn es Probleme gibt, schauen wir mal, wo sie herkommen.*« Als engste Vertraute des Kindes können Eltern eine wichtige Mittlerrolle einnehmen. Das Kind ist in einer sehr schwierigen Lage: Es fühlt sich alleine gelassen, von kaum jemandem verstanden, und die Probleme schreibt es überwiegend sich selbst zu. Es hat ein Recht darauf, dass Erwachsene einen Teil der Verantwortung übernehmen.

Der letzte Ausschlag zur Schulverweigerung und die Bedeutung für das Kind

Der Widerstand gegenüber der Schule steigt weiter. Sätze wie: »*Ich bin unsichtbar*« oder sogar: »*Ich will tot sein*« zeigen deutlich die Not dieser Kinder. Die ganze Familie gerät zunehmend unter Druck, wenn erste Anzeichen von Schulverweigerung auftreten. Drohend erhebt sich die Schuldfrage, was weiteren Stress erzeugt. Dies ist ein weiterer Schlüsselmoment: Werden die komplexen Ursachen für die Schulverweigerung gesucht oder wird dem Kind die Schuld gegeben?

Es ist außerordentlich wichtig, wie die Eltern sich in so einer Situation verhalten. Sie orientieren sich normalerweise an den durchschnittlichen Erwartungen an ein Kind. Das heißt, sobald das Kind immer mächtiger das Gefühl hat, nicht mehr zu können, sind viele Eltern im Zwiespalt: »*Die anderen können das doch auch? Was haben wir falsch gemacht?*« Oder: »*Warum tust du uns das an?*« Das Kind erhält die Botschaft, dass es anders sein, anders fühlen und andere Bedürfnisse haben sollte. Der Schulpflicht muss nachgekommen werden, sonst machen die Eltern sich strafbar. Andererseits erleben sie Tag für Tag, dass ihr Kind leidet – ein kräftezehrender Balanceakt. Kein Wunder, dass viele betroffene Eltern ihre Kinder zu noch mehr Anpassung drängen. Dadurch glaubt das Kind, nun auch noch den Rückhalt der Eltern zu verlieren. Vom Lehrer und von den Mitschülern nicht richtig wahrgenommen zu werden, ist schon eine riesige Last. Wenn ihm dann auch noch die Eltern seine Gefühle ausreden wollen oder ihm gar die anderen als Vorbilder vorhalten, ist das eine Katastrophe.

Die Kinder haben Angst, sich diesen extrem unangenehmen Gefühlen jeden Tag erneut stellen zu müssen. Sie entwickeln vielleicht psychosomatische Beschwerden oder verschließen sich komplett. Ein Kind, das unter diesen Umständen den Schulbesuch verweigert, ist in einer psychischen Notlage und braucht Hilfe! An diesem Punkt haben die Kinder keine Wahl mehr, sie können tatsächlich nicht mehr in die Schule gehen, was wiederum eine Vielzahl von Reaktionen innerhalb der Familie auslöst. Eltern reagieren oft fassungslos und neigen beispielsweise dazu, dem Kind Willkür zu unterstellen. Je größer ihr eigener Wunsch nach Konformität ist, umso schwerer fällt es ihnen, die Situation anzunehmen und in Ruhe nach einer Lösung zu suchen.

Hier ist ein weiterer Schlüsselpunkt: Eltern dürfen sich trotz eigener Unsicherheiten nicht in die Verzweiflung und Hoffnungslosigkeit des Kindes hineinziehen lassen! In der Unterstützung ihres Kindes müssen sie weiter unerschütterlich sein und sich fachliche Beratung und seelische Unterstützung suchen. Es gibt Hochbegabtenzentren, gute Psychologen und psychosoziale Berater, die sich mit dem Erleben von hochsensiblen und hochbegabten Kindern und deren Eltern auskennen. Eltern können dort Antworten finden, Mut fassen und erleben, dass sie Unterstützung finden.

Rechtliche Fragen

Wenn der Schüler die Schule verweigert, können aufgrund des gesetzlichen Bildungsauftrages des Staates Interventionen von Seiten der Schule eingeleitet werden. Zunächst werden die Eltern natürlich aufgefordert, das Fernbleiben vom Unterricht durch die Vorlage eines ärztlichen Attestes zu begründen. Später kann es dazu kommen, dass zusätzlich ein Amtsarzt bestellt wird, der begutachtet, ob das Kind dem Unterricht berechtigt oder unberechtigt fernbleibt.

In Deutschland sieht das weitere Procedere folgendermaßen aus: Von Schulseite wird der Auftrag an das Jugendamt weitergegeben, für ein psychologisches Gutachten zu sorgen. Diese Stellungnahme entscheidet dann, ob dem Kind eine »seelische Beeinträchtigung« nach §35a SGB VIII[112] bescheinigt wird oder ob ein Erziehungsdefizit seitens der Eltern besteht, was die Feststellung des §27 SGB VIII[113] bedeutet. [Alle Verweise auf Gesetzestexte beziehen sich auf Deutsches Recht]

Eltern sollten parallel dazu auch mit einem Kinder- und Jugendpsychiater ihres Vertrauens sprechen. Schulangst ist eine Erkrankung, die nicht zum Dauerzustand werden darf. Außerdem ist es wichtig, dass die psychische Situation des Schülers richtig eingeordnet wird. Die Praxis zeigt, dass im laufenden Schulbetrieb die Tendenz besteht, ›schwierige‹ Kinder eher auszuschließen als zu integrieren. Doch das Problem liegt nie nur am Schüler, auch nicht nur am Lehrer oder nur an den Eltern. Häufig ist das Lernumfeld beteiligt, was jedoch oft ausgeblendet wird, denn schließlich kommt die Mehrheit der Schüler irgendwie damit zurecht.

Das psychologische Gutachten kann zur Feststellung des §35a SGB VIII führen, womit dem Kind »eine seelische Beeinträchtigung« bescheinigt würde. Dies begründet den Anspruch auf sonderpädagogischen Förderbedarf, der zum Beispiel in einer Förderschule für hochbegabte Schüler umgesetzt werden könnte. Mit der Unterbringung in einer Förderschule aber, die nur die sichtbaren Defizite beseitigen soll, ohne dass die hohe Sensibilität und insbesondere die Hochbegabung berücksichtigt würden, wäre dem Kind nicht geholfen. Auch aus diesem Grund ist es wichtig,

---

112 §35a SGB VIII (Achtes Buch des Sozialgesetzbuches: Kinder- und Jugendhilfe) regelt den Anspruch auf sogenannte Eingliederungshilfe für seelisch behinderte Kinder und Jugendliche.

113 §27 SGB VIII regelt den Anspruch auf Hilfe zur Erziehung.

von dem Recht Gebrauch zu machen, zusätzlich einen eigenen, mit Hochbegabung bzw. Hochsensibilität vertrauten Psychologen zu Rate zu ziehen und mit ihm gemeinsam in Ruhe und ohne Vorbehalte die Bedürfnisse des Kindes zu formulieren.

§ 35a kann Unterstützung wie Hilfen zu einer angemessenen Schulausbildung, Hilfen zur Teilhabe am gesellschaftlichen und kulturellen Leben und den Besuch einer Privatschule möglich machen. Aber der Weg über den § 35a ist wegen des drohenden Stigmas nicht ohne Risiko, auch wenn er dem Kind durch eine veränderte Lernumgebung zur Entfaltung seiner Persönlichkeit verhelfen kann. Oder aber es kommt zur Feststellung des § 27 SGB VIII, was bedeutet, dass die Eltern sich zu einem Erziehungsdefizit bekennen müssten und im Zuge dessen Unterstützung und Hilfestellungen bei der Erziehung bekämen. Wie gesagt sind jedoch viele Faktoren an der Entwicklung zur Schulverweigerung beteiligt, so dass ein einseitiges Versagen der Eltern eher unwahrscheinlich ist. Ich kann aus meiner Erfahrung bestätigen, dass die ratsuchenden Eltern im Gegenteil oft sehr bildungsnah, reflektiert und hochmotiviert sind.

Mit der Begutachtung beginnt die Zerreißprobe, denn sobald das Jugendamt involviert ist, steht die Frage im Raum, ob die Eltern mit der Erziehung des Kindes überfordert sind und Unterstützung brauchen. Mit der Beantragung des § 27 SGB VIII gestehen Eltern quasi ihr Unvermögen ein, was zu weiteren Schwierigkeiten im Umgang mit der Schule führen kann. Stellen Sie sich daher aktiv gegen eine Beantragung des § 27 SGB VIII!

Eltern als Anwälte ihres Kindes

Geben Sie an dieser Stelle nicht auf. Es gibt Verbündete und Vermittler, und es gibt Schulen, die auf Persönlichkeitsentwicklung besonderen Wert legen. Und es gibt Sie als Eltern, die einen klaren Kopf behalten können. Haben Sie Ihre Rolle als Vermittler und Übersetzer, als konstruktiver Begleiter voll und ganz ausgeschöpft?

Wenn ja, dann machen Sie sich klar: Erfolg hängt nicht nur von Ihrem guten Willen ab, und das Letzte, was Sie nun brauchen, sind Schuldgefühle. Gibt es keine funktionierende Beziehung zur Schule, so können auftretende Schwierigkeiten auch nicht mehr gemeinsam gelöst werden und je nachdem, wie gut der Kontakt vorher war, wird jetzt unterschiedlich vehement Schuld zugewiesen.

Richtig ist, dass nicht jede Verhaltensauffälligkeit mit einer besonderen Sensibilität oder Hochbegabung erklärt werden kann. Richtig ist aber auch, dass die Schule in vielen Fällen auslösend ist, was anhand der Erfahrungen in den Beratungsstellen eindeutig belegt werden kann. Alle Zuschreibungen von Seiten der Schule sollten Sie sehr genau prüfen: »*Sind wirklich wir für diese Entwicklung verantwortlich? Hat mein Kind tatsächlich einen psychischen Defekt, der behandelt werden muss?*« Hier werden Sie zum Anwalt Ihres Kindes, der gut über Hochsensibilität und Hochbegabung informiert sein muss. Tragen Sie sachliche Informationen zusammen!

Und dann brauchen Sie unbedingt Verbündete – psychologische Fachleute etwa, die Ihr Kind der Schule erklären. Sich einer Pathologisierung aktiv entgegenzustellen, wenn man selber Zweifel hat und vielleicht nach einer schnellen Lösung sucht, kostet eine Menge Kraft. Vielleicht können Ihnen Menschen helfen, zu denen Sie in der Vergangenheit eine gute Beziehung aufgebaut haben, wie ein ehemaliger Lehrer, ein Schulpsychologe oder andere Eltern, die vermitteln können. Es ist wichtig, jetzt die psychische Dynamik zu kennen und die Probleme ihren Ursachen zuzuordnen, um damit dem Kind zu helfen. Ihr Rückhalt wird nun entscheidend.

Krisengespräche mit der Schule

Besinnen Sie sich auf Ihre Rechte. Die Schule hat die gesetzliche Pflicht, Lernbedingungen für alle Schüler zu schaffen und mit allen Mitteln zu verhindern, dass Schüler ihrer Schulpflicht nicht mehr nachkommen können. Sie sind also keine Bittsteller. Ihr Kind braucht Sie und Ihre Loyalität. So werden Sie vom konstruktiven Übersetzer zum Anwalt Ihres Kindes.

Sie sind überzeugend und souverän in Ihrem Auftreten, wenn Sie sich einen weitgehend objektiven Blick auf Ihr Kind zulegen, was zugegebenermaßen nicht leicht ist. Doch es hilft bei der Lösungsfindung, ebenso wie das Bemühen, von der eigenen Befindlichkeit abzusehen. Kämpfen Sie auch gegen das Gefühl der Blamage an.

Viele Eltern werden im Laufe der Zeit zu Experten. Sie müssen lernen, ihr Kind früh der Lehrkraft zu erklären und zwar behutsam, konstruktiv und ohne Vorwurf oder Empörung. Sachliche Informationen, psychologisches Wissen, souveränes Auftreten sowie die Unterstützung von emotional weniger involvierten Menschen steigern die eigene Überzeugungskraft. Seien Sie auch darauf vorbereitet, dass Ihnen für Ihr Kind der Besuch einer therapeutischen Praxis empfohlen wird. Sie sollten daher vorher schon ein Gespräch mit einem Psychologen Ihrer Wahl führen, der mit Hochbegabung und Hochsensibilität vertraut ist. Gespräche mit dem Kinderarzt, einem Psychologen oder neutralen Fürsprechern sollte man dokumentieren, ebenso wie Gutachten und andere Informationen, um gegebenenfalls belegen zu können, dass man als Eltern sehr viel tut und dass nun die Schule gefragt ist. *»Die Schule hat ja sicher ein grundsätzliches Interesse daran, dafür Sorge zu tragen, dass jedes Kind seiner Schulpflicht nachkommen kann. Was haben Sie denn da für Ideen?«* Somit liegt der Ball bei der Schule. Stellen Sie Ihre Bemühungen in den Vordergrund und machen Sie deutlich, dass Sie auf das, was in der Schule vor sich geht, keinen direkten Einfluss haben.

Machen Sie sich auch auf Fragen gefasst, die unter Umständen ein Erziehungsdefizit implizieren, und überlegen Sie sich vorher gut, was Sie entgegnen wollen. Jedes kleinste Zugeständnis eigener Erziehungsfehler könnte überbewertet werden.

Dazu das Beispiel von Frau S.-D., das die Dramatik der Situation beschreibt:

»Ich bin alleinerziehend und habe 4 Kinder. Drei Geschwister haben in der Schule mit ihrer Hochbegabung keine Probleme, sie laufen automatisch so durch und sind sehr gut in der Schule. Die mittlere, besonders sensible 11-jährige Janina hingegen kommt in der Schule gar nicht mehr zurecht. Schon in der Grundschule ging es los: Vor Prüfungen hatte sie große Angst, kam auch nicht mit ihrer Lehrerin zurecht. Janina spürte die unterschwelligen Zweifel, die diese an unserer Familie hatte: ›Alleinerziehend und so viele Kinder, das kann ja nicht klappen.‹ Janina war verunsichert und schämte sich. Auf der anderen Seite wurden ihr die beiden älteren Geschwister vorgehalten: Sie waren doch auch so tolle Schüler – was war denn bloß los mit ihr? Janina setzte sich immer mehr unter Druck, traute sich immer weniger zu, fand keinen Anschluss an die anderen Kinder und zog sich immer mehr zurück. […] Zu Hause las sie viel, verschwand gedanklich in ihre Welt, dann war sie zufrieden. Aktuell ist sie in der 6. Klasse eines Gymnasiums, Schule ist für sie immer mehr zum Horror geworden. Mittlerweile hat sie starke psychosomatische Beschwerden, wacht morgens mit Bauchschmerzen auf, weint und bettelt mich an, sie bitte nicht zur Schule zu schicken. Ich muss doch – es besteht Schulpflicht. Doch es zerreißt mir jeden Morgen das Herz, wenn das Kind sich ans Treppengeländer klammert und mich anfleht, sie dazulassen.«

Zu Gesprächen mit der Schule können Sie auch einen psychologischen Berater für hochsensible und/oder hochbegabte Kinder mitnehmen. Außenstehende Vermittler übersetzen ganz sachlich die Bedürfnislage des Kindes und erstellen psychologische Gutachten, die klipp und klar aufzeigen, woran das Kind gescheitert ist: oft eben an der Schule selbst. Und zu einem nicht unerheblichen Teil haben dabei schwer messbare Gefühle eine Rolle gespielt, was ein unbeteiligter Berater oft besser begreifbar machen kann.

Für Eltern stellt sich gelegentlich die Frage, ob ein IQ- Test helfen würde. Bei manchen Lehrkräften öffnet der offizielle Nachweis der Hochbegabung die Tür für eine dringend nötige Förderung. Es wird dann meist die magische Grenze von 130 erwartet. Dass ein Kind mit einem IQ von 120–125 ebenso Unterstützung braucht, kann der Schule oder dem Lehrer eventuell mit Hilfe der Beratungsstelle oder des Psychologen verdeutlicht werden.

Die seltenen Fälle von Schulverweigerung setzen viele ungünstige Erfahrungen über einen längeren Zeitraum voraus. Wenn Sie als Eltern sich dieser möglichen Dynamik bewusst sind, können Sie im Vorfeld vieles abmildern. Schwierigkeiten, die nicht übermächtig werden, und welche die Kinder alleine überwinden können, machen sie dann im Gegenteil stark und selbstbewusst.

Mit Hilfe nur einiger der nun folgenden idealtypischen Elemente einer positiven Lernkultur hat Ihr Kind alle Möglichkeiten, sich positiv entwickeln zu können.

ENTWICKLUNGSFÖRDERNDE LERNKULTUR

Ich bewirke etwas. Ich bewältige eine Krise. Ich erlebe etwas.

Aristoteles

Das Ziel gelingenden Lernens ist es, das Vertrauen in die eigenen Möglichkeiten und ihrer Handlungsgewalt zu erwerben und damit ein Gefühl von Einfluss zu erlangen. Das trifft auf Schüler und Lehrer gleichermaßen zu und findet in einem gemeinsamen Prozess statt. Die integrative Sichtweise, die der Beziehung der Beteiligten eine große Bedeutung beimisst, wird von vielen Wissenschaftlern vertreten und zum Beispiel im Deutschen Zentrum für Begabungsforschung (DZBF)[114] mit Leben gefüllt:

»Der Weg zu diesem Potenzialgespür setzt voraus, dass sich Lehrkräfte und Eltern nicht länger hinter einer verzweifelten Suche nach Leistungserfolg verstecken dürfen, sondern wieder die wichtige Unterstützung in der Entwicklung ihrer Kinder zulassen: Beziehungsverbindlichkeit.«[115]

Was **Beziehungsverbindlichkeit** ist, zeigt diese Kölner Grundschullehrerin, die über eine Schülerin (8) sagt: *»Sie ist wie eine wunderschöne Blume, die ich hegen, gießen und pflegen muss. Wenn ihre Augen strahlen, bringt sie ihr ganzes Potenzial zum Vorschein. Wenn sich ihre Augen verdunkeln, sie ›diesen Blick hat‹, ist das ein Alarmzeichen für mich: Sie wird*

114 DZBF vernetzt Wissenschaft und Praxis, u. a. bietet es Programme zur Lehrerfortbildungen und mentorielle Begabungsförderung an.

115 Kuswik; Renger, Fünf Jahre DZBF. In: Labyrinth Nr. 120

dann zu einer Tulpe, die immer noch schön ist, aber nicht mehr strahlt ... Sie funktioniert dann einfach, gut zwar, aber ohne Begeisterung.«
Mit diesem Blick, so sagt sie, gehe sie an alle ihre Schüler heran.

Der Beziehungsverbindlichkeit hat sich auch Ernst-Fritz Schubert, Oberstudiendirektor der Willy-Hellpach-Schule in Heidelberg, verschrieben. Er führte 2007 an seiner Schule **das Fach »Glück«** ein, um Lebenskompetenz, Persönlichkeitsentwicklung und Lebensfreude seiner Schüler zu stärken und »*so auf ein sinnvolles Leben in heiterer Gelassenheit vor[zu]bereiten – das Glücklichsein. Das neue Fach soll ihnen helfen, ein seelisches Polster aufzubauen und sich gegen mögliche Probleme zu wappnen*«[116], sagt er.

Fritz Schubert entwickelt dazu Module für die Lehrerausbildung, die Kenntnisse in Familientherapie vermitteln, Theater- und Bewegungspädagogik sowie Fragen der Ernährung und Suchtprävention beinhalten. Vor allem aber kommt es ihm darauf an, bei Lehramtsanwärtern ein Bewusstsein für Persönlichkeitsentwicklung – die eigene und die der Schüler – zu schaffen. In seiner von der Universität Mannheim wissenschaftlich evaluierten Studie kam zu Tage, dass sich die »Glücksschüler« in ihren Klassen wohler fühlten, ein höheres Selbstwertgefühl hatten, besser wussten, was ihnen guttut und was sie dafür tun können, und dass ihr Gemeinschaftssinn gestiegen war.[117]

Auch eine jüngst veröffentlichte Studie von Wolfgang Knörzer an der Pädagogischen Hochschule Heidelberg bestätigte die positiven Effekte des Faches Glück. Was die Nachhaltigkeit angeht, so konnte die Selbstwirksamkeit der Schüler zwar gesteigert werden – zum Beispiel trauten sie sich nun eher, Dinge zu tun, die andere nicht

---

116 Interview mit Ernst Fritz-Schubert, »Ein seelisches Polster aufbauen«. In: Gehirn & Geist, Nr. 3, S. 51 f. Welche Module sich konkret hinter dem Fach verbergen, lässt sich u.a. in seinem Buch nachlesen.

117 Bertrams, 2011

gut finden –, aber es ist nicht gelungen, das Gemeinschaftsgefühl kursübergreifend aufzubauen, was die These stützt, dass die Umgebung und der Umgang mit einem Schüler stark über Motivation entscheidet. »*Die Medien greifen dieses Thema bis heute begeistert auf. Das Schulfach ist mittlerweile nicht nur an der Willy-Hellpach-Schule, sondern in vielen anderen Schulen in Deutschland und Österreich eingeführt. Immer mehr Schulleiter/innen fragen bei uns an, wie auch sie das Fach Glück in ihrer Schule einführen könnten.*«[118]

Bausteine gelingender Lernkultur

Vertrauenswürdig wirkt, wer seine Kompetenzen kennt und ein gutes Selbstbild hat. Dies wird einem Menschen teils in die Wiege gelegt, teils ist es erlernbar und trainierbar, »*und dies muss einen beträchtlichen Teil der Fort- und Weiterbildung der Lehrer ausmachen.*«[119] Vertrauenswürdigkeit entsteht durch den Erwerb fachlicher und pädagogischer Kompetenzen, durch die Fähigkeit, konstruktive Kritik zu äußern und selbst anzunehmen, durch Gerechtigkeit, Verlässlichkeit und einen klar strukturierten Unterricht. Die Kompetenz des Lehrers bezieht sich in diesem Zusammenhang ganz besonders darauf, eine auf Respekt und Wahrnehmung basierende Beziehung aufzubauen, die Persönlichkeiten der Schüler ebenso wie ihre Interessen, Begabungen bzw. Begabungsunterschiede hinreichend zu erfassen und auch Lernbehinderungen und psychische Störungen zu erkennen.

Die **Selbstachtung** und das Vertrauen des Lehrers in sich und seine Fähigkeiten als Pädagoge fördern die Ausbildung von Selbst-

---

118 Vgl. Fritz-Schubert, 2008

119 Gerhard Roth anlässlich einer Vorlesung an der Universität Bremen, Institut für Hirnforschung, 2012 zum Thema »Bildung braucht Persönlichkeit – wie ein guter Unterricht aussehen könnte«.

achtung bei den Schülern. Ohne eigenes Selbstwertgefühl wäre der Lehrer gar nicht in der Lage, seine Schüler realistisch einzuschätzen, sie zu ermutigen und ihre Vorzüge und Fähigkeiten zu betonen.[120] Außerdem werden Einsichten und Verhaltensweisen möglich, die die Integrität der Schüler schützen und ihr Selbstwertgefühl weiter wachsen lassen.

Die Macht der Zuschreibung ist sehr bedeutsam: Das Bild, das ein Lehrer vom Schüler hat, ob gerechtfertigt oder nicht, wird bei diesem schnell ins Selbstbild integriert. Im normalen Schulbetrieb heißt das ganz konkret, Gutes vom Schüler zu erwarten– auch und gerade dann, wenn er eine schlechte Zeit hat. Fehler dürfen sein, ohne dass daraus gleich dauerhafte Zuschreibungen folgen. Felten nennt ein wichtiges Prinzip des Unterrichts die Fehlerfreundlichkeit des Lehrers, aus dem heraus effektives Lernen erst möglich wird.

Hochsensible und/oder hochbegabte Kinder sind, wie gesagt, auf die Kompetenz des Lehrers besonders angewiesen. Denn sie ecken häufig an, ihr Verhalten erscheint manchem Mitschüler unverständlich, sie haben ungewöhnliche Interessen – aus all dem kann sich eine soziale Ungeschicklichkeit entwickeln. Nicht selten sind diese Kinder deswegen Zielscheibe von Hänseleien. Die Haltung des Lehrers in dieser Sache trägt ganz entscheidend dazu bei, wie gut sich das Selbstbild des Schülers entwickeln kann. Neurobiologisch ist der Zusammenhang zwischen interner Bewertung und Motivation im Gehirnareal der Amygdala und im mesolimbischen System nachweisbar. Roth zufolge bewerten beide Systeme alles das, *»was eine Person erlebt oder tut, nach den Konsequenzen für das eigene Wohlergehen* [...]«[121] Das bilde gleichzeitig die Grundlage für das Motivationssystem, das Handlungen, die zu Bestrafung führen,

120 Was ein wichtiger Grundsatz des Ermutigungskonzepts von Dinkmeyer/Dreikurs ist, 2004, S. 173 f.

121 Roth, 2011, S. 19, S. 55

vermeidet und zu Belohnung führende Handlungen wiederholt. Wie die Psychologin Graznya Kochanska nachwies und auch Aron bestätigte[122], haben hochsensible Kinder ein anlagebedingt hochempfindliches Wertesystem, das ihr eigenes Verhalten sogar schon viel früher bewertet und anpasst. Das heißt, ihr Motivationssystem funktioniert noch rigoroser nach dem Prinzip, Handlungen, die zu Bestrafungen führen, unter allen Umständen zu vermeiden. **Frau K., Grundschullehrerin aus Nordrhein-Westfalen**, weist ihre Grundschüler sehr feinfühlig auf Fehler hin, indem sie sie in Grün statt in Rot kennzeichnet. Außerdem kombiniert sie ihre Noten mit einem Feedback, das sich am persönlichen Maßstab des Schülers orientiert, was diesem wiederum eine Rückmeldung zu seinen Fähigkeiten gibt. Es ist klar, dass dieser individuelle Maßstab im normalen Schulbetrieb einen enormen Aufwand bedeutet und nicht durchgängig angelegt werden kann. Wo so ein Feedback zumindest hin und wieder einmal angewendet wird, haben die Schüler einen deutlich höheren Anreiz.

Ein **Klima der Gerechtigkeit**, der gegenseitigen Wertschätzung und der Ermutigung in der Klasse herzustellen, das ist eine wichtige Aufgabe des Lehrers. Sein gutes Vorbild strahlt auf den Umgang innerhalb der Klasse aus. Wie er etwa Individualität, Hilfsbereitschaft und Sensibilität bewertet, ob er diese wertschätzt und daran auch in schwierigen Situationen festhält, davon hängt viel ab.

Außerdem sollte er **übermäßige Konkurrenz nicht dulden**. Manche Kinder setzen sich lautstark und vehement für ihre Noten ein, umschmeicheln den Lehrer, protestieren gegen Ungerechtigkeiten. Anderen – und dazu zählen tendenziell sehr sensible Kinder – liegt es weniger, um eine Position zu kämpfen. Reagiert der Lehrer allzu einseitig positiv auf das eine oder das andere Verhalten, verstärkt er dieses natürlich.

---

122 Aron, 2011, S. 197

Des Weiteren kann es sehr sinnvoll sein, wenn der Lehrer darauf achtet, dass die Schüler **keine zu große Abhängigkeit vom Zusammensein** mit anderen entwickeln, sondern ebenso auch Individualität und Einzelarbeit im Klassenverband ihren Raum finden.

Streitschlichten, Ruhe und Konzentration könnten vom Lehrer honoriert und als Werte in die Klassengemeinschaft integriert werden. Damit würden hochsensible Kinder wahrgenommen und bekämen Unterstützung. Oft wird von den stillen Schülern angenommen, dass sie keine Probleme hätten, weil sie keine Probleme machen. Dabei kann es passieren, dass sie schlichtweg übersehen werden.

Selbstachtung gilt es im intellektuellen, sozialen und physischen Bereich zu entwickeln. Ein feinfühliger Lehrer schafft Gelegenheiten dafür. Wenn z.B. im Sportunterricht gezielt ganz unterschiedliche Sportarten angeboten werden, haben ängstlichere oder weniger sportliche Schüler gleich viel größere Chancen, sich in einem oder mehreren Bereichen hervorzutun.

Dasselbe gilt sinngemäß für **geistige Herausforderungen**. Eine Möglichkeit sind Extraaufgaben, die sich am Vorwissen und Interesse des betreffenden Schülers orientieren. Schon die einfache Feststellung: »*Ich weiß, du kannst das schon – ich werde mir etwas für dich überlegen*« kann die intellektuelle Selbstachtung fördern. Auch zu Hause kann diese durch die Unterstützung von ausgefallenen Hobbys oder geistigen Anreizen gestärkt werden.

Die **soziale Selbstachtung** jedes Einzelnen gedeiht in einem guten Klassenklima. Bei der Identifizierung von unterstützungsbedürftigen Schülern ist kein Kriterium so aufschlussreich wie das Fehlen von Freunden. Lehrer können aktiv dagegen angehen, wenn Schüler ausgegrenzt werden oder sich selbst ausgrenzen, etwa durch Arbeit in geschickt zusammengesetzten Gruppen, durch Nebeneinandersetzen von Freunden und Gleichgesinnten oder durch moderierte Gespräche im Klassenverbund. Dazu gehört auch, die Stärken einzelner Schüler in der Klasse hervorzuheben wie Streitschlichterqualitäten oder Besonnenheit. So lernen die Schüler, dass nicht immer der, der am meisten redet, auch am meisten zu sagen hat. Lehrer können auch sehr unterschiedliche Kinder oder sogar Streithähne nachmittags zur gemeinsamen Nachhilfe verpflichten oder ihnen ein Projekt in einer AG vorschlagen, damit sie sich außerhalb der Klassendynamik näher kennenlernen. Wenn einzelne Beziehungen gezielt gefördert werden, kann das Zugehörigkeitsgefühl in der Klasse insgesamt steigen.

Lernziele in **kleine Lernschritte** zu unterteilen ist ebenfalls ein sehr probates Mittel gegen Stress, nicht nur für hochsensible Kinder.

Mit Beziehung und Empathie in der Klasse Maßstäbe setzen

Ein beziehungsfähiger und empathischer Lehrer kann seinen Schülern wertvolle Impulse zu ihrer Persönlichkeitsentwicklung geben und öffnet damit einen Raum fürs Lernen. Mangelnde Beziehungsfähigkeit eines Lehrers dagegen kann die Ausbildung dieser Fähigkeiten sehr erschweren, umso mehr, je jünger, aber auch je sensibler die Schüler sind. Denn sie müssen dann von der Situation abstrahieren, d. h. sie losgelöst von der eigenen Person betrachten. Das bedeutet, das Verhalten eines abweisenden oder sogar unfairen Lehrers und seine eigenen Reaktionen muss der Schüler aus der Vogelperspektive betrachten können, was eine enorme Kraftanstrengung bedeutet. Wenn der Schüler noch nicht in der Lage ist zu abstrahieren, kann die Selbstachtung des Schülers verletzt werden.

Angemessene und **konstruktive Kritik** ist für viele Menschen ermutigend. Gerade hochsensible Kinder, besonders wenn sie bereits verunsichert sind, erleben Kritik oft als persönlichen Angriff. Sie empfinden dann eine tiefe Scham, die sie in dem Moment handlungsunfähig machen und sehr entmutigen kann. Daher kommt dem Lehrer hier eine große Sorgfaltspflicht zu. Er sollte:

- nur die Handlung, nicht die Person kritisieren,
- dem Kind immer eine gute Absicht unterstellen,
- Lob und Kritik deutlich voneinander abgrenzen (kein »Sehr gut, aber …«)
- nur das loben, was lobenswert ist,
- für Feedback das jeweilige Kind als Maßstab nehmen
- die Anstrengung anerkennen, nicht nur das Ergebnis und
- auf die Stärken des Kindes fokussieren

Außerdem sind die **Anerkennung** für gute Leistungen und ehrliche Bemühungen sowie das offen kommunizierte, aufrichtige Vertrauen in die Fähigkeiten des Kindes wichtige Bausteine für den Ermutigungsprozess[123], der das Rüstzeug für die Verarbeitung der unvermeidlich auftretenden Rückschläge darstellt. Wie bei der häuslichen Erziehung wäre es auch in der Schule optimal, wenn der Lehrer die Fähigkeit hätte, die Logik des Kindes zu erfassen und sein Verhalten im gesamten Kontext zu interpretieren. Eltern können dazu beitragen, indem sie Hintergrundinformationen über das soziale Umfeld des Kindes geben, wenn sich die Gelegenheit dazu bietet.

Hochsensible Kinder, die den Schwerpunkt im Bereich der Empathie haben, fühlen sich schnell den Wahrnehmungen und Gefühlen ausgeliefert, die sich ihnen über andere Menschen und

123 Das Konzept der Ermutigung und seine positive Wirkungsweise wurde schon vor vierzig Jahren von den Psychologen Tausch und Tausch als die entscheidendste Lernstrategie gekennzeichnet, später von D. Dinkmeyer und R. Dreikurs – auf der Grundlage von A. Adlers Individualpsychologie – weiter formuliert. Auch moderne Hirnforscher bestätigen dies.

deren Empfindungen aufdrängen, was sie oft sehr vom Lernen ablenkt. Hier sind hochsensible Erwachsene, die mit dieser Fähigkeit umzugehen gelernt haben, gefragt. Indem sie Empathie als etwas Positives benennen und diese vielleicht sogar als Qualität in der Klasse etablieren, kann auch das Kind sie in sein Selbstbild positiv integrieren.

Zur vorgelebten Beziehungsfähigkeit gehört es, Beziehungen in der Klasse zu fördern sowie Respekt unter den Schülern einzufordern.[124] Daraus ergeben sich Ordnung und Akzeptanz im Klassenraum, die zu gegenseitiger Achtung, Fairness und Anerkennung führen.[125]

Die Mutter einer 10-jährigen Tochter berichtet:

»Als sie dann auf das Gymnasium kam, bekam sie eine verständnisvolle Lehrerin, die erkannte, dass sie sehr sensibel ist. In einem Elterngespräch erzählte sie mir, dass Lina eigentlich den Wunsch geäußert hätte, alleine zu sitzen. Doch mit meinem Einverständnis würde sie sie lieber zu einem Mädchen setzen, das auch sehr still und zurückhaltend ist, so dass sie sich vielleicht ein wenig näher kennenlernen könnten. Jetzt hat sie nicht nur dieses Mädchen zur Freundin, sondern auch noch ein paar mehr Mädchen über sie kennengelernt, mit denen sie sich gut versteht. Sie kam sogar schon selber auf die Idee, mit einer dieser Freundinnen ins Kino zu gehen.«

---

124 Rüdell, 2010, S. 62. Die Pädagogin Edith Rüdell stützt sich u.a. auf die Fallstudien von Bargel/Steffens (1987), die die Bedeutung von guten Beziehungsstrukturen auf den Schulerfolg nachwiesen.

125 Schulz von Thun wies darauf hin, dass die Kombination von hoher Wertschätzung und geringer Lenkung eine starke entwicklungsfördernde Wirkung auf den Schüler hat, vgl. 1999, bei B. Schlag, 2006, S. 77

Respekt erhält ein Lehrer, wenn er seine Rolle als erwachsenes Vorbild verantwortungsvoll ausfüllt und durch Kompetenz überzeugt. Der authentische, wirklich verinnerlichte Respekt seinen Schülern gegenüber fällt ebenso auf ihn zurück, wie das Vertrauen in ihre Fähigkeiten, Talente und Begabungen.[126]

Hochsensible Schüler haben besondere Talente und erbringen große Leistungen. Dazu gehören das häufig stark ausgebildete Wahrnehmungs- und Urteilsvermögen, ihre Art, vernetzt zu denken, gepaart mit einem oftmals hohen Abstraktionsvermögen, ebenso wie die Notwendigkeit, sich immer wieder neue Anpassungsstrategien auszudenken. Sie brauchen die Anerkennung dieser Fähigkeiten durch ihre Bezugspersonen, auch wenn diese nicht altersgemäß, sondern altklug erscheinen.

Ebenso brauchen sie sowohl den Respekt vor ihrem individuellem Lerntempo als auch vor ihren sozialen und emotionalen Bedürfnissen, der sich z.B. darin zeigen würde, dass der Lehrer es zuließe, dass diese Kinder sich in ihrer ganz eigenen Geschwindigkeit in die Klassengemeinschaft integrieren. Dieser Respekt fällt umso leichter, wenn man sich bewusst macht, dass das hochsensible und/oder hochbegabte Kind sich nicht einfach mal anpasst, sondern es »*in seiner Vereinzelungssituation oft schon von klein auf im sozialen Umfeld eine weit höhere Frustrationstoleranz unter Beweis stellen muss als die Mehrheit, für die viel öfter vieles besser ›passt‹*«.[127] Remo Largo drückte das noch einmal ganz deutlich so aus: »*Doch was muss es für ein Gefühl sein, nicht wahrgenommen zu werden, jeden Tag mehrere Stunden lang, 200*

---

126 Roth, 2011, S. 308 f.; Largo/Berlinger, 2009 und Prengel, 2008

127 Schlichte-Hiersemenzel, 2006, S. 27

Tage im Jahr, und das unter Umständen über Jahre hinweg? Das Kind wird jede Form von Zurechtweisung, auch berechtigte, als Ablehnung empfinden. Es kann verhaltensauffällig werden, den Unterricht stören oder sich innerlich davon verabschieden.«[128]

Letztlich ist es für alle Schüler wichtig, wahrgenommen zu werden und Respekt vor ihren Bedürfnissen zu erfahren. Es kommt allen Schülern zugute, nicht nur den Hochsensiblen, wenn sie sich in einem festen **Orientierungsrahmen** bewegen können, wenn ihnen Veränderungen und Aufgaben rechtzeitig angekündigt werden und ihnen vorhersehbare Abläufe im Unterricht Sicherheit und Rückhalt vermitteln. Diese Sicherheit bietet ein gutes Fundament, auf dem sie ihre Aufgaben meistern können.

Schüler sollen heute ja auch selbstbestimmt sein, selbständige Entscheidungen treffen und ihre eigenen Vorstellungen vertreten können und über ihre eigenen Mittel gut Bescheid wissen. Damit dieser Prozess der Selbstbestimmung von Erfolg gekrönt ist, brauchen Kinder immer wieder **Ermutigungen** und Vertrauen. Denn wer seine Fähigkeiten kennt und ihnen vertraut, wählt die individuellen Mittel konstruktiv aus.

Ermutigung ermöglicht auch den Mut, einerseits zu sich selbst zu stehen und sich andererseits anzupassen. Diese Aufgabe ist für ein hochsensibles Kind die allergrößte Herausforderung. Wann muss es eigene Bedürfnisse unterdrücken, um sich anzupassen? In welchen Situationen müsste es so viel von sich selbst unterdrücken, dass es krank würde?

---

128 Largo/Berlinger, 2009, S. 199

Die Umwelt ist an den Bedürfnissen der Mehrheit orientiert.[129] Es verunsichert hochsensible oder hochbegabte Kinder, wenn sie sich von der Mehrheit der Altersgenossen regelmäßig in irgendeiner Weise unterscheiden. An der Stelle verzichte ich ganz bewusst auf Beispiele aus meiner Praxis, die Kinder in Schulen tagtäglich erleben. Mit der Angst, sich lächerlich zu machen oder lächerlich gemacht zu werden, wird leider viel zu oft gespielt. Sie entmutigt sowohl den betroffenen Schüler als auch die empathischen Schüler aus Mitgefühl gleich mit.

Ermutigung gleicht die vielen kleinen Entmutigungen aus, die sich durch die hochsensible Art der Wahrnehmung und des Denkens ja sowieso schon ergeben.

> Frau A., Grundschullehrerin aus Hessen:
> *»Mit der Zeit habe ich festgestellt, dass die hochbegabten Kinder – früher hatte ich da doch meine Vorbehalte – oft sehr sensibel sind und gleichzeitig einen schrägen Sinn für Humor haben, was ich privat ja sehr liebe. Da ich schon wusste, wann mein ›Pappenheimer‹ wieder abgeschaltet hatte, träumte oder müde war vom langen heimlichen Lesen in der Nacht, konnte ich ihn mit Humor wieder ins Boot holen. Meinen Sinn für Ironie und schwarzen Humor konnte ich auf verschwörerische Weise mit ihm teilen. Ihm schien das sehr gutzutun – und mir hat es auch viel Spaß gemacht.«*

Diese kleinen Hilfestellungen sind einfach und zeigen dem Kind, dass man es gesehen hat und es gut und wertvoll findet. So ein Gefühl von Ermutigung kann durch den Tag tragen.

---

129 Anpassung und Konformität sollten sich nach Meinung der Psychologen H. und R. Bakwin die Waage halten (Bakwin & Bakwin, 1960).

Selbstbestimmtheit und Realitätssinn vorleben und wecken

Auf Anhieb scheint es paradox, Selbstbestimmung in der Schule zu erwarten, ist die Schule doch eher eine Verpflichtung oder steht gar in einem starken »Zwangskontext«, wie ihn manche hochbegabte Kinder empfinden: »*Der Zwang zum jahrelangen Absitzen von Zeit kann in hochbegabten Kindern und Jugendlichen Ohnmachtsgefühle auslösen, die bis zur inneren und äußeren Abkehr von Schule und Gesellschaft führen können. Vertrauen, dass die Schulpflicht auch eine Pflicht der Schule zur Förderung der Verpflichteten einschließe, kann völlig schwinden.*«[130] Dennoch ist die Selbstbestimmtheit als Fähigkeit ein wichtiges Kriterium einer reifenden Identität. Sie beschreibt das Grundbedürfnis des Menschen, die ihm gestellten Aufgaben mit den geeigneten eigenen Mitteln meistern zu wollen und zu können. In dem Sinne kann sich Selbstbestimmtheit gerade im Kontext der Schule entwickeln.

Zum Konzept der Selbstbestimmtheit gehören folgende Fähigkeiten:

- Erkennen von Risiken und Gefahrenquellen,
- eine mittlere Frustrationstoleranz,
- längerfristige Ziele – anstelle von zu starker Belohnungsorientierung,
- Empathiefähigkeit, ohne die eigenen Interessen aus den Augen zu verlieren,
- ein kritischer Verstand,
- die Herausbildung von Kritikfähigkeit und realistischer Selbsteinschätzung.[131]

---

130 Schlichte-Hiersemenzel, 2006, S. 23

131 Roth, 2011, S. 58 f.

Je mehr ein Lehrer diese Fähigkeiten selbst hat, umso leichter wird es ihm fallen, entsprechende Impulse an seine Schüler weiterzugeben. Selbstbestimmtheit im schulischen Kontext für Schüler heißt: *»Wie sehr kann ich als Schüler die mir gestellten Aufgaben erfüllen? Welche inneren und äußeren Mittel und Fähigkeiten habe ich dafür zur Verfügung und wo sind Hindernisse, innere oder äußere?«* Hochsensible Kinder verfügen häufig über ein anlagebedingtes Frühwarnsystem, das ihnen im Weg stehen kann. Das heißt zum Beispiel, wenn es die Aufgabe hat, sich am Unterricht zu beteiligen, dann erkennt es die **Risiken und Gefahren** für sich überdeutlich und zweifelt sehr schnell: *»Was, wenn die anderen lachen?« »Was, wenn ich etwas Falsches sage?«*

Die realistische Selbsteinschätzung hochsensibler Schüler ist durch Perfektionismus, Nervosität, Stress und ihren »depressiven Realismus« oft in Gefahr, zumindest auf einem inneren Prüfstand. Lehrer tun diesen Kindern einen enormen Dienst, wenn sie sie bestärken, loben und ermutigen und damit ihren Ängsten den Boden entziehen. Die nötige **Frustrationstoleranz** wird bei hochsensiblen Schülern oft schon im Alltag auf eine harte Probe gestellt, weil die Kinder vieles wahrnehmen, was andere entweder nicht sehen oder was sie nicht stört. Und weil ihre Bedürfnisse oft nicht zu denen der Mehrheit passen. So gesehen verkraften diese Kinder nicht weniger, sondern eher mehr. Ein verständnisvoller Lehrer, der darum weiß, kann hier vieles ausgleichen.

Die Fähigkeit, sich **längerfristige Ziele** zu setzen und an deren Erreichung zu arbeiten, wird durch eine Notengebung erschwert, die am schnellen Erfolg orientiert ist, es sei denn, der Lehrer geht hier unorthodoxe Wege.

Empathiefähigkeit ist vermutlich bei einer hohen Zahl der hochsensiblen Kinder vorhanden, wird jedoch nur dann als Qualität im Selbstbild abgespeichert, wenn auch ihre Vorbilder Empathie vorleben und als einen Wert anerkennen. Dabei ist für diese Kinder besonders wichtig, vor lauter Empathie die eigenen Interessen nicht aus den Augen zu verlieren. Auch dabei können erwachsene Vorbilder sehr helfen. In diesem Zusammenhang ist auch wichtig, sich der Empathiefähigkeit des Kindes nicht zu sehr zu bedienen. Das geschieht immer wieder, wenn empathische Kinder neben schwierige Schüler gesetzt werden oder mit ihnen eine Lerngemeinschaft bilden sollen, weil sie »einen guten Einfluss« hätten und Ähnliches. Dabei sind auch die Vor- und Nachteile für das hochsensible Kind abzuwägen. Hat es Erfolgserlebnisse, weil es das andere Kind positiv beeinflussen kann, oder überwiegt der Stress und bringt das hochsensible Kind dadurch weiter weg von seiner Mitte?

Leichter ist es mit dem **kritischen Verstand**, der durch die Diskussionskultur in Familie und Schule stark geprägt wird. Wiederum liegt es an den Erwachsenen, diese Fähigkeit als Qualität im Selbstbild des Kindes zu verankern. Im Allgemeinen verfügen hochsensible und hochbegabte Kinder über ein sehr gut entwickeltes Urteilsvermögen. Sie profitieren daher besonders vom Zutrauen ihrer Lehrer. Viele Eltern gaben in den Interviews zu Protokoll, wie notwendig es sei, Vertrauen in die weit entwickelte Urteilskraft ihrer Kinder zu zeigen und ihnen Rechte zuzustehen, die eigentlich nicht zu ihrem nominellem Alter passten. Die enormen Stärken der Kinder wie eine realistische Selbsteinschätzung, frühes Abstraktionsvermögen, weit entwickeltes Urteilsvermögen, das sich in einem entsprechenden Klima noch weiter verfeinert, bräuchten Raum zur Entfaltung. Hochbegabte Kinder sind häufig sozioemotional weit entwickelt. Sie leben dadurch gar nicht so selten in einem Körper, der nicht zu ihrem Geist passt. Stellen Sie sich kurz vor, wie es wäre, wenn Sie wie ein Jugendlicher aussehen, tatsächlich aber schon 40 Jahre alt wären. Das quälende Gefühl, von niemandem ernst genommen zu werden, wäre Ihr ständiger Begleiter.

Auf Noten legen viele hochsensible und vor allem hochbegabte Kinder gar nicht so großen Wert, denn sie schaffen ihnen keinen Anreiz. Vielmehr sehen sie darin schnell eine Beurteilung ihrer Person – besonders bei einer ungerechten Notenvergabe. Eine realistische, faire Beurteilung der Leistungen ist natürlich für alle Schüler wichtig. Ebenso wichtig ist es, den einzelnen Menschen richtig wahrzunehmen. Wenn der Lehrer eine Grundkompetenz hinsichtlich kindlicher Entwicklungsprozesse besitzt, kann dies besser gelingen, da er weiß, wann sich Entwicklungsstörungen oder Verhaltensstörungen abzeichnen. Die Verhaltensweisen der Schüler dürfen bei der Lehrperson möglichst keine Projektionen aus der eigenen Jugend hervorrufen, weil sie sonst leichter Reaktionen zeigt, die nichts mit den jetzigen Schülern zu tun haben. Ebenso wie eine starke Identifikation der Eltern mit ihren Kindern Schaden anrichten kann, wird auch ein Lehrer, der sich beispielsweise von den pubertären Verhaltensweisen seiner Schüler persönlich angegriffen fühlt, unangemessen hart oder ungerecht reagieren. Eine starke, reife Lehrerpersönlichkeit mit einem geschärften Realitätssinn kann ihre eigenen Kompetenzen sowie die Kinder realistisch einschätzen und sich bei Bedarf durch Schulpsychologen oder Psychotherapeuten beraten lassen.

Vorbild im Umgang mit Gefühlen und Impulskontrolle

Bei diesem Thema wird die Bedeutung positiver Vorbilder besonders deutlich. Hat ein Lehrer regelmäßig Wutausbrüche, entgleist verbal oder beschimpft seine Schüler, haben alle unter den Konsequenzen zu leiden. So haben sich Kinder dann entweder auch nicht im Griff und geben sich den eigenen Impulsen hin, anstatt Strategien zu erlernen, wie sie sich ihnen entgegenstellen können. Oder aber sie sind so verängstigt, dass sie ihre eigenen Gefühle wegen der Wucht der Erwachsenengefühle stark zurückhalten müssen. Es ist tatsächlich ein entscheidender Schritt in der Persönlichkeitsentwicklung, mit den eigenen Emotionen wie Wut, Ärger und Enttäuschungen umgehen zu lernen. Dazu gehört auch, übertriebenen Ehrgeiz zu zügeln, sich in Geduld und Friedfertigkeit zu üben und Konflikte fair und gelassen austragen zu können. Mit emotionaler Kompetenz fühlt sich der Mensch frei und unabhängig gegenüber Störungen von außen.[132] Gefühle benennen zu können und Bedürfnisse anzumelden, sind Kompetenzen, die man lernen und vermitteln kann:

Frau I., Grundschullehrerin aus Bayern, *hat dazu eine Lärmuhr eingeführt, die vor der Stillarbeit in allgemeinem Einverständnis – wenn Ruhe herrscht – mit einem Magneten auf Grün gestellt wird. Wenn es nun einem der Kinder zu laut wird, so kann es nach vorne kommen und die Uhr auf Gelb oder Rot stellen: Damit hat es um Rücksicht gebeten, hat die eigenen Sinne geschärft und eingeübt, zu sich und seinen Bedürfnissen zu stehen.*

All die bisherigen Schritte zur Entwicklung der eigenen Identität stützen die Fähigkeit, mit Gefühlen und Impulsen umzugehen. Ist das Selbstbild des Heranwachsenden positiv genug, dass er sich auf andere einlassen kann? Durfte er viel mit seinen Kräften experimentieren und setzt er sie schon gelassen, nicht mehr kämpferisch ein? Wird das frühe Gefühl des Ausgeliefertseins durch das Grundgefühl ersetzt, selbst viel bewirken zu können?

Die Schulsituation an sich und das Zusammensein mit so vielen unterschiedlichen Schülern jeden Tag lässt viele Emotionen aufkommen, positiver wie negativer Art. Es kommt dabei erstens

---

132 Roth, 2011, S. 292–294

darauf an, inwieweit der Einzelne damit umgehen kann, und zweitens sollten Situationen, die negative Gefühle produzieren, vom Lehrer vermieden und nicht zusätzlich herbeigeführt werden. In der Schule lernen und Leistung erbringen zu müssen, löst bei Schülern natürlich verschiedene Emotionen aus: positive wie Freude und Zufriedenheit, aber auch negative wie Ärger, Enttäuschung oder Angst. Eine ganz besonders lern- und leistungsrelevante Emotion ist die weit verbreitete Prüfungsangst: Je stärker die Prüfungsangst, desto geringer die Schulleistung.[133] Wie stark dieser Effekt ist, hängt auch von der genetischen Disposition des Schülers ab. Angst ist eine Emotion, die eng mit der Leistung verknüpft ist und zudem andere leistungsrelevante Schülermerkmale beeinflusst, wie das Selbstbild und somit auch die Motivation. Eine über die Prüfungsangst hinausgehende, allgemeinere Angst bzw. Ängstlichkeit macht sich deutlich in der Leistung bemerkbar, wie Bernd Schellhas durch eine Längsschnittstudie von Grundschulkindern nachwies.[134] Das Ergebnis: »*Kinder, die zu Beginn ihrer Schullaufbahn hoch ängstlich sind, starten mit einem Leistungshandicap, das sich im Laufe der Schulzeit auch dann nicht verringert, wenn sie im Jugendlichenalter nicht mehr zu den hoch ängstlichen Schülern gehören.*«

Woher Ängste kommen, ist sehr unterschiedlich und hat meist nicht in erster Linie mit Hochsensibilität zu tun. Denn ängstliches Verhalten wird oft durch einen inkonsistenten, abweisenden Erziehungsstil herbeigeführt. Die Unvorhersehbarkeit der Bezugspersonen, überhöhte Leistungsanforderungen und Druck machen Kinder ängstlich.[135]

---

133 Was Seipp und Schwarzer (1991) anhand von 129 Studien mit insgesamt 36.000 Schülern nachwiesen.

134 Schellhas, 1992

135 Langfeldt, 2006, S. 75 und Kohlmann & Krohne, 1988

Eine vermeidbare Quelle von Angst sind unvorhergesehene Ereignisse, zum Beispiel eine unangekündigte Tafelübung oder Erzählrunde. Alles, wofür hochsensible Kinder einen Vorlauf brauchen, weil es sie Überwindung kostet, steigert ihre Angst. In ständiger Erwartung und mit klopfendem Herzen warten sie dann auf weitere Überraschungen. Wenn Aktionen hingegen beizeiten angekündigt werden, haben sie genügend Zeit, eine Aufgabe gedanklich durchzuspielen. Das ist für hochsensible Kinder enorm wichtig.

Bei meinen Interviews mit Lehrern fiel mir auf, dass die Lehrkräfte, die sich selbst als besonders sensibel bezeichneten, **Kreativität und Kunst** in all ihren Ausdrucksformen häufig in ihrem Unterricht mit Lerninhalten verknüpfen.

Frau I., Grundschullehrerin aus Bayern, *berichtet, dass sie, um ihren Schülern den Umgang mit Gefühlen näherzubringen, die Kinder im Klassenraum herumlaufen und sie pantomimisch ihren momentanen Gefühlszustand darstellen lässt. So würden sie sich nicht nur über sich selbst im Klaren, sondern schulen auch ihre Empathiefähigkeit und achten auf die Mitschüler. Gleichzeitig nimmt sie traurige Schüler später beiseite und signalisiert ihnen ihre Gesprächsbereitschaft. Darüber hinaus verankert sie die zu vermittelnden Lerninhalte über Bewegung: So lässt sie den Schülern Freiraum, sie dürfen beim Nachdenken manchmal durch den Raum gehen – dem Naturell hochsensibler Kindern kommt das auf großartige Art entgegen.*

Frau H., Grundschullehrerin aus Darmstadt, *berichtet, dass sie in ihrem Unterricht die enorm emotionale Wirkung von Musik nutzt: Lerninhalte werden in ihrer Klasse sehr viel über Lieder, über Musicals oder Rap transportiert, oft auch gekoppelt mit emotionalen Erlebnissen. Ob ihre Klasse*

Weihnachtslieder vor gerührten Senioren im Altenheim aufführt oder Melodien berühmter Musicals singt und tanzt – die dabei entstehenden Gefühle lösen bei allen Kindern Begeisterung aus, was die hochsensiblen Kinder auf eine ganz besondere Weise abholt.

Solche Erlebnisse geben Kindern Mut und Zuversicht, prägen sich tief ein und drücken sich in steigender Verbundenheit zum Lehrer und Freude am Unterricht aus.

Sprache ist für hochsensible Kinder eine weitere Ressource, um im schulischen Kontext Anstrengungsbereitschaft zu initiieren, und auch außerhalb der Schule kann sie Ausdrucksmöglichkeit für große Gefühle sein. Manche hochsensible oder hochbegabte Kinder lieben es, ihrer Fantasie in Geschichten freien Lauf zu lassen. Dazu können Erwachsene Anreize schaffen, indem sie ihnen schöne Hefte zur Verfügung stellen oder ihre fertigen Geschichten zu einem Büchlein binden. Manche Kinder rappen ihre Vokabelkolonnen herunter oder singen Hauptstädte und Flüsse. Musik, Emotionen und Spaß beflügeln den Verstand.

Frau Z., Grundschullehrerin aus Köln, *berichtet, dass sie mit ihren Schülern regelmäßig einen Morgenkreis macht. Sie hält zwei Körbe bereit: einen mit Muscheln für die Erlebnisse, die positive Gefühle wie Freude und Glück hervorgerufen haben, und einen mit Steinen für die Erlebnisse, die traurig, nachdenklich, wütend etc. gemacht haben. Die Klasse lernt dabei, sich selbst einzuschätzen, auf andere achtzugeben, positive ebenso wie negative Gefühle wahrzunehmen und mit den anderen zu teilen. Hochsensiblen wird der Schrecken vor zu vielen Gefühlen genommen, sie lernen, sie zu kanalisieren und mit ihnen umzugehen. Anschließend bietet Frau Z. an, mit ihr zu sprechen.*

Vieles kann mit Humor erreicht werden – bei allen Kindern. Lachen lenkt von Grübeleien oder Ängsten ab, fördert das Gemeinschaftsgefühl und macht resistenter.

Alle interviewten Grundschullehrer berichteten, dass sie **Rückzugsmöglichkeiten** für ihre Schüler schaffen. Etwa eine Couch hinter einem Vorhang, eine abgeschirmte Ecke im Klassenraum oder auch die Möglichkeit, hin und wieder nach draußen gehen zu können. In weiterführenden Schulen können die Klassenzimmer aus praktischen Erwägungen oft nicht mehr so persönlich gestaltet werden und haben kaum Rückzugsorte. Schüler können jedoch mit zunehmendem Alter lernen, sich diesen Rückzug gedanklich zu schaffen.

Eine Grundschullehrerin gab an, *dass sie mit ihren Schülern regelmäßig Fantasiereisen machen würde. Dazu ließe sie ihre Schüler nach einer Phase der Entspannung gedanklich an einen Ort gehen, an dem sie sich sicher und geborgen fühlen. Diesen Ort können sie gedanklich jederzeit erneut ansteuern und sich entspannen lernen.*[136] *Dies vermindere Stress, der unkontrollierte Gefühle und Angst verstärken würde.*

Gekonnter Umgang mit Stress

Der kanadische Psychologe Albert Bandura hat in seinem Persönlichkeitsmodell den Begriff Selbstwirksamkeit als das Bedürfnis definiert, sich selbst zu verbessern, sich anzustrengen und sich schwierigen Aufgaben zu stellen. Voraussetzungen dafür wären Durchhaltevermögen (Persistenz) und die oben beschriebene Realitätsorientierung.[137] Das Erlernen und Einüben von Selbstwirksamkeit ist eine lebenslange Aufgabe, die in der häuslichen Erziehung begonnen wird. Dabei zeigen sich von Anfang an große

---

136 Fantasiereisen gehören in den Bereich Soziales Lernen/Interaktionsspiele, womit die Persönlichkeitsentwicklung der Schüler sehr positiv beeinflusst werden kann.

137 Bandura, 1997

individuelle Unterschiede: »*Der erste, selbstwirksame und extrovertierte Typ neigt eher dazu, Erfolg eigener Anstrengung und glücklichen Umständen und Misserfolg mangelndem eigenen Einsatz zuzuschreiben, während der zweite, neurotizistische Typ Erfolg eher dem Zufall und nicht eigenem Können, Misserfolg aber der eigenen Unfähigkeit zuschreibt. Der erste Typ zieht daraus die Lehre, dass er sich beim nächsten Mal mehr anstrengen muss, der zweite die Erkenntnis, dass es sowieso nicht klappt – er entmutigt sich selber.*«[138]

Hochsensible Kinder gehören mit ihrem depressivem Realismus eher zum zweiten Typ und brauchen dann viel Ermutigung. Lehrer können ihr Selbstvertrauen auf verschiedenste Arten fördern: Indem sie sowohl Leistungen als auch Bemühungen anerkennen, indem sie Kritik achtsam formulieren, die starken Seiten der Betreffenden betonen und ihnen bei Bedarf helfen, sich in die Gruppe zu integrieren. Für hochbegabte Kinder ist es von besonderer Bedeutung, Sinn und Praxisbezug des Lernens zu erkennen.[139]

Im Hochbegabtenzentrum in Frankfurt berichtet die 15-jährige Sophie, *wie sie sich täglich im Unterricht fühlt: »Stell dir vor, du musst mit einer Gruppe von Japanern Deutsch lernen – jeden Tag, Stunde für Stunde. In einer Woche lernst du den Buchstaben A … ruf bloß nicht ´rein, das gibt Ärger… und dann wartest du … wartest und wartest … übst den Buchstaben A … malst ihn auf … deine Gedanken schweifen ab … ´Wo bist du denn mit deinen Gedanken?! – Beteilige dich gefälligst´- OK, du sagst zwischendrin auch mal A – der Lehrer lobt dich – nicht sein Ernst ?! - dann freust du dich auf den Buchstaben B, doch der hält nicht das, was er verspricht …wieder warten … die Enttäuschung bei C wird noch größer … und das Alphabet ist noch lange nicht geschafft … In den Pausen stehst du da und verstehst kein Wort davon, was deine Mitschüler reden, du fühlst dich so alleine … du bist eingesperrt, bist in einer Falle … darfst aber nicht wütend werden, nicht weinen, nicht weglaufen,*

138 Roth, 2011, S. 91

139 Webb et al., 1998, S. 76

nicht schreien … du musst einfach da sein, wie eine leere Hülle, genauso gut könntest du dich auch in Luft auflösen, es würde keinen Unterschied machen und niemandem auffallen …«

Der Lehrer kann mit Aufgaben, die der kognitiven Leistungsfähigkeit hochbegabter Kinder entsprechen, die für ihre Selbstwirksamkeit so entscheidenden Erfolgserlebnisse und damit Lernanreize schaffen.

Sie brauchen zum Beispiel die »*Möglichkeit, Inhalte besonders zu vertiefen, etwa durch weitere Themen. Auch selbstbestimmtere Formen des Lernens – etwa selbstständiges Experimentieren oder die Suche nach neuen Lösungswegen mit Hilfe eines Mentors – stellen probate Möglichkeiten dar. […] Altersgemischte Klassen, wie sie in Montessori-Schulen oder Jena-Plan-Schulen realisiert werden,*[140] verhindern, dass besonders begabte Kinder ihre Klasse verlassen müssen. Das von den amerikanischen Begabungsforschern Joseph Renzulli und Sally Reis entwickelte »Drehtürmodell«, bei dem diese Kinder ihren regulären Unterricht zeitweise für andere Projekte verlassen dürfen, dient dem gleichen Zweck, führt der Psychologe und Pädagoge Christian Fischer aus, der 2003 das Projekt »Forder-Förderprogramm«[141] ins Leben rief, das zahlreiche Unterstützer hat. In der Praxis werde deutlich, so Fischer, dass hochbegabte Kinder »*gute Mentoren oder Moderatoren von Lernprozessen [brauchen], die ihnen helfen, Wissen selbstständig zu erarbeiten und zu vertiefen – wovon natürlich auch alle anderen Schüler profitieren könnten.*« Die zwischenmenschliche Komponente ist nicht zu unterschätzen. Schon ein kleines Anzeichen von Verständnis – wenn anderes nicht

140 http://www.icbf.de

141 Christian Fischer, Clever, kreativ – erfolgreich? In: Gehirn & Geist, Nr. 3, S. 56

möglich ist – kann für den Schüler sehr tröstend sein: »*Ich verstehe, was in dir vorgeht und kümmere mich.*«

Dieses Signal erhielt Luis zunächst auch, doch dann:

Beispiel:

Frau W. kam mit ihrem 11-jährigen hochbegabten Luis in die Beratung, der in der Schule immer mehr sein Interesse und seine Motivation verlor. Das betraf ganz besonders Physik und Mathe, ehemalige Lieblingsfächer, und die Leistungen insgesamt blieben weit unter seinen Möglichkeiten. Da das dem Kind aber nichts ausmachte – Noten waren ihm nicht wichtig –, sollte nur dafür gesorgt werden, dass Luis nicht den Glauben an sich verlor. Wir besprachen eine Strategie, die dem Klassenlehrer eine neue Sicht auf das Kind geben sollte, die er noch nicht hatte. Ich empfahl Mutter und Sohn, jeweils auf ihre Art, ihre Beziehungen zum Lehrer geltend zu machen. Die Mutter könnte ihm von den Interessen des Kindes berichten. Der Junge sollte ausprobieren, bei den wenigen Malen, wo er sich meldete, darauf zu achten, den Blickkontakt zum Lehrer aufrechtzuerhalten. Diese einfache Art des Interesses konnte der Lehrer nicht ignorieren. Es fiel Luis jedoch schwer, sich zu melden. Wir fanden dann heraus, dass die Schüler stets gewisse Formulierungen gebrauchen mussten, um eine Antwort geben zu dürfen. Daran verzweifelte Luis wiederholt, denn auch wenn er die Frage längst beantworten konnte, fürchtete er sich davor, nicht den verlangten Wortlaut wiedergeben zu können. Kreatives Denken war nicht gefragt, was doch die große Stärke des Jungen war.

Luis fand außerdem, dass der Lehrer die Kinder vorführte. Dem wollte er sich unter gar keinen Umständen aussetzen. Den Frotzeleien des Lehrers begegnete er nach außen höflich, in Wahrheit aber, so sagte er, habe er Angst. Wir besprachen immer wieder genau diese Empfindungen und relativierten sie vor dem Hintergrund der möglichen Beweggründe des Lehrers. Luis sollte sich nicht selbst die Schuld geben oder gar verzweifeln. Das hohe Abstraktionsvermögen des Jungen unterstützte diese Strategie.

Die Mutter berichtete dem Lehrer beiläufig vom Physik-Interesse des Sohnes und dass er gerade einen Elektroschaltkasten auseinandernehmen würde. Der Lehrer gab ihm bald den Auftrag, ein entsprechendes Referat außer der Reihe anzufertigen. Am Tage des Referats kam der Junge mit der ganzen Apparatur in die Schule, in freudiger Erregung: Sollte er doch dem Lehrer zeigen dürfen, was in ihm steckt.

Nach dem Vortrag, zu dem die Mitschüler ihm gratulierten, sagte der Lehrer nur: ›Man merkt wohl, dass du echt Ahnung hast, aber bei deinen Mitschülern wird davon nichts hängenblieben. War alles viel zu kompliziert.‹ Luis' Mutter berichtete, dass er ihr an diesem Tag mit hängenden Schultern entgegenkam. Die Enttäuschung des Jungen war grenzenlos.

Der Schaden ist zwar erst einmal groß. Mit der Möglichkeit, das Erlebte zu besprechen, auch professionell mit jemandem gemeinsam einzuordnen, kann daraus aber sogar eine Stärke werden. Dabei ist es wichtig, das Kind und seine Reaktionen gut zu beobachten und dafür zu sorgen, dass sich seine Entmutigung nicht auf andere Bereiche ausdehnt.

Letztlich entscheiden die Reaktionen des Betroffenen darüber, ob und wie schädlich solche Erfahrungen wirken. Deswegen lege ich in Beratungen großen Wert darauf, zwar Verständnis für den Ärger der Eltern auszudrücken, aber eine zu heftige Verurteilung des Lehrers zu vermeiden. Wut oder Ohnmachtsgefühle halten gefangen. Alle bisherigen Schritte zu Entfaltung und Selbstwirksamkeit werden jetzt entscheidend, weil sie darüber bestimmen, wie das Kind mit einem solchen Stress umgeht.

Nun tritt die aktive Seite in Aktion, die Anpassung verlangt und Stärke voraussetzt. Tatsache ist, dass Stress, auch emotionaler Stress, nicht ganz ausgeblendet werden kann und im Organismus einfach als Gefahr eingestuft wird, worauf vielfältige körperliche Stressreaktionen folgen. Auf diese jedoch selbst Einfluss nehmen zu lernen und auch negative Erinnerungen zu verarbeiten, ist in der Beratung von hochsensiblen Kindern sehr grundlegend: ihr Erregungsniveau gering zu halten und sukzessive Möglichkeiten zur Selbstregulation auszuprobieren.

Vera Kaltwasser hat dafür ein **Konzept der Achtsamkeit** für die Schule entwickelt, dessen Wirksamkeit 2011 an dem Frankfurter Gymnasium Elisabethenschule in einer Studie von Forschern der Ludwig-Maximilians-Universität München untersucht wurde.[142] Es war so erfolgreich, dass das Fach Achtsamkeit im Rahmen des Curriculums »Lernen lernen« im pädagogischen Konzept dieser Schule fest implementiert wurde:[143]

»Der Körper als Bühne von Emotionen, Gefühlen und Gedanken kommt in der Schule eher als Störfaktor vor, wohl auch deshalb, weil seine zentrale Rolle beim Erfolg von Lernprozessen in der Schule wenig gewürdigt wird. Vera Kaltwasser stellt in ihrem Buch ein Konzept vor, wie Jugendliche ihre Selbstwahrnehmung verfeinern und die Fähigkeit der Selbstwirksamkeit ausbilden können, so dass sie ihre Aufmerksamkeit besser lenken und ihre Kreativität entfalten können. Es lässt sich – ab der 5. Klasse –, aber auch schon in der Grundschule nahtlos in den Unterricht einfügen. Mit einfachen Übungen der Selbstwahrnehmung sowie QiGong-Übungen und Phantasiereisen werden die Schüler zu Forschern in eigener Sache, und sie lernen, das Steuer ihrer Persönlichkeit selbst in die Hand zu nehmen.«

---

142 Die positiven Forschungsergebnisse sind einzusehen unter: http://www.vera-kaltwasser.de/achtsamkeit/forschungsergebnisse/index.html

143 Unterrichtsmaterialien und Arbeitsblätter zum Downloaden für Lehrkräfte und Schüler und begeistertes Feedback der Schüler zu ihrem Projekt: http://www.elisabethenschule.net/achtsamkeit.html

Praxisvorschlag: Wie gebe ich meinem Kind eine kleine Ermutigung mit in die Schule?

Ist ein Kind emotional belastet, in Gedanken mit etwas beschäftigt, hat es Ängste und Bedenken oder ist sehr gestresst, muss man erst einmal herauszufinden, was das Kind gerade am meisten beschäftigt. Dazu kann man den Kindern **symbolträchtige Bilder** vorlegen.

Sammeln Sie Bilder/Fotos von berührenden Landschaften, die ein gewisses Gefühl oder eine Sehnsucht transportieren, von sportlichen Wettkämpfen, Gipfelstürmern oder auch von Tieren, die große Symbolkraft besitzen wie etwa ein abenteuerlustiges Kätzchen, ein sich an die Mutter schmiegendes Elefantenjunges, ein umherstreifender Tiger oder eine die Sonne genießende Eidechse. Der Fantasie und den Möglichkeiten sind dank Internet kaum Grenzen gesetzt.

Lassen Sie die Fotos auf Ihr Kind wirken und eines oder zwei davon aussuchen, die es am meisten ansprechen. Manchmal lässt bereits die Wahl seiner Bilder Rückschlüsse auf sein Thema zu, welche Sehnsucht es im Moment hat, was es sich gerade wünscht oder wie es sich fühlt, weil es mit dem ausgesuchten Foto ganz bestimmte Gefühle assoziiert.

Besprechen Sie diese Gefühle und benennen Sie sie, also zum Beispiel: »*Diese Landschaft ist so friedlich und ruhig. Wärst du auch gerne dort?* - schließ doch mal die Augen und stell dir das vor.« Oder: »*Der kleine Tiger genießt es aber sehr, mal etwas alleine machen zu dürfen... Würdest du eigentlich auch gerne mal wieder eine kleine Mutprobe machen?*

Vielleicht ist ein Bild dabei, das genau das Gefühl darstellt, das Sie in der Schule Ihrem Kind abrufbar machen wollen.

Dieses Bild in Kleinformat im Mäppchen, gekoppelt mit den damit verbundenen und explizit ausgesprochenen Gefühlen hilft, Ängste zu mildern, Stress abzubauen und Ermutigungen herbeizuführen. Also etwa: »*Wenn du wieder Angst hast, dich zu melden, schau dir den Gipfelstürmer in deinem Mäppchen an. Er hat nicht aufgegeben, und schau, wie glücklich er ist!*«

Ein Kind in meiner Beratung suchte sich einen Buddha aus, der ihm fortan die Ruhe geben sollte, die ihm fehlte, wenn es im Unterricht etwas sagen wollte. Dieses Ritual half diesem 11-jährigen Jungen gut über die erste Hemmschwelle hinweg.

Die Möglichkeit, schwierige Situationen hinterher zu besprechen, entlastet hochsensible Kinder ganz enorm, weil es ihnen guttut, die Fülle ihrer Emotionen zu sortieren oder zu relativieren, destruktive Gedankengänge zu stoppen oder falsche Schuldgefühle loszulassen.

> Frau F. berichtet:
>
> *»Unsere Tochter Lina (11) hatte in der Grundschule eine Lehrerin, die ihr eines Tages sagte: ›Du kannst nicht rechnen!‹ Dadurch hat sie eine Blockade gegen Mathematik aufgebaut, die wahrscheinlich bis heute nicht ganz abgebaut ist. Eines Tages stieß ich auf ein Buch mit dem Titel* **›Kinesiologie für Kinder‹***. Die Übungen, die dort erklärt werden, haben sehr dabei geholfen, diese Blockade abzubauen.«*

Eine vertrauensvolle Beziehung zum Lehrer kann eine langfristige Wirkung entwickeln, wie **Herr W., Schulleiter aus der Schweiz weiß:**

»Ein bleibendes Beispiel war mir bewusst geworden, als ich vor ein paar Monaten eine junge Frau traf, die als 9- bis 11-jähriges Mädchen in meiner Klasse war. Bei einem spontanen Abendessen gestand mir diese junge Frau, dass sie mich als einen der wichtigsten Menschen in ihrem Leben in Erinnerung behalten hatte. Ich sei ›der einzige Mensch gewesen, der sie verstanden habe‹. Ich überlegte mir, was ich damals, vor über zwanzig Jahren bei diesem Mädchen Außergewöhnliches geleistet habe. Mir kam nichts mehr in den Sinn außer, dass sie oft in den Pausen oder nach dem Unterricht mir ihre Geschichten erzählte,

die ihr passierten, oder mir ihre Gedanken dazu offenbarte. Sie war außerordentlich kreativ. Ich erinnere mich, wie ich diese Kreativität wertschätzte, aber eigentlich kaum etwas an Mehraufwand geleistet hatte.«

Rituale zur Stressreduzierung geben den Kindern immer wieder Sicherheit, auch im schulischen Kontext. Dazu kann der Lehrer einiges beitragen:[144]

Die Grundschullehrerin Frau M. *lässt ihre Schüler etwa vor jeder Klassenarbeit noch einmal kurz auf den Schulhof laufen. Zurück im Klassenraum massieren sich alle ihre Schläfen und werden angehalten, sich um eine ruhige Atmung und eine lockere Schulterpartie zu bemühen.*

Lehrer können unterschiedliche Möglichkeiten anbieten, aus denen sich die Schüler dann etwas aussuchen: kleine Auszeiten, Ruhezonen in der Klasse, Zeiten der Besinnung… Ein Klima der Achtsamkeit und gegenseitigen Rücksichtnahme will gepflegt werden.[145]

Schwierig wird es, wenn sich die beruhigenden, leistungssteigernden Effekte nicht entfalten können, weil die Unruhe in der Klasse zu groß ist.

Schulleiter aus der Schweiz, Herr W.: *»Stress lässt sich in der Schule sehr oft mit einfachen Mitteln eindämmen: ein Lied singen, ein paar Körperübungen einbauen, tanzen, den Raum kurz verlassen und nach draußen gehen, Wasser trinken. Auch habe ich Übungen aus dem Yoga und der Kinesiologie angewendet und in ein Bewegungsspiel eingebaut. Der Stressfaktor ›Leistungs-*

---

144 http://bit.ly/1M5pHKk hält Unterrichtsmaterial bereit, das Schülern der Sek II Stresskompetenz und Achtsamkeit vermitteln soll. Die Deutsche Gesetzliche Unfallversicherung (DGUV) bietet auf ihrer Seite für alle Schultypen Lehrmaterialien in Bereichen der Persönlichkeitsbildung von Schülern an.

145 Vera Kaltwasser stellte in ihrem Buch (2008) unter dem Begriff Achtsamkeit einen Lernstil vor, dessen Auswirkungen allen Kindern zugute kommen; Kaltwasser, 2008, S. 52 ff.

druck der Eltern‹ ist jedoch ein Bereich, den man nur gemeinsam angehen und beschwichtigen kann. Da nützt einseitiges Wirken der Schule wenig.«

Diesen Punkt – Druck von den Eltern – brachten viele Lehrer zur Sprache. Michael Felten meint, Eltern müssten vor allem für **Geborgenheit** sorgen, aus der heraus Schule besser gelingt, teilhaben am schulischen Leben, mit dem Kind mitfiebern und sich interessieren, ohne selber Stress zu machen und sei es durch das mutmachende Zettelchen in der Brotbox: *Du schaffst das!*

Abstraktionsvermögen und Achtsamkeit reduzieren Stress. Wenn Schüler die Zusammenhänge von Stress und Angst durchschauen, ermöglicht ihnen das, positiven Einfluss auf sich selbst zu nehmen. Hochsensible Kinder verfügen in der Regel recht früh über großes Abstraktionsvermögen. Dies ermöglicht es ihnen, sich und ihre Reaktionen quasi von oben zu betrachten und für kurze Zeit nicht emotional involviert zu sein. Dadurch finden Sie den Freiraum, um neue Strategien und Lösungen erarbeiten zu können. Mit Achtsamkeit kommt man der Natur hochsensibler Kinder ganz besonders entgegen. Sie können sehr davon profitieren. Und das Schöne ist: Sie tut allen gut, wie die Ergebnisse belegen. Auch innere, gedankliche Inseln der Ruhe können eine Zuflucht bieten und so einen stark stressreduzierenden Effekt haben.

PERSPEKTIVEN UND OPTIONEN

Alle Kinder brauchen zu ihrer gesunden Entwicklung die Anerkennung ihrer Identität und Förderung ihrer Einzigartigkeit. Je häufiger das in den verschiedenen Lebensbereichen des Kindes stattfinden kann, umso besser. Dabei können sich die verschiedenen Einflüsse auf die Kinder gegenseitig kompensieren und einen etwaigen Mangel in einem anderen Bereich gut auffangen. Eine achtsame wertschätzende Erziehung zu Hause kann so manchen Schulkummer auffangen. Auch umgekehrt können Lehrer zu ganz wichtigen Bezugspersonen und Ankern der kindlichen Persönlichkeitsentwicklung werden, und das ist umso wichtiger, je weniger ihre Schüler zu Hause Unterstützung und Zuwendung erfahren.

Was uns Eltern bleibt, ist unseren Bereich – die einfühlsame, verständnisvolle Erziehung – zu pflegen und gute Beziehungen unserer Kinder innerhalb und außerhalb der Schule zu fördern.

Darüber hinaus gibt es natürlich die Möglichkeit, unserem Kind eine Schulumgebung zu suchen, die seinen Bedürfnissen am nächsten kommt. Der Schultyp ist dabei möglicherweise gar nicht entscheidend, sondern eher die Schul*kultur*, die von der ganzen Schulgemeinde getragen wird. In Schulen, wo der Persönlichkeitsentwicklung ihrer Schüler explizit eine Bedeutung beigemessen und ein persönlicher Umgang gepflegt werden, wo Wertschätzung, Vertrauen, Authentizität der Lehrer, Mut zu Neuem, eine gute feedback- Kultur, soziales Lernen und Individualität geschätzt werden, können erfahrungsgemäß alle Schüler ihr Potenzial viel besser entfalten. Hochsensible und hochbegabte Kinder können ungeahnt aufblühen.

Die bekannt gewordene Evangelische Schule Berlin Zentrum (esbz) stellt ein Beispiel für solch eine Schulkultur dar. Auf ihrer Homepage können dazu weitere Informationen eingesehen werden: www.ev-schule-zentrum.de. »›*Wir stehen für die Vision einer ganz neuen Schule*‹, so Leiterin Margret Rasfeld. In der Gesamtschule stehen Spaß, Inspiration und Teamarbeit im Vordergrund – und nicht Druck, Wettbewerb und Angst. Interessanterweise schneidet die Schule genau mit diesem Konzept im Leistungsvergleich mit anderen hervorragend ab. Deshalb pilgern Lehrer aus ganz Deutschland nach Berlin, um – verkehrte Welt – von den Schülern mehr über individuelles Lernen zu erfahren und von ihnen zu lernen: darüber, wie das Lernen ohne Klassen, Noten und Sitzenbleiben funktioniert.«[146] Dass ausgerechnet die KARG Stiftung – zuständig für Hochbegabtenförderung – einer Schule wie der esbz 2013 einen Förderpreis überreichte, beweist, dass eine inklusive Schule für alle die unterschiedlichen Begabungen besonders gut fördern kann. Dann sind Debatten über einzelne Individualitäten endlich überflüssig.

Welche Perspektiven lassen sich daraus für Familien ableiten, die ihre Kinder nicht auf solch eine Schule schicken können? Es hilft, die Bausteine der hier vorgestellten Lernkultur zu kennen und dann im eigenen Umfeld danach zu suchen. Menschen, die von der Bedeutung genau dieser Lernkultur zutiefst überzeugt sind, haben sich seit August 2012 bundesweit in der Initiative ›Schule im Aufbruch‹[147] vernetzt. Auf ihrer Homepage kann man die Schulen in der Bundesrepublik kennenlernen, die daran teilnehmen. Auch der ähnlich orientierte und seit 1989 bestehende Verbund reformpädagogisch orientierter Schulen ›Blick über den Zaun‹ hat

---

146 Vgl. ein Bericht bei 3SAT: http://bit.ly/1NTym2Q

147 http://blog.schule-im-aufbruch.de/schule-im-aufbruch-bringt-neue-lernkultur-an-schulen/

eine große Reichweite. Kontaktdaten zu beiden Initiativen finden Sie im Anhang.

Eine weitere Möglichkeit könnten Gesamtschulen sein. Man sagt ihnen nach, sie seien an die Integration eines ohnehin größeren Spektrums an Schülern gewöhnt und könnten daher eher über ein entsprechendes Konzept verfügen. Ob die Gesamtschule vor Ort tatsächlich etwas für Ihr Kind ist, bleibt dann doch ganz Ihre eigene Entscheidung und natürlich die Ihres Kindes.

Und natürlich finden sich einzelne Bausteine dieser positiven Lernkultur in weiteren Reformschulprojekten, etwa in der Waldorfpädagogik oder an Montessorischulen.

Bei einem etwaigen Schulwechsel sollten die möglichen Vorteile gut gegen die Nachteile wie dem Herausreißen aus der gewohnten Umgebung und dem damit verbundene Stress oder längere Anfahrtszeiten, die Kontakte zu Mitschülern erschweren könnten, gut abgewogen werden. Bei so einer Entscheidung kann sich ein intuitives Kind beim Betreten des neuen Gebäudes, beim Probeunterricht oder Vorgespräch mit eventuellen neuen Lehrern oft recht schnell eine eigene Meinung bilden.

Zum Abschluss

»Zeig ihnen deine Zauberseite – du kannst Menschen verzaubern.«

Abschiedsgruß eines Lehrers

Um selbstbestimmt, glücklich und stark durchs Leben zu gehen, brauchen Kinder Persönlichkeit: die ihrer Bezugspersonen und schließlich ihre eigene. Sie müssen wissen und erfahren, wer sie sind, was sie ausmacht, was sie gut können, was nicht so gut, und was sie brauchen, um sich sicher und wohl zu fühlen. Das geschieht nicht im Alleingang. Vielmehr brauchen sie Menschen um sich, von denen sie lernen können, einfühlsame Erwachsene, die ihnen realistische Rückmeldungen geben, die ihre anfangs noch ungelenk zum Ausdruck gebrachten Bedürfnisse wahrnehmen, die ein offenes Ohr für ihre Sorgen haben und die bei aller individuellen Entfaltung für einen sicheren Orientierungsrahmen sorgen.

Hochsensible und/oder hochbegabte Kinder wollen keine Extrawurst, sie brauchen das Gleiche wie alle anderen: gesehen und wertgeschätzt zu werden, so, wie sie sind. Dies verlangt von den Erwachsenen Aufmerksamkeit, Einfühlungsvermögen und auch ein bisschen Information, weil ihr Verhalten sonst leicht missverstanden werden kann. Zumal es *das* typische hochsensible oder hochbegabte Kind nicht gibt - auch wenn unterschiedliche Meinungen darüber kursieren. Als Gruppe sind sie tatsächlich nicht homogen. Was sie vielmehr eint, ist ihr »innerer Antrieb« (viel sehen – viel spüren – viel denken), und dies offenbart sich in unterschiedlichster Weise. Und selbstverständlich zeigen auch sie Verhaltensweisen, die überhaupt nichts mit ihrer besonders sensiblen Veranlagung zu tun haben.

So taugt Hochsensibilität so gar nicht als Schublade. Vielmehr bietet sie Eltern ein Denkmodell an, mit dem sie sich selbst und ihr Kind noch besser verstehen können. Hochsensibilität sollte überdies nicht überschätzt werden oder als ständige Erklärung herhalten, was übrigens die einhellige Meinung aller Eltern war, die ich interviewt habe.

»Vielleicht muss man ein bisschen besser auf sie aufpassen und sie ein bisschen mehr stark machen für das Leben, aber man sollte das Ganze nicht zu hoch hängen und ihnen das Gefühl geben, dass sie ›anders‹ sind – weder im Positiven noch im Negativen.« **(Frau K., Mutter einer 6-jährigen Tochter)**

Viele Eltern erleben im Zuge der Erziehung ihrer Kinder die Entdeckung der eigenen Hochsensibilität als sehr erleichternd (»Gebirgsketteneffekt«) - es befreit, sich selbst zu verstehen. Wissenschaftliche Studien und immer mehr Fachleute gehen noch einen Schritt weiter und sagen: Es erleichtert und befreit nicht nur, es schafft erst die Grundlage für Leistungsfähigkeit. Das Potenzial von Kindern entfaltet sich im schulischen Kontext zu großen Teilen dadurch, in welchem Maße ihre individuelle Persönlichkeit wachsen darf. Genauso wie zu Hause geht es auch hier darum, gesehen zu werden, es geht um Beziehung, um realistische Rückmeldungen, bevor es an die Leistung gehen kann. Hat ein Kind andere Bedürfnisse, so braucht es keine Sonderrolle, sondern vor allem jemanden, der Verständnis aufbringt. Allein dieses zum Ausdruck zu bringen, kann das innere Gleichgewicht eines hochbegabten Kindes wiederherstellen. An der Frage, welches Bild sich die Lehrkraft vom einzelnen Schüler macht und wie sie ihn wahrnimmt, können sich ganze Biografien entscheiden.

Selbstverständlich haben Lehrer und Eltern andere emotionale Ausgangslagen. Nicht jeder Lehrer kann jeden Schüler mögen, wohl aber ihn wertschätzend behandeln. Bildung und Erziehung waren in Deutschland traditionell immer »zweierlei Paar Schuh«. Doch heute überschneiden sich diese Bereiche mehr und mehr. Leider sind sich Eltern und Lehrer über die Aufgabenverteilung nicht recht einig, und es fehlt klare Kommunikation darüber, wer was zu leisten hat.

Die Rahmenbedingungen, unter denen Schüler und Lehrer miteinander umgehen, haben sich in den letzten Jahrzehnten ebenfalls stark verändert. Hatten Schüler früher schlichtweg gehorsam zu sein, so werden heute ganz andere Anforderungen an Kinder gestellt: Sie sollen mitreden und eine eigene Meinung haben, sie *sollen* Persönlichkeit entwickeln. Die Autorität von Lehrern ist nicht mehr selbstverständlich, auch an sie werden höhere Anforderungen gestellt: Sie müssen überzeugen, verhandeln und souveräne Partner und Leitfiguren sein. So kommen sie heute gar nicht mehr umhin, ihre Wirkung dadurch geltend zu machen, dass sie Verbindlichkeit in ihrer eigenen Beziehung zu ihren Schülern schaffen. So ist es möglich, Stress wesentlich zu reduzieren. Dies gelingt in einer Atmosphäre, die möglichst keine Ängste schafft, diese aber erkennt und ihnen entgegentritt, in der Vorhersehbarkeit und Verbindlichkeit bestehen, in der Achtsamkeit und gemeinsame Werte eine Rolle spielen und in der Toleranz und Respekt gelebt werden.

Die Oberstudienrätin Vera Kaltwasser erarbeitete für ihre Kollegen Erkenntnisse und Tipps, um dem Burnout vorzubeugen und Stress mit Achtsamkeit zu begegnen. Sie sensibilisiert Lehrer dafür, wie ihre *eigene* Achtsamkeit und Selbsterkennung sich schon in kleinen Sequenzen positiv auf ihre Haltung zu den Schülern auswirkt. Dies fördere Lehrzufriedenheit und Gesundheit.

Kleine Freiräume für Lehrkräfte schaffte überaus erfolgreich der Oberstudiendirektor Ernst Fritz-Schubert mit der Einführung des Faches »Glück«, das ›Soziales Lernen‹ in den Schulalltag integriert. Neben den wissenschaftlich evaluierten positiven Effekten auf seine Schüler brachte es neue Energiequellen auch für die Lehrkräfte.

Und auch Michael Felten, Oberstudienrat aus Köln, seit über dreißig Jahren erfolgreich und nach eigenen Angaben vor allem *zufrieden* im Lehramt, setzt sich auf seine Art für eben diese beziehungsförderliche Lernkultur an der Schule ein. Es brauche mehr Führungsfreude, ruft er seine Kollegen auf: *Ohne Leitwolf geht es nicht!* Nebenbei engagiert er sich im Institut für Bindungswissenschaften für die Vernetzung von Wissenschaftlern und Praktikern.

Gefühlte Hilflosigkeit und Ausgeliefertsein sind Energiekiller, die nicht sein müssen, denn Lehrer sind nachweislich überaus wirksame »Macher« im Lernprozess, wie die vielbeachtete XXL-Studie des australischen Wissenschaftlers John Hattie von 2013 zu Tage brachte. In seinen Forschungen zu den Bedingungen für gelingendes Lernen stellte er das »Objekt« der Bemühungen, nämlich den Schüler, in den Mittelpunkt und brachte es in dem ermutigenden Satz *Kenne deinen Einfluss (als Lehrkraft)!* auf den Punkt.

Die Persönlichkeit der Lehrkraft, die Beziehung zum Schüler, dessen Vorwissen sowie eine systematische Elternarbeit sind die Faktoren, die mehr als alles andere über den Schulerfolg entscheiden – unabhängig vom Schülertyp und der Schulform.

Auch die moderne Intelligenzforschung bestätigt die hohe Bedeutung emotionaler Komponenten am Lernerfolg. Ihr zufolge ist die Entfaltung von Intelligenz nachweislich sehr eng an Beziehung, Motivation, der Sinnhaftigkeit des Lernens und an angemessene Herausforderungen gekoppelt, weil Schüler auf ihre Ressourcen Intelligenz, Fleiß und Motivation nur bedingt Einfluss haben. Wird dieser Verbindung zu wenig Bedeutung beigemessen, so bleibt geistiges Potenzial ungenutzt.

Viele Projekte treten hierzu bereits den praktischen Nachweis an, wie zum Beispiel die mehrfach ausgezeichnete Evangelische Schule Berlin Zentrum (esbz), wo die Wirksamkeit dieses Zusammenhangs eindrucksvolle Realität geworden ist. Mit ihrem Konzept und der Kultur der Potenzialentfaltung werden wirklich alle Schüler mitgenommen, weil einfach jeder in seiner Persönlichkeitsentwicklung ganz selbstverständlich unterstützt wird. Normaler kann Hochbegabtenförderung nicht sein, ohne Sonderrolle.

Hochbegabte und/oder hochsensible Kinder sind gerade in der Schule sehr angewiesen auf das Verständnis und die Fairness ihrer Bezugspersonen, auf Menschen, die ihnen etwas zutrauen und sie Aufgaben übernehmen und lösen lassen, die mitunter gar nicht ihrem nominellen Alter entsprechen. Für sie sind diese Beziehungen ganz besonders bedeutsam, ohne sie werden sie »unsichtbar«. Es geht darum, die Bedürfnisse und Ausdrucksformen hochsensibler und hochbegabter Kinder zu verstehen, ihnen zu begegnen, ihnen nach anfänglicher intensiverer Starthilfe später umso mehr zutrauen zu können und sie schließlich in die Selbstständigkeit zu entlassen. Hochsensible Kinder teilen sich ständig mit – man muss nur hinhören und sie sehen.

Komm raus – ich seh dich,
denn jeder braucht jemanden, der ihn sieht und wahrnimmt.

Empfehlenswerte Adressen

Zum Thema Schule

Initiative ›Schule im Aufbruch‹, Berlin
Planckstraße 25, 10117 Berlin
www.schule-im-Aufbruch.de

Montessori Dachverband Deutschland e.V.
Feldbergstraße 2, 65830 Kriftel
www.montessori-deutschland.de

Schulverbund Blick über den Zaun
Zusammenschluss reformpädagogisch orientierter Schulen
www.blickueberdenzaun.de

Assoziation Montessori Schweiz
www.montessori-ams.ch

Initiative ›Schule im Aufbruch‹, Wien
Herrengasse 6-8/Top 57, 1010 Wien
www.schule-im-Aufbruch.at

Evangelische Schule Berlin Zentrum
Erfolgreiche Reformschule mit persönlichkeitsbildender Lernkultur
www.ev-schule-zentrum.de

Karl Popper Schule / Frankfurt
noch in Gründung befindliches Privatgymnasium für begabte Kinder, auf deren besondere Bedürfnisse im Regelschulsystem nicht ausreichend Rücksicht genommen werden kann
www.karl-popper-schule.de

Generelle Unterstützung sowie Hilfe bei Schulproblemen für hochsensible und/oder hochbegabte Kinder

Lütjenburg und Nürnberg:
Praxis ›Raum für Neues Lernen‹
Petra Moira Schmidt, Beratung und Intensivwochen für (hochsensible) Kinder mit Schulproblemen
www.lernberatung-und-training.de

Buxtehude:
Aurum Cordis - Kompetenzzentrum für Hochsensibilität mit zahlreichen Angeboten zur Weiterbildung, Vorträgen, Coaching.
www.aurum-cordis.de

Hochbegabtenzentrum Frankfurt (in der Volkshochschule)
Anlaufstelle und Kurse für hochbegabte Kinder
http://bit.ly/1XhSzRA

Frankfurt/Main:
Hedi Friedrich
Dipl. Psychologin, offene Gesprächsrunden und Arbeit mit hochsensiblen Kindern, Jugendlichen und Erwachsenen.
Tel 069/5482603

Varel/Wilhemshaven:
Silke Kreikenbohm:
lerntherapeutische Begleitung hochsensibler Kinder und Jugendlicher
www.ma-vi-da.de

Königstein:
Psychosoziale Beratung
Dorothea Schlegel-Hentrich
www.ausweg-aus-der-krise.de

Hamburg:
Katrin Springherr
Begleitung von hochsensiblen Kindern, Fortbildung, Seminare, Feldenkrais
www.springherr.de

Frankfurt/Main:
Mark Eichert
Sozialpädagoge, Beratungen für hochsensible Kinder, Jugendliche und Erwachsene
www.hochsensiblehilfe.de

Frankfurt/Main:
Britta Karres
Psychosoziale Beratung für (u.a. hochsensible und hochbegabte) Kinder und Eltern
www.britta-karres.de

Frankfurt/Main/Babenhausen:
Institut für Leistungsentwicklung
Beratungen für Familien hochbegabter Kinder, Informationen, Fortbildungen, Anlaufstelle
www.hochbegabtenhilfe.de

Frankfurt/Main:
Kerstin Eisbrenner
Schlüsselmomente – Lerncoaching Frankfurt
www.lerncoaching-frankfurt.de

Linz/Österreich:
Ronald Lengyel
Resilienztraining mit Schwerpunkt Hochsensibilität
www.resilienz.at

Arnreit/Mühlviertel/Österreich:
Christine Mittermayr
Ergotherapeutin; Verständnis und Hilfestellungen für hochsensible Kinder
christine.mittermayr@m-tec.at

Zum Thema Stressreduktion/Achtsamkeit

Vera Kaltwasser
Vorträge und Kurse zu Achtsamkeit, speziell auch für Schulkinder; Burnout Prophylaxe Programm für Lehrer
www.vera-kaltwasser.de

MBSR
(Mindful-based stress reduction)
Verband, Deutschland
Muthesiusstraße 6, 12163 Berlin
www.mbsr-verband.de

MBSR-Kurs nach Kabat-Zinn, Wien
Institut Quellstein,
Gentzgasse 9, 1180 Wien
www.mbsr-vienna.at

Das Schulportal »Lernen und Gesundheit« der Deutschen Gesetzlichen Unfallversicherung (DGUV): Unterrichtsmaterialien und Arbeitsblätter u.a. zur Arbeitsorganisation/Stresskompetenz
www.dguv-lug.de

Weitere Ressourcen und informative Webseiten

GENIUS – Hochbegabung
Eine Internet-Präsenz für ratsuchende Eltern, interessierte Erzieher und Pädagogen bei der Arbeit mit hochbegabten Kindern
www.genius-hochbegabung.de

Deutsche Gesellschaft für das hochbegabte Kind e.v.
Beratung hochbegabter Kinder und ihrer Eltern, Elterngesprächskreise, Förderangebote, Beratung und Fortbildung für Lehrer und Erzieher
www.dghk.de

KARG Stiftung
Serviceinformationen zum Thema Hochbegabung, Qualifizierung und Fortbildung von Pädagogen und Beratern
www.karg-stiftung.de

Institut für das begabte Kind
Individuelle Förderung und Beratung
www.hochbegabten-homepage.de

Deutsches Zentrum für Begabungsforschung und Begabungsförderung
u.a. Programme zur Lehrerfortbildung und mentoriellen Begabungsförderung
www.dzbf.de

Homepage von Michael Felten
»praxistaugliche und forschungskundige« Plattform für Lehrer und Eltern, Vorträge, Workshops für Lehrer
www.eltern-lehrer-fragen.de

Chancengleichheit für introvertierte Kinder
Sehr engagierte private Initiative; Anregungen und Ressourcen auf der Webseite. Mit zahlreichen weiterführenden links zum Thema ›Lernen‹.
www.fuer--dich.de

Familienwerkstatt ›family lab‹
Weiterbildungs- sowie Beratungsangebote für Eltern und Pädagogen an vielen Orten in Deutschland sowie in Wien. Auf der Webseite finden Sie eine große Zahl an Anregungen und Informationen.
www.familylab.de

Webseite zum Thema Talente-Förderung
Angebot der Westfälischen Hochschule mit Informationen für Talente, Förderer, Talentsucher.
www.meinetalentfoerderung.de

Brigitte Küster
Psychologische Beratung von der Autorin und Leiterin des IFHS/Schweiz
www.ifhs.ch

Vereine zum Thema Hochsensibilität
Öffentlichkeitsarbeit, Vernetzung forschender Wissenschaftler und lokale Aktivitäten:

In Deutschland:
Informations- und Forschungsverbund Hochsensibilität e.V.
www.hochsensibel.org

In Österreich:
Zartbesaitet: Verein zur Förderung hochsensibler Menschen
www.zartbesaitet.net

In der Schweiz:
Website von Marianne Schauwecker
www.hochsensibilitaet.ch

Literatur

Andresen, S. (2014): Auch Lehrer müssen lernen, Interview in: SPIEGEL Wissen 1/2014

Antonovsky, A. (1979): Health, stress and coping: New perspectives on mental and physical well-being. San Francisco: Jossy-Bass

Antonovsky, A. (1987): The Salutogenetic perspective: toward a new view of health and illness: Advances. J Mind-Body-Health 4 (1987)

Aron, E. N. (2011): Das hochsensible Kind. München: mvg Verlag

Atkinson, J. (1964): An introduction to motivation. Princeton, NJ: Van Nostrand

AXA Versicherung (Hrsg.) (2013): Kindersicherheitsreport 2013, vgl.: http://www.axa.de/kindersicherheitsreport-2013

Bakwin, H.; Bakwin, R., (1960): Clinical Management of Behaviour Disorders in Children, 2. Aufl., Philadelphia: W.B. Saunders

Bandura, A. (1997): Self-efficacy: the exercise of control. New York: Worth Publishers

Bauer, J. (2004): Freiburger Schulstudie an der Universität Freiburg, vgl.: http://bit.ly/1GnO6s7

Bertrams, A. (2011): Unterricht zum Glücklichsein. Universität Mannheim, http://bit.ly/1Pxo6xw

Bildung & Begabung (Zentrum für Begabungsförderung in Deutschland) (Hrsg.), Mönks, F.-J. (2012): Druck ist in der Begabungsförderung schädlich, vgl.: http://bit.ly/1ZUeSih

Deutsche Gesetzliche Unfallversicherung (DGUV) (Hrsg.): (Unterrichtsmaterial für die Persönlichkeitsbildung der Schüler aller Schultypen), vgl.:http://bit.ly/1M5pHKk

Dinkmeyer, D.; Dreikurs, R. (2004): Ermutigung als Lernhilfe. Stuttgart: Klett-Cotta-Verlag

Dittert-Kemkes, S. (2013): Hochsensibilität im Sport- Fluch oder Segen? Hausarbeit an der Doris-Reichmann-Schule, Hannover

3sat: Anders Schule: wo Schüler Spaß am Lernen haben, vgl. http://bit.ly/1NTym2Q

Dornes, M., (1997): Die frühe Kindheit. Frankfurt: Fischer-Taschenbuch-Verlag

Eckerle, A. (2009): Oswald-von-Nell-Breuning-Schule II für schulabsente Kinder und Jugendliche mit hoher Begabung im Theresien Kinder- und Jugendhilfezentrum Offenbach, vgl.:http://bit.ly/1GQWaMR

Institut für Leistungsentwicklung: Mehrfachtestungen bei hochbegabten Problemkindern, vgl.:http://bit.ly/1OQak7n

Institut für Leistungsentwicklung: Ursachen für misslingende Schulkarrieren, http://bit.ly/1KmpxHa

Erikson, E. (1999): Kindheit und Gesellschaft, übers. von Eckhardt-Jaffe, M., Stuttgart: Klett Cotta

Erziehungsberatung CARITAS Main-Taunus (2014): Therapeutisches Reitangebot für Mädchen zur Stärkung der Selbstwirksamkeit, vgl.: http://www.rsg-eddersheim.de

Evangelische Schule Berlin Zentrum: vgl.: http://www.ev-schule-zentrum.de

Felten, M. (2010): Lehrer müssen begeistern können, aus: Interview in der Welt, vgl.: http://bit.ly/1OGrDJE

Felten, M. (2010/2013): Auf die Lehrer kommt es an! Für eine Rückkehr der Pädagogik in die Schule. Gütersloh: Gütersloher Verlagshaus

Felten, M. (2012): Schluss mit dem Bildungsgerede! Eine Anstiftung zu pädagogischem Eigensinn. Gütersloh: Gütersloher Verlagshaus

Felten, M. (2013): Das ist ungerecht!, aus: Interview in der Zeit N° 13, vom 21. März 2013, vgl.: http://bit.ly/1hQvepS

Felten, M. (2014): Eltern Lehrer Fragen, vgl.: http://bit.ly/1OGrWUX

Felten, M.; Stern, E. (2013/2014): Lernwirksam unterrichten. Im Schulalltag von der Lernforschung profitieren. Berlin: Cornelsen Verlag

Fietze, K. (2010): Kluge Mädchen. Berlin: Orlanda Frauenverlag

Fischer, C. (2014): Clever, kreativ – erfolgreich?, in: Geist & Gehirn, SERIE Nr. 3

Frank, A. (1992): Tagebuch. 1992, Frankfurt/Main: Fischer Verlag

Fritz- Schubert, E. (2008): »Schulfach Glück«, Aktueller Erfahrungsbericht über das Pilotprojekt. Freiburg: Herder Verlag

Fritz-Schubert, E. (2014): Ein seelisches Polster aufbauen, in: Gehirn & Geist SERIE Nr. 3, Heidelberg: Spektrum Verlag; vgl.: http://www.fritz-schubert-institut.de

García, M. (2012): Hochbegabung bei Erwachsenen. Norderstedt: Books on Demand GmbH

Gardner, H. (1991): Abschied vom IQ. Die Rahmentheorie der vielfachen Intelligenzen. Stuttgart: Klett-Verlag

Hackl, A. (2014): Laudatio. In: PÄDAGOGIK 2/14

Häuser, W.; Schmutzer, G.; Brähler, E.; Glaesmer, H. (2011): Misshandlungen in Kindheit und Jugend: Ergebnisse einer Umfrage in einer repräsentativen Stichprobe der deutschen Bevölkerung, vgl.: http://bit.ly/1Rmb7Mz

Hannekum, R. (2014): Kognitive Hochbegabung- ein sozioemotionales Gefängnis? aus: Labyrinth 119, Februar 2014/37. Jahrgang, Berlin: Deutsche Gesellschaft für das hochbegabte Kind e.V.

Hart, B.; Risley, T. (2003): The Early Catastrophe, in: American Educator; vgl.: http://bit.ly/11RsCRz

Hattie, J. (2013): Lernen sichtbar machen. Baltmannsweiler: Schneider Verlag

Hattie, J. (2014): Lernen sichtbar machen für Lernpersonen. Baltmannsweiler: Schneider Verlag

Heller, K.A. (2000): Einführung in den Gegenstandsbereich der Begabungsdiagnostik, in: Heller, K.A. (Hrsg.): Begabungsdiagnostik in der Schul- und Bildungsberatung, Bern: Huber Verlag

Heller, K.; Perleth, C. (2007): Talentförderung und Hochbegabtenberatung in Deutschland, in: K. Heller; Ziegler, A. (Hrsg.): Begabt sein in Deutschland, Berlin: LIT Verlag

Hochbegabtenzentrum Frankfurt, (2015): vgl.: http://bit.ly/1XhSzRA

Hurrelmann, K. (2013): Machen moderne Gesellschaften krank?, Vortrag auf der 8. GAIMH Jahrestagung, 26.09.2013 in Oberursel mit dem Thema »Frühe Kindheit unter Optimierungsdruck – und nie mehr Zeit für Bullerbü?«

Informations- und Forschungsverbund Hochsensibilität e.V. (Hrsg.) (2015): vgl.: http://www.hochsensibel.org

Jeschke, M. (2015): vgl.: http://mathiasjeschke.de

Junge Dichter und Denker (2015): vgl.: http://jdd-musik.de

Juul, J. (2007): Die kompetente Familie. München: Kösel-Verlag; vgl.: http://www.familylab.de/beziehungskompetenz.asp

Juul, J. (2010): Ich kämpfe ständig mit deutschen Müttern, im Zeit online Interview, DIE ZEIT N°09/2010; vgl. http://www.zeit.de/2010/09/Jesper-Juul

Kaltwasser, V. (2008): Achtsamkeit in der Schule. Weinheim und Basel: Beltz Verlag, vgl.: www.vera-kaltwasser.de/achtsamkeit/index.html

Kaltwasser, V. (2010): Persönlichkeit und Präsenz: Achtsamkeit im Lehrerberuf. Weinheim und Basel: Beltz Verlag

KARG Stiftung (2015): (Strukturelle Hochbegabtenförderung), vgl.: http://bit.ly/1KmuYpt

Kochanska, G.; Thompson, R.A (1998): The Emergence and Development of Conscience in Toddlerhood and Early Childhood, in: Grusec, J.E.; Kuczynski L. (Hrsg.): Handbook of Parenting and the Transmissoin of Values, New York: Wiley

Kohlmann, C.W.; Krohne, H.W. (1988): Erziehungsstildeterminanten schulischer Leistung und Leistungsängstlichkeit. Zeitschrift für Pädagogische Psychologie, 2, Bern: Huber Verlag

Kuswik, C.; Renger, S. (2014): Fünf Jahre DZBF, in: Labyrinth Nr. 120, Berlin: Deutsche Gesellschaft für das hochbegabte Kind e.V.

Langfeldt, H.-P. (2006): Psychologie für die Schule. Weinheim, Basel: Beltz Verlag

Largo, R.; Berlinger, M. (2009): Schülerjahre, Wie Kinder besser lernen. München, Zürich: Piper Verlag

Largo, R. (2010): Lernen geht anders – Bildung und Erziehung vom Kind her denken. Hamburg: Edition Körber-Stiftung

Merzenich, M. (2015): Feldenkrais Notizen, http://bit.ly/1GR1wYx

Neubauer, A.C.; Stern, E. (2007): Lernen macht intelligent – Warum Begabung gefördert werden muss. München: DVA

Neubauer, A.; Stern, E. (2013): Wir brauchen die Schlauen – wie die Schule begabte Kinder fördern muss, damit ihre Intelligenz nicht verkümmert, aus: die ZEIT N°13 vom 21.3.2013, Hamburg: Zeitverlag Gerd Bucerius

Nisbett, R.E.; Miyamoto, Y. (2005): The influence of culture: holistic versus analytic perception. Trends in Cognitive science. Vol. 9 (10)

Ortner, G. (2006): Märchen, die Kindern helfen. München: Deutscher Taschenbuch Verlag

Parlow, G. (2003): Zart besaitet: Selbstverständnis, Selbstachtung und Selbsthilfe für hochsensible Menschen. 2. überarbeitete Auflage, Wien: Festland Verlag

Pöhm, M. (2009): Schlagfertig auf dem Schulhof – wie man Großmäulern clever Paroli bietet. Bonstetten: Pöhm Seminarfactory

Rogers, C. R. (1983): Therapeut und Klient – Grundlagen der Gesprächspsychotherapie. Frankfurt/Main: Fischer Taschenbuchverlag

Rost, D.H., (2009): Intelligenz: Fakten und Mythen. Weinheim: Beltz

Roth, G. (2011): Bildung braucht Persönlichkeit. Stuttgart: Klett-Cotta Verlag

Roth, G. (2012): Bildung braucht Persönlichkeit – Wie ein guter Unterricht aussehen könnte, Vortrag am Institut für Hirnforschung Universität Bremen, vgl.:http://bit.ly/1OQdAQl

Rüdell, E. (2010): Das BASIS-Buch des Lernens. Seelze-Velber: Friedrich-Verlag

Schellhas, B. (1992): Die Entwicklung der Ängstlichkeit in Kindheit und Jugend. Berlin: Max-Planck-Institut für Bildungsforschung, (1992) Studium und Berichte 35

Schlag, B. (2006): Lern- und Leistungsmotivation. Wiesbaden: VS Verlag für Sozialwissenschaften

Schlegel-Hentrich, D., Psychosoziale Praxis, Interview 12.10.2012: vgl.: http://www.ausweg-aus-der-krise.de

Schlichte-Hiersemenzel, B. (2006): Zu Entwicklungsschwierigkeiten hochbegabter Kinder und Jugendlicher in Wechselwirkung mit ihrer Umwelt. Studie im Auftrag des Bundesministeriums für Bildung und Forschung, Berlin: Referat Öffentlichkeitsarbeit

Schmidt, P. M. (2015): Praxis Raum für Neues Lernen, vgl.: http://www.lernberatung-und-training.de

Schmitz, G. (2007): Was ich will, das kann ich auch – Selbstwirksamkeit – Schlüssel für gute Entwicklung. Freiburg im Breisgau: Herder

Seipp, B.; Schwarzer, C. (1991): Angst und Leistung – eine Meta-Analyse empirischer Befunde. Zeitschrift für Pädagogische Psychologie 5, Bern: Huber Verlag

Sporer, C. (2014): Lernen fürs Leben, in: Gehirn & Geist SERIE Nr. 3

Stewener, T.: Autorin, e-Mail vom 8.2.2014: vgl.: Tanyastewener.de

Tausch, R.; Tausch, A.-M. (1963/ 970): Erziehungspsychologie. Psychologische Prozesse in Erziehung und Unterricht. Göttingen: Hogrefe

Trappmann-Korr, B. (2011): Hochsensitiv: Einfach anders und trotzdem ganz normal. Kirchzarten: VAK Verlags GmbH

Wagner, P. (2014): Resilienz. Fachvortrag anläßlich der 25. Psychiatriewoche in Frankfurt/Main.

World Vision Institut (Hrsg.) (2013): Kinderstudie 2013, vgl.: http://bit.ly/1NlWOGW

Wustmann, C. (2004): Von den Stärken der Kinder ausgehen: Das Konzept der Resilienz und seine Bedeutung für das pädagogische Handeln, in: Unsere Jugend 56, (10)

Webb, J. T.; Meckstroth, E.; Tolan S. S. (1998): Hochbegabte Kinder. Ihre Eltern, ihre Lehrer. Bern: Hans Gruber Verlag

Wissenschaftliches Institut der AOK (WIdO) (Hrsg.) (2011): Pressemitteilung vom 19.4.2011: Burnout auf dem Vormarsch, Berlin, vgl. http://bit.ly/1LIHLI2

Zeff, T. (2010): The Strong Sensitive Boy, San Ramon: Prana Publishing

Anmerkung:

Letzter Zugriff auf alle hier zitierten elektronischen Medien am 20. Oktober 2015.

Über die Autorin

Britta Karres, Jahrgang 1969, die gebürtige Kölnerin arbeitet und lebt mit ihrem Mann und ihren drei Kindern in der Nähe von Frankfurt am Main.

Nach ihrem Studienabschluss als Master of Arts in Psychosozialer Beratung und Sozialrecht an der Frankfurter University of Applied Sciences arbeitet sie als selbständige Beraterin und in einer Erziehungsberatungsstelle.
Zu den Schwerpunkten ihrer Arbeit zählen die Bereiche Hochsensibilität/Hochbegabung bei Kindern und deren Auswirkungen in Bezug auf Erziehung, Schule und Lernen.

ZUM WEITERLESEN

Zart besaitet
Selbstverständnis, Selbstachtung und Selbsthilfe für hochsensible Menschen
von Georg Parlow
247 Seiten, Softcover
4. überarbeitete Auflage 2015
ISBN 978-3-9501765-8-2

Sensibel kompetent
Zart besaitet und erfolgreich im Beruf
von Dr. Marianne Skarics
223 Seiten, Softcover
ISBN 978-3-9504121-0-9

KINDERBÜCHER *speziell für hochensible Kinder:*

Philipp zähmt den Grübelgeier
von Magdalene Hanke-Basfeld
mit 50 Illustrationen der Autorin
144 Seiten, Hardcover mit Lesebändchen
ISBN 978-3-9501765-6-8

Wie Betty das Wutgewitter bändigt
von Stefanie Kirschbaum
mit zahlreichen bunten Illustrationen von
Anne Wöstheinrich
92 Seiten, Hardcover
ISBN 978-3-9504121-2-3